未央四集
许嘉璐文化论说

WEIYANG SANJI
XUJIALU WENHUA LUNSHUO

许嘉璐　著

中国社会科学出版社

图书在版编目（CIP）数据

未央四集 / 许嘉璐著 . —北京：中国社会科学出版社，2013.3
ISBN 978 - 7 - 5161 - 2251 - 8

Ⅰ . ①未⋯　Ⅱ . ①许⋯　Ⅲ . ①文化 - 文集　Ⅳ . ①G - 53

中国版本图书馆 CIP 数据核字（2013）第 055508 号

出 版 人	赵剑英	
责任编辑	任　明	
责任校对	徐　楠	
责任印制	李　建	

出　　版	中国社会科学出版社	
社　　址	北京鼓楼西大街甲 158 号　（邮编 100720）	
网　　址	http：//www. csspw. cn	
	中文域名：中国社科网　　010 - 64070619	
发 行 部	010 - 84083685	
门 市 部	010 - 84029450	
经　　销	新华书店及其他书店	

印　　刷	北京奥隆印刷厂	
装　　订	北京市兴怀印刷厂	
版　　次	2013 年 3 月第 1 版	
印　　次	2013 年 3 月第 1 次印刷	

开　　本	710 × 1000　1/16	
印　　张	22. 25	
插　　页	2	
字　　数	371 千字	
定　　价	45. 00 元	

2012 年 4 月 16 日，出席巴黎尼山论坛。

2012 年 11 月 10 日，出席纽约尼山世界文明论坛。

2012 年 5 月 21 日，出席第二届尼山世界文明论坛。

2012 年 9 月 21 日，出席天地之中（嵩山）- 华夏文明与世界文明论坛。

2012 年 1 月 12 日，出席中华炎黄文化研究会理事大会暨新春联谊会。

2012 年 4 月 1 日，出席第五届中国·介休·绵山清明（寒食）文化节。

2012 年 3 月 24 日，出席壬辰年黄帝故里拜祖大典。

2012 年 7 月 20 日，出席数字长城工程委员会成立大会。

2012 年 11 月 22 日，出席长江商学院 10 周年庆典活动。

2012 年 4 月 18 日，在巴黎出席法国汉语年"我眼中的中国"摄影展颁奖仪式。

2012 年 7 月 25 日，出席"汉语桥"世界大学生中文比赛颁奖典礼。

2012 年 8 月 15 日，出席第十一届国际汉语教学研讨会。

2012 年 12 月 1 日，出席墨尔本"21 世纪中华文化世界论坛"第七届国际学术研讨会。

2012 年 12 月 17 日，出席第二届爱心城市大会。

2012 年 1 月 9 日，在孔子学院总部作报告。

2012 年 12 月 3 日，在澳大利亚拉筹伯大学作报告。

2012 年 2 月 14 日，宴请意大利前总理普罗迪先生。

2012 年 2 月 17 日，看望著名学者庞朴先生。

2012 年 4 月 16 日，在巴黎会见联合国教科文组织总干事博科娃女士

作者弁言

365天，倏尔而逝。过年的爆竹响起时，作家将会盘点一年创作了几许，教授会计算教学时数和发表的论文数；而我，此时却在回顾自己的知识是否又有所增添。"活到老，学到老"，从小就已牢记于心，但只有跨进"老"的大门，才越来越体会到个中三昧。古人尝以"知不足"名斋，现在看来的确是我应该仰慕的境界。

知识，既从书本上来，也从生活中来。回顾龙年，并没有散荡，一切可用的时间都用到书本和实践上了。

收获几何？大体即在这《未央四集》中。集中所论所说，都是给别人看和听的，但我视之为学习的"汇报"。因为所论所说，就是所学的知识的表达，而论了说了，还能从看者听者那里得到反馈，给我以启示，于是我又增长了知识。这一过程中的乐趣惟有己知。现在集子出版了，又会得到读之者的教诲，这也是在生活中学习啊。

学生问我，"未央"是否会一直"集"下去？答曰：不知。一切随缘而已。而这"缘"则是世事的变迁和自己知识与体验的不断积累。

感恩！尤其要感谢所有为"四集"的出版而辛劳的众多朋友：出版社和印刷厂的员工，友生张学涛、彭亮、刘光洁、李洁和王宏丽，这五位是此集的主要搜集、整理者。

2013年2月25日

目 录

文化建设与文化自觉论说

两岸文化合作与交流论说

中华文化与世界文明论说

文明对话论说

序　文

文化建设与文化自觉论说

壬辰祭黄帝文

维岁在壬辰三月初三，时公历2012年3月24日也。中华炎黄研究会会长许嘉璐，谨以全国及全球华胄之名，恭备隆礼，谨荐庶馐，静心肃手，追念沉思，拜祭于我中华始祖轩辕黄帝像前。

文曰：

> 日居月诸①，今乃龙年。风和日丽，生意盎然。
> 十方龙裔，云集圣坛。敬兮诚兮，垂手肃然。
> 巍巍嵩岳，鹤鸣戾天②。澹澹溱洧③，鱼凫恬安④。
> 神州祥和，欢哉中原。噫我华夏，历尽艰险。
> 今则昂首，屹立人寰。堪慰我祖，未尝辱先。
>
> 亹亹我祖⑤，辟地开天。定都有熊，东播西迁。
> 北战涿鹿，南抚荆蛮。稼穑为本，民有所安。
> 巉岩留图⑥，文字斯繁。设官分职⑦，任能举贤。

---

① 日居月诸：《诗经·邶风·日月》首句。居、诸，语助词，无义，等于说"日啊，月啊"，后世常用以表示时光流转等意思。

② 戾（lì）：至，到。

③ 澹（dàn）澹：水波起伏的样子。

④ 凫（fú）：野鸭子。恬：静，安。

⑤ 亹（wěi）亹：勤勉。

⑥ 指具茨山上的岩画。据称，有些岩画是史前人类所作，可能即黄帝时期。文字都是由图画演变而来。

⑦ 设官分职：《周礼》语。"分职"，犹言职权分工。

算医乐舞，皆肇其端。宇内一统，甸服俱安①。
呜呼我祖，亦圣亦凡。东方文明，此则其源。

海天沧桑，民族多艰。悲怆苦恨，历数千年。
山河易改，本性未迁。勤俭和合，海纳百川。
仁义礼智，敬畏自然。分则必合，愈挫愈坚。
外患虽频，牢固如磐。今则盛世，光照河山。
文化兴邦，教科为先。遗产重光，万花争妍。
工农商学，佳讯频传。天人和谐，国泰民安。
海峡无浪，两岸同欢。振兴中华，携手并肩。
五洲华裔，来归拜莫。身居异域，情系唐山②。

呜呼我祖，旧居焕然。繁茂具茨，脄脄原田③。
举国戮力，韬略深远。国强民富，崛起中原。
中州繁荣，重在河南。豫州幽悠，文脉绵延。
我祖而后，一脉相传。励精图治，立功立言。
德音必盛，世人钦羡。凤凰来仪④，中华灿烂。

穆穆我祖⑤，豫焉欣焉⑥。喜我后裔，屹立挺然。
佑我中华，光辉灿烂。谨陈衷情，伏惟尚飨！

未央四集——许嘉璐文化论说

---

① 甸服：古称国都周围半径500里之内的地方为甸服，即天子的直辖区域。
② 海外华人习惯称祖国为唐山。
③ 脄（méi）脄：肥沃。此句套用《左传》语。
④ 凤凰来仪：《尚书．益稷》："韶萧九成，凤凰来仪。"古指吉祥之征兆。
⑤ 穆穆：威仪美好。
⑥ 豫：喜悦。

理论力无穷[※]

现在是一个理论蜂起的时代。和我国伟大变革相伴的，本应有时代的理论创新和建设。《理论周刊》地居全国政治中心，在过去的一年里，的确取得了和它地位相称的成果。

同时也毋庸讳言，就整体而论，我们的理论建设还亟须加强。一方面，实践中积累的经验需要给以理论的分析与阐释；另一方面，现实中的种种困惑、矛盾需要给以理论的回答。理论具有反思既往、关注当下和预测未来的品格，所以必然要返回到它的出发地或曰诞生地——社会实践中去才有价值。理论一旦为广大群众所掌握，将产生无可比拟的巨大力量。这是人所共知的事实。

当前——由此自然会延伸到既往和未来——许多问题相互纠缠着，这就尤其需要首先抓住荦荦大者、足以影响下位问题的结点继续深入研究。例如，中国特色社会主义"特"在何处？有关的论述不可谓少，但大多偏重于从经济发展道路和方式方面论述，同时不能概括成百姓一听即明、张口可道的简洁话语；假如我们说"特"就特在"以人为本，共同富裕"，行不行？这当然需要反复研究、论证以渐渐达成共识。再如，中国的核心利益是什么？能不能也在广泛探讨后归结为诸如"领土的完整和统一"一类的扼要说法？又如，在马克思主义中国化的过程中，中华传统文化起了什么作用，或者说处在什么位置？这个问题似乎稍微复杂深奥了些，但是，中国百年奋斗史，无数先烈先驱的实例说明，中华传统文化和社会主义之间有着内在的关联；现实中老百姓也给出了自己的回答：在辛勤劳动、认真工作的同时，又到传统文化中寻找着"为什么活着"和

※　发表于 2012 年 1 月 30 日《北京日报·理论周刊》。

"什么是幸福"的依据，以至为了家庭和睦、邻里和谐、生活宁静，纷纷求助于儒释道经典。

理论因实践而生，人民是实践的主体。理论应该深入而浅出（并非专指普及性论著），为主体所熟知，而不应蜕变为人民看不懂、不爱看，最终成为理论工作者圈子里自产自销的产品。

我希望《理论周刊》在这方面起到表率作用。

打造文化强国从身边做起[※]

2011年中国发生的大事之一，是中共十七届六中全会提出了建设社会主义文化强国的战略目标。这是中央全会第一次以"文化命题"为议题，文化建设在国家战略层面的意义凸显。就我的历史知识和环球知识而言，世界上还没有一个国家或其执政党提出过文化强国战略。我们为什么要将文化建设上升到国家战略的高度？在我看来，文化强国战略包含在国家的整体战略之中，没有文化强国战略，就不可能有完整的、使国家真正强大起来的整体战略。中国现在富裕了，但是还不够强大，建设一个富而强的国家这篇大文章我们只做了一半，现在需要制定和实施文化强国战略，来完成它的另一半。

怎样理解文化强国战略？它是由三个词组成的——文化、强国、战略；分析这三个词，再合起来认识，就是我所理解的文化强国战略。

首先，什么是文化？用哲学的眼光来看，文化有三个层次：第一层与日常物质生活有关，是围绕衣食住行所展现的爱好和取向，例如烹饪文化、酒文化、茶文化。这是最表层的。

第二层（或中层）是风俗、习惯、礼仪、宗教、艺术，乃至政治制度和法律。比如我们过春节，西方过圣诞，这就是习俗。中国民乐中的胡琴，原来是胡人的，我们吸收、改造、发展了，用来表现我们的情趣，这就是吸收了异质文化的营养，充实、发展了自己的文化。

那么，文化所含蕴的是什么？这涉及第三层，也是最深一层，实际上是四种观念：价值观、伦理观、世界观、审美观。可以说这"四观"合起来就是哲学的全部，所以也可以叫哲学的文化。

※　发表于《凤凰周刊》2012年第3期（总第424期）。

在这三层中间，一个民族最有特色的，不是我们吃东坡肉，西方吃牛排。从一个民族的灵魂来说，真正反映本质的是后面的四观。这四观映射到中层，通过中层来体现它、保护它；中层又映射到表层，就决定了我们吃这个，不吃那个，穿这个，不穿那个。

这三层中，表层是最容易变化的。比如，麦当劳一下子就进了中国，所有的城市都有了。而要把美国的风俗、宗教、制度移植过来，会很慢；动摇价值观、世界观就更慢。但是表层可以向下渗透，并不是无关紧要的。如果三五十年里中国的女孩子穿的全是齐大腿根的裤子，男孩子全都左耳朵戴个耳环，我们的风俗习惯就会变，价值观就会变。现在很多孩子，从小就吃荷兰奶粉、瑞士巧克力，穿世界名牌，上完高中就出国，读完本科读研究生，博士毕业时中文丢得差不多了，整个价值观全变了，成了"香蕉人"——外面是黄的，里面是白的，然而却又融不进人家的主流社会，很苦恼。在人家看来，黄皮肤、黑头发，"非我族类"，就是进不了关键岗位。

一个人是这样，一个国家也是这样。

第二个词：强国。一个国家是不是文化强国，要看老百姓的生活方式，看老百姓想什么、做什么。每年出口一万部电影，老百姓却在患"文化饥渴症"，道德水平不高，社会不和谐，也不是文化强国。文化是作用于人心的。对于一个民族来说，文化是一种凝聚力。为什么能凝聚人心？因为他认同你，从语言到肤色，到价值观、审美观……一个文化强国，关键在于老百姓是不是保留、迷恋着自己民族的文化。因此，对于有些在西方任重要职务的华人，中国人不会认同他。因为他除了是炎黄的血液之外，和我们没有什么相同。何况他所具有的是他国的价值观，为他国的利益服务。

再说战略。战略是长时期的，六中全会提出文化强国战略，不是一个只顾眼前的决定，而是表明我们有一个战略目标，要靠文化来强国，也就是靠人心强国。这个"人心"不是口号，不是宣示，它形成了一种向心力、凝聚力。中国留学生常有一句话："出了国，更爱国"。1990 年代初，留学生思乡了怎么办？听《二泉映月》，听小提琴协奏曲《梁祝》。不只是听乡音，而是在寄托撕心裂肺的那种情。

所以，必须有文化战略，这既是中国自身的需要，也是世界未来的需要。为什么这么说？全世界一千多个执政党，没有一个把文化问题拿到党的中央全会上共同讨论，最后做出一个决定来，更没有哪一个党提出过文化强国战略。这一方面说明，我们在文化建设方面做得还不行，强调什么其实就是缺少什么；另一方面说明，我们有这种文化的自觉了。六中全会《决定》提出，"实施文化走出去战略，不断增强中华文化的国际影响力"。这是中华民族发展史上第一次公开表明：中国文化要走出去。这意味着，经过30多年的改革开放，中国的经济实力增强了，文化自信了、自觉了。

中国文化走出去正当其时。二百多年来为人类作出巨大贡献的西方文化已经走到了尽头——最重要的是其根本理念无法再为人类作出新的贡献。人类未来的出路，在于世界各民族国家复兴自身的被西方文化冲毁的传统文化，以多元文化交融取代一元独大。在这个多元文化的世界中，中华文化是促进和谐、避免冲突不可缺少的极其重要的一元。今天的世界急需中华文化。这一点，已经成为东西方许多思想家的共识。

中华传统文化中的确有促进人类和谐、促进人与自然和谐的丰富内容，且体系之完整、论述之细密、人性之饱满，为世所罕见。然而，由于我们曾经妄自菲薄，对自己的文化毁坏过重，因而中华文化中的这些优秀内容不为国人和世界所知。今天，我们思考文化战略，必须要有历史的眼光、世界的视野，还要有自信的胸怀、创新的胆略。

在这当中需要做一些具体事情，比如我们的舞台、剧场要活跃起来，老百姓不能没有节目看，也就是不能没有滋润心灵的文化雨露。博物馆、展览馆、科技馆、电影馆当然是需要的，条件允许，修个文化广场也可以。但是，这些并不是文化的全部，更不是文化的实质。

怎么实施文化强国战略？我认为，首先要理清我们的价值观、伦理观、世界观、审美观到底是什么。

现在这些都还不清楚。为什么会这样？因为我们把文化扔了，现在回过头去捡，却不知道哪些是咱们自家的。从"五四"运动开始，经过新中国成立后的历次运动，特别是"文化大革命"，我们把自己的传统文化，把自己的话语和思维都扔了。现在这种声音还在：儒家是糟粕，中医是伪科学，应该全盘西化……各种五花八门的说法都有。

今天我们文化的深层状况，实在令人担忧。近代以来，我们在学习西方文化的很长一段时间里，曾经错误地认为自己的文化一无是处，应该彻底抛弃，于是大口大口地吞食西方文化食品。西方文化食品中虽然有丰富的营养，但也有过量的激素，食之过久，造成我们文化肌体的"亚健康"。主要症状是：在社会层面，对科学技术的迷信、对物质享受的崇拜、对倒退文化的赞赏；在思想领域，二元对立、工具理性、机械论。中国今天所遇到的种种社会、环境、心理问题，以及弥漫在各个领域的"三浮"现象（浮躁、浮夸、浮浅），无一不是西方文化激素侵蚀我们文化肌体的结果。

如果把文化比作建筑物，中国今天的文化大厦里无所不有，就是没有特色。北京把四合院都拆掉了，还有什么特色？北京的新建筑，世界建筑学界用四个字来评价：不敢恭维。中国今天的文化大厦，也可以用"不敢恭维"来评价。

那么怎么办？中国怎么办？中国文化怎么办？我的看法是，不要空谈价值观，要从身边做起，从最基本的伦理做起。

在我们的遗传基因里，中国人都有同情心。孟子说，恻隐之心，人皆有之。什么能激发我们的同情心？突然来的灾难——比如汶川大地震。媒体报道说，灾难面前"80后"年轻人如何如何值得称道。好啊！说明年轻的炎黄子孙血液里的确存有这种基因。但是，一个国家的文化不能靠突如其来的大灾难来刺激，刺激过后可能依然故我。所以，要从身边做起，从天天所过的生活做起，从最基本的伦理做起。

首先，讲孝。百善孝为先，有了孝，才能谈其他的——对同学、朋友爱护友善，古话叫"悌"。由孝敬自己的父母，再设身处地，"老吾老以及人之老"，先从这儿做起。在这个基础上讲爱国，修身齐家治国平天下，国就是放大了的家。先修身，用什么修？德。现在不是这样，学生只想着考高分，上清华、北大。为什么？为了好找工作，起薪 8000 块；为了出国，出国回来开公司，赚大钱。家长对孩子的德不要求，独生子女们认为爸爸妈妈对他们的宠爱是应该的，做得还不够，对爸爸妈妈、对他人一点没礼貌，当家长的也不在乎，只要孩子"好"就行了。这样的教育怎么能教出厚德？所以，不要空谈价值观，要从家庭做起，从社区做起。

一个社区就是一个文化小区，对人的成长有着无形而巨大的影响。比如，一个院子里，西屋的孩子放学回来，爸爸妈妈没下班，东屋邻家的奶奶说，就在奶奶这做作业吧，不许出去淘气啊。在这种环境长大的孩子，和在楼房里长大的孩子回到家门口，看看左右没人，才敢开门，赶紧进屋、锁门，是不一样的。

　　另一个领域是教育，教育是最系统、最有计划、最能让人深入接受的。回归中华文化，建设文化强国，应该从小学开始，甚至从幼儿园开始，直到高中，慢慢地把传统的内容加大。这样做，既是为了学术，更是为了人心。

　　在考虑文化战略时，还有一个不应忽略的领域——宗教。最近我们访问了台湾的慈济医院，所有的人都受到了震撼。他们的理念是，我要关心他人，这样世界才能和谐。在慈济的义工中，有亿万富翁的太太，开着雷克萨斯，却来给病人以精神的安慰、端屎端尿。退休官员，甚至是"部长"、"局长"，都来做义工，拖地板、搀扶病人……当然，宗教从来具有两面性，我们要发挥它有益于社会的一面，克服它的消极面。

（玛雅采访整理）

文化建设的困惑和我见※

各位领导、各位同志：

这次来福建，有两个"因缘"：一是省委通过党校一而再、再而三地提出来，希望我能来谈谈文化建设的问题。过去，当文化这个问题还比较沉寂的时候，我到处呐喊，呼吁大家应该重视文化，注意优秀传统文化和时代精神结合。现在，无论是首都的还是地方的报纸，无论是中央党校还是地方党校，不管是企业、学校还是部队，都在注意文化建设问题。形势发展到这一步，我个人应该继续往前去深入。我要深入的方面，一个是不同文明之间的对话，也就是两种不同文化之间的交流，不同信仰之间的交流。这方面我做了一些工作，还要继续探索，因为这对中国是一个紧迫的问题，后面我还要谈到。我们不善于交流，不善于把老祖宗传下来的宝贝和我们这代人以及前人所创造的东西传达出去。翻译成外文或与外国人见面时候所讲的，都是"面目可憎"的语言，很难懂的语言。我想在这方面推动一下，自己先尝尝"梨子"的味道。我说"面目可憎"，是借用了毛主席的话，意思是干巴巴。第二个方面，文化如果不深入到哲学，那只有文化形态，或者叫形态文化，如唱歌、跳舞、唱戏、餐饮，等等。而民族的根、国家的魂体现在哪里？它的集中体现是一种哲学。哲学在哪里？并不神秘，哲学就在我们的心里，就在我们的生活里，就在我们的一言一行中。但是，需要一批人从哲学的角度来思考。中国的文明，五千年未曾中断，她是有生命的，一直在延续，就像我们每个人，从小长到大，在成长过程中有说错话的时候，有做错事情的时候，甚至有想法糊涂和举动荒唐的时候。中华文化也是如此，在发展过程中也有一些今天看来可以断定

※　2009 年 5 月 11 日在福建省委党校的讲话。

是不好的东西，而这些不好的东西，和中国固有的几千年形成的哲学是矛盾的，是背离的。用哲学的话就是中华文化自身的"悖论"。分辨哪些是悖论、异化，哪些不是，用大家都了解的话就叫"批判继承"。所以对文化必须提高到哲学上看。正是因为这个缘故，不是所有人可以看得很清楚，所以产生了意见的分歧。有人说应该弘扬优秀的传统文化；有人说传统文化有什么——裹小脚，娶姨太太，当臣子、当百姓的奴性。这就和仅根据一个人成长过程中哪一天跟老婆打架、说了粗口或荒唐的话就说这个人不行一样。第三个方面，在中华文化当中，除了汉族的文化，还有8%的人分属55个民族的文化，与汉族合起来才是中华文化。现在我们报刊上所说的、课堂上所讲的中华文化、中国文化，基本都是汉族文化。我不懂少数民族语言，要去研究那55个民族的文化，只能用二手、三手的材料。这个领域，我只能呼吁，不能参与。如果只谈汉族文化，就称为中国文化、中华文化，这里就隐隐的有一点大汉族主义，如果付诸行动，那就有可能发展为文化的沙文主义，这是不应该的，这也不是中央的精神。

这三个方面，我希望都有人做，而我能做些什么呢？在汉文化当中有三个支柱，儒家的学说，只是其中的一个，另外两个——佛和道，我希望在这方面深入一点。不过，以一个72岁的人，要在三个领域——儒学、佛学、道学，进行不同文明对话，我只感到生命太短促，每天24个小时，太短了，吃饭、睡觉占的时间太多了。但是我想，在960万平方公里国土上目前出现的文化热潮中，作为一个读书人，应该探知永续，既然看到了、感到了，作为个人，就应该迈出这一步，尽心力而已矣。孔夫子说："加我以数年，五十以学易，可以无大过矣。"（《论语·述而》）我72岁才领悟了孔夫子当年说的话，真希望上天多借给我几年，让我的精力、头脑多保持几年的清醒和敏捷，为中华文化多做一点事情。

第二个促使我来的因缘，就是海峡西岸经济区的最新发展势态。国务院这次常务会议把这个问题作为唯一议题。海峡西岸经济区从提出来到这七个字进入中央文件和政府工作报告，这算是一个阶段。在国际金融危机还没有过去的情况下，国务院常务会议在六个方面提出了指导性的意见。我知道之后，非常兴奋。我希望海峡西岸经济区在建设和发展过程中能汲取我们在改革开放初期若干地区的教训和经验。一般都说"经验教训"，现在我把教训放在前面，就是强调另一手不要软，要硬。在邓小平同志提出"两手都要抓，两手都要硬"二十几年之后，海峡西岸经济区能够稳

文化建设的困惑和我见

定、快速、持续地发展，当然要有政策，但是要持续发展，还须要另一手。邓小平同志提的是精神文明建设，我们"换算"一下，就是文化建设。

我这长长的前言，说明来的机缘。其实里面有些内容，在后面都要呼应上。

关于"文化建设的困惑和我见"，我主要讲这样几个问题：

首先讲困惑。如何面对困惑的意见贯穿其中。

大概有这样几个大困惑：到底什么是文化？传统文化对现代有什么意义？怎样建设社会主义新文化？文化交流和对台工作是什么关系？

在省委领导下，大家取得一个共识——闽台之间有"五缘"，其中有一个就是"文缘"。特别是当前台海形势缓解，从马英九上台到陈江三次会晤，形势发展很快，是不是两岸文化交流就限于木偶戏、每天7200名游客登台？这些东西在维系两岸情感上起什么作用？要知道，美国原是英国的殖民地，英国是美国的宗主国，直到独立战争之前，美国的所有进出口税是要交给英国皇室的，他们的文化是一脉相承的，有点像是我们闽台之间的关系，但是单靠这种文化交流行么？这就要有清醒的、客观的、科学的判断。

这个困惑具有国际性，不单是福建或者远在北京的我才有这些困惑，现在整个世界都陷在文化困惑当中。为了说明这一点，我现在把西方文化和东方文化的一些特点简要介绍一下。

西方文化的特点，我概括为四方面：

第一，他们认为宇宙起源于神，就是 God。我们把 God 翻译成神、主、上帝，这都是用中国语言翻译的，应该说都不够准确。到底应该怎样翻译？汉语没这个词，当用神、主、上帝翻译的时候，在中国人的脑子里出现的就是我们心目中的神、主、造物者，或者就是戏曲里演的玉皇大帝。我们姑且就用已有的翻译，说宇宙起源于神，一切都是神创造的。这个神是绝对的、超越一切的、无需证明的，它永远都成不了它所创造的任何东西。比如说上帝变成大树了，变成人了，这不可能。它永远是神，它的被造物，山川、树木、草木、虫鱼、人类，则永远成不了 God。因而在他们的认识中，世界是两分的，二者是不能合一的，不能互相转换的，二元永远是对立的。中国文化不同。在中国的神话和民间信仰中也有神，受人们尊重的人可以变成神，如诸葛亮、关公、孔子、老子、妈祖等；神也可以变成人，如太白金星。

第二，要认识神，只能靠理性、靠思考。靠理性去思考，超越实际、推理、冥想，就是西方的理性主义。本来上帝谁也没看见过，要说明他存在，只能靠思辨。思辨要靠逻辑，大前提、小前提、结论。但是逻辑可以变成诡辩，所以黑格尔批判了形式逻辑，发展出辩证逻辑。

第三，神选择了"我们"。"我们"指谁呢？在《圣经》上指的是以色列人，即犹太人。现在，特别是从上世纪50年代以来，这个"我们"竟变成了美国人。小布什是典型代表。为什么美国不到3亿人占了这么大的国土，毁灭性的灾难很少，什么大地震、大洪水啦几乎没有，就是偶尔有阵龙卷风，也小菜一碟？为什么"我们"在全世界最富？他不说百年来的掠夺，却说是上帝选择了"我们"。上帝选择"我们"干什么呢，给"我们"最好的土地，同时给"我们"一个义务，就是把对神的信仰推广到全世界，这样做是神的意志。所以美国对外政策背后有宗教的因素在。这已经渗透到老百姓的意识当中。海湾战争结束的时候，我正好在美国，住在酒店的高层，向下一看，车水马龙啊，所有汽车的天线上都扎着一根黄绸条。这是在表达什么？庆祝美利坚合众国打了胜仗！这背后有宗教因素："我们"在体现神的意志。所以小布什称打伊拉克是又一次十字军东征——虽经全世界抗议收回了这种表述——但这正是其宗教心的流露。十字军东征是宗教战争，天主教打犹太教、伊斯兰教，九次东征，死了很多人。当时还是冷兵器时代，可以想见战争的残酷。为什么这样做？体现神的意志，是"选民"（上帝所选择的人民）的义务。因此基于基督教的理念是排他的，不允许别的信仰、思想存在，只要与 God 对立的就要消灭。

第四，万事万物都是组合的。一棵树，本身有枝、叶、根、干，人的身体也是由各部分组合的。这种观念不是古代的西方文化，即希腊罗马文化，而是在工业化过程中形成的。工业化的特点是用机器进行生产。机器是由一个个零件组成的，拿这个观念观照人，人也是个机器，既然是机器，就可以作精密的测量和分析。大到宇宙，小到个人，都是如此。因此，有一个习焉不察的现象：医院里眼科不管鼻子，消化科不管呼吸系统，管心血管的不管脚疼、腰疼。这等于把人拆成了一个个零件，这就是机械论、组合论。中医是典型的"全科"，只是不同的医生有不同的特长或偏重。在中医——其核心是中国哲学——看来，人是个整体，宇宙也是个整体。西方科学200多年了，分析得越来越细，一直细到基因了。按照机械论，应该能够把"零件"还原为整体，但是到现在不但没看到还原的影子，而且距离整体越来越远，凡涉及全身的疾病西医几乎没有办法，例如病毒性流感和很多慢性病。

和它相对应的是中华文化，也有四个特点：

第一，认为宇宙是自然的。"自然"在古代汉语就是"本来如此"的意思。万事万物都是对立统一的，对立的双方我们用阴、阳表示，包括正负、天地、男女、好坏、形式内容、现象本质等等。阴阳对立又统一，即可以相互转化，分而合，合而分。这一点，毛主席在《矛盾论》里阐述得非常浅显而清晰。宇宙本来就这样，再追究还是这样。用什么表达它的规律和状况？用一个"道"字，意思是人类、万物、宇宙都要遵循它。

第二，在认识方法上，首先靠经验，观察，体验，之后做思考。有人说中华文化是"感性主义"，这不全面。现在一批中外学者，以外国学者为主，认为中华文化也是有理性主义的，只不过这个理性主义不同于西方的理性主义。对这点，我持怀疑态度。干嘛非得叫"理性主义"啊？可能本来是想抬高中华文化，可是无意中还是拿西方人的思维、标准和概念来衡量我们。

第三，世上没有一个造物主凌驾于人类之上，世上的人是平等的。可能有的人提出疑问：怎么平等啊？皇上跟平民是平等的吗？要说明这个问题，应该专讲两个小时，在这里就不展开了。我所说的平等是精神上的、实质上的。大家如果有兴趣的话，可以参看孙中山1924年4月到8月在广州中山大学的中山堂所做的16次关于"三民主义"的讲演。他在讲到民权主义的时候，反复说明不要去贩卖欧洲的平等，欧洲之所以把平等唱得天响，是因为中世纪欧洲太不平等了，教会代表上帝凌驾于所有老百姓之上，因此对它的反弹就是要平等。中国人自来就是平等的，所以说"王侯将相宁有种乎"、"得人心者得天下"。

第四，万事万物都是小宇宙，人本身也是个小宇宙，人又是大宇宙的一部分。万事万物都是一个完整的体系，这个宇宙有些事物是能够做精确分析、测量的，有很多根本不能，比如说感情、思想、经络。不仅这种非物质的东西不能做精确分析，物质领域有的也不能做。例如地球南北极的边界，动植物的分类，人的少年、青年、中年、老年的划分，都有人工的硬性界定，然后约定俗成，并不是事物之本然的界限。因为二元之间都有过渡带，过渡带是模糊的，很难划清。

国际性的困惑还有：中国文化有什么价值？在 20 世纪 50 年代之前，中国文化在西方被完全、彻底地否定，认为它是落后的、愚昧的、无知的。之后西方自身的问题一个一个地显露，促使一部分人反思：我们的文化真的比别人好么？同时开始想起东方文化来。现在，在西方思想界存在两大派，一派是完全否定中华文化，一派承认中华文化是世界文化的一元，其中有些人还称赞中华文化，认为中华文化提供了西方文化中没有的东西，西方的文化已经走到尽头，这当中包括西方医学界一些医学权威，提出医学要再发展必须向中医学习。据我观察，在世纪之交时，后者已经略占上风。但是这个问题远没有彻底解决，依然困惑着世界。

由中华文化有没有价值自然引出第二个问题：从中华固有的文化中能生出工业化么？在西方学者著作上讲的是能否生出现代资本主义。接着还引出第三个问题：中国文化是否要接受西方文化的彻底改造？也就是中国要在当今世界上立足，要不要全盘西化？这个目前在国内还是有争论的，主张全盘西化的人不少啊，而且都是有文化的人啊。这个在西方也是两派，所以这个困惑是世界性的。中国的问题成为世界的问题，从这个角度看也是由于中国地位提高了。如果我们还是每月三两油、半斤肉、二两糖，吃根油条还要交粮票，人家不会去研究你的文化，是不是？

现在，我就开始说那四个困惑：

第一，到底什么是文化？

似乎什么都是文化。饮食、服饰、家居、汽车、玩具、电影、文艺、卡通（动漫）、旅游、博饼、卡拉 OK、色情……现在又提出非物质文化。处处是文化，说来说去，"泛化"了，反而闹不清到底什么是文化了。粗略地说，人类所创造的一切精神成果都是文化。第一，文化是人类创造的，大象卷支笔在那儿涂抹不是文化，黑猩猩画什么都不是文化。第二，文化是创造的。公园里树和草不是人创造的，但是树摆在哪，花放在哪，堆个土山，这是文化。广义的文化，人类创造的物质成果也包括在内。我们这个礼堂、层出不穷的科技成果，也应该算文化。一句话，文化无所不在，无时不在。它存在于我们的心中，存在于我们的生活中，存在于我们老百姓生活的环境里。

需要分层级来认识文化。这里所分的层级绝不像西方理念那样刀切豆腐，层级之间截然划分，而是互相沟通、边界模糊，不同层级只是侧重点不同。层级划分有不同办法，这里所说是其中的一种。

首先，56个民族是一个文化整体，下面有亚文化，再下面还有次亚文化、次次亚文化。什么是亚文化呢？按地域划分，有岭南、闽南、客家、江南、西北、巴蜀、湘楚，等等。按民族划分，有汉族文化、藏族文化，等等。按社区、企业、学校、军营、居民区、村寨等划分的文化，属于次亚文化。比如客家文化下面有龙岩客家、梅县客家、赣州客家文化、台湾客家等等。民族文化也有次亚文化，例如彝族有四川彝族、云南彝族，藏族有西藏的藏族、青海的藏族、四川的藏族、云南的藏族。四川的彝族还分了几支，语言相通，但文化形态不同，那就是次次亚文化了。

文化层级另外一个分法，是根据内涵和外延的不同。我把它分为三层：

表层文化，也叫物质文化、生活文化，是围绕衣食住行的好恶、取舍。现在我们日常服饰都是衬衣、T恤，有些小青年，好好的裤子非要买拉了很多口子的，一千多块钱买条裤子那么多洞，他就喜欢。衣服本身不是文化，他喜欢了那就是文化。假如孩子买回一条好多洞的裤子给老爹，老爹绝对不肯穿，不肯穿也是文化。其余依此类推。

中层文化，也叫制度文化、艺术文化或形态文化，包括风俗、礼仪，艺术、宗教、制度、法律。

底层文化，也叫精神文化、哲学文化。其内容不外乎就是"四个关系"、"四个观"。"四个关系"是人和人（包括个人和社会）、人的肉体和精神、人和自然、现实和未来的关系。"四个观"，即在"四个关系"里体现出的价值观、伦理观、世界观、审美观。

从上述的分析看，是不是到处都是文化？早晨起来一看表，急急忙忙吃点东西，上班去，这就开始有文化了。睡觉选什么床，什么样的床上用品，乃至做的什么梦，都是文化的反映。我们绝大多数人睡觉很踏实，唯一不踏实的是今天有事情没干完，深怕明天起晚了。少数人睡觉不踏实啊，一报道哪个"双规"了，心惊肉跳。这也是文化的反映，反映价值观嘛。

第二，传统文化对现代有什么意义？

这实际上也是在问：传统文化能不能以及怎样与现代社会结合？我们提倡的是优秀传统文化和时代精神的结合，建设民族的、大众的、科学的社会主义新文化。但是人们难免心存疑问和困惑：能不能结合啊？答案是肯定的。文化从来就是在继承的基础上发展的，继承和发展得如何，关键在于自觉不自觉。有些属于不自觉，比如中国人提倡孝，我们大家对自己的父母和祖辈都怀着一种孝和敬之情；扩而大之，对革命先烈、老前辈，虽然他们没有了工作能力，有的躺在医院里，有的思想跟今天有些脱节，但是我们仍然尊敬他，因为他们当年叱咤风云，比我们贡献大。时代前进了，现在的任务该我们来做了。这样想了，这样做了，还是不自觉的。如果自觉了，就认识到这是传统文化和现代精神的结合。因为是在过去的基础上演变发展来的，所以牢固，不会因为工业化和市场经济而忘了老爹老娘，忘了过去。

前些年我一直在提倡中华民族要做到文化自觉。这不是说要13亿人都自觉，而是说只要执政者和知识精英自觉了，就可以带领整个民族文化走向繁荣。江泽民同志在十五大提出"三个代表"重要思想，第二条就是"代表先进文化的前进方向"，当时这让我非常振奋。这是中国共产党文化自觉的标志。从苏区时代党就非常重视文化，共产主义理想、党的作风保证了红军在艰苦卓绝、牺牲巨大的情况下最终到达陕北。延安时期也非常重视文化，之后更是如此。七届二中全会的"三个务必"，就是中国共产党价值观、伦理观、世界观、审美观的集中体现。历来我们习惯于把某一方面的工作称为"战线"，农业战线、商贸战线、教育战线、军事战线、统一战线、文化战线……还可以列举出很多。现在，在诸多战线当中特别把文化提出来列为立党之基、建国之本"三条腿"中的一条，把文化提到从未有过的高度，这是"两个文明一起抓"思想的进一步提高和升华。而且"三个代表"排列顺序很有深意。"代表先进生产力的发展要求"就要调整生产关系、改革体制和机制，生产力解决人民物质生活之所需、社会发展之所需，是一个社会存在的根本；第二条就是文化，是精神之所需，是一个政党、国家或民族的灵魂；这两条实现了才有第三条，或者说第三条是前两条的出发点：代表中国绝大多数人民的根本利益，没有发达先进的文化也就不能代表人民根本利益，因为人民不仅仅需要物质，也需要精神，不能持续发展先进生产力也不能代表人民的根本利益。三者相辅相成，缺一不可。

现在社会上有很多人在做继承、发展工作。比如《百家讲坛》由教授来讲《论语》、《三国》、《红楼梦》、《聊斋》、唐诗宋词、革命传统，等等。人类的历史就是这样在继承和发展中延续的。众所周知，马克思主义也是在原来传统文化的基础上发展出来的。马克思主义有三个来源，即有"来"有"源"。马克思主义哲学继承了西方2000多年的传统，从柏拉图到19世纪，特别是黑格尔的辩证法和费尔巴哈的唯物主义。在文化问题上黑格尔也谈到扬弃问题，"扬"就是继承、弘扬，"弃"就是割舍、批判，见于他的《小逻辑》。马克思的社会主义思想，实际上是继承和发扬了圣西门、傅立叶、欧文等人的空想社会主义。大家不要看轻空想社会主义，在当时影响是很大的，直到60多年前北欧还有人在实践：一个社区互通有无，打破私有的观念，孩子送到寄宿学校，既学习书本知识又学手艺，自力更生，学木匠、学盖房子，学到一定程度就靠劳动换取报酬，家长不必给钱，过集体的生活，生活的用品都是一样的。现在没有了。因为资本主义进行了自我调整，人民生活水平普遍提高，这个强大的力量一下子就把它冲垮了。空想，就是欠科学，马克思的贡献是把人类的这种理想提高到科学水平。马克思主义的经济学是直接继承了亚当·斯密和大卫·李嘉图的古典经济学。马克思最主要的贡献就是从货币入手提出了剩余价值的理论。有些人一提到马克思好像就是阶级斗争，其实阶级斗争只是变革现实的一种手段。马克思主义的核心不是阶级斗争，起码不只是阶级斗争。这次金融危机，无论是在美国还是在欧洲，马克思主义又走俏了。因为人们发现今天发生的事情马克思100多年前都预言了，看出了资本主义固有的矛盾和危机的周期性。他这个理论不是空想出来的，而是在充分研究了资本主义的状况，并在亚当·斯密等人的基础上建构的。

我们再看一下毛泽东思想。有一个课题希望将来党内外专家好好研究一下，这就是毛泽东思想、邓小平理论、"三个代表"重要思想、科学发展观以及构建和谐社会主义里面所包含的中华传统文化。中国共产党早在20世纪40年代就提出了马克思主义中国化问题，但是迫于第三国际的压力，后来改为马克思主义基本原理与中国实际情况相结合。过了几十年，江泽民同志又提出了马克思主义中国化。"结合"也好，"中国化"也好，我认为不能只考虑到中国地大物不博，经济、文化、教育、科技落后，还应该想到中华民族的人文环境，也就是文化问题。马克思主义必须并且必然和中华文化结合，因此在几代中央领导集体的思想当中，有意无意地体现了很多中国传统文化。比如毛主席讲"实事求是"、"有的放矢"，即以马列主义之"矢"去射中国的实际情况之"的"、中国革命问题的"的"，"具体问题具体分析"，这都是中国式的思维。西方的思维，包括马克思，都是确定普遍规律、普世价值问题。毛主席的《矛盾论》、《实践论》里面大量的是中华文化的东西，现在很少有人读了。好好读读毛主席的《矛盾论》、《实践论》，对今天的工作有很好的指导意义。刚才我提到的"阴阳"，向对立面转化，这一点马克思也有，但是毛主席讲的纯粹是中国货。《实践论》讲知行合一，而我们自古的哲学就讲究知行合一。伦理上，毛主席提出"为人民服务"，我觉得这和全世界无产者联合起来、砸烂旧的锁链是有差别的。"为人民服务"就是"代表最广大人民的根本利益"，绝大多数人，把除了被剥夺了政治权利的人之外的所有人都包括在内了。实际上这就是"以天下为己任"，就是"先天下之忧而忧，后天下之乐而乐"，以苍生为念，这不就是传统文化吗？

　　我们政治体制的几个要点：共产党领导，一党执政、多党参政，人民代表大会制度的根本政治制度，政治协商、多党合作和民族区域自治的基本政治制度，也都是经过批判继承而来。继承了谁？我觉得是直接继承了孙中山的政治设计。孙中山说不能学西方的多党制，我们的情况跟西方不一样；他曾经把民族问题讲得很清楚，"民族自治"、召开"国民代表大会"也是孙中山提出的，当时国民党偏于东南一隅，只好采取协商推举，这也就是1949年召开新政治协商会议的方法。政治协商会议一开始是权力机构，决定了成立中华人民共和国等一系列事项。政协的《共同纲领》具有宪法性质，规定一旦全国解放，就通过普选举行人民代表大会，行使最高权力，政协就成为咨询性的机构。政治协商会议，是1945年毛主席代表共产党到重庆和蒋介石谈判，双方共同议定召开政治协商会议，由各党派和社会贤达参加，也可以说是共同创造的。只不过10月10日签署了协议之后，蒋介石就调兵遣将进攻解放区，协议一签完就被撕毁了。1949年中共中央把各党派领袖、民主人士和社会贤达请到西柏坡商量再次召开政治协商会议。毛主席说，这下好了，这次政治协商会议反动派不存在了，都是我们共产党和各民主党派了。"政治协商会议"这个词，是国民党一名少将提出来的，为各方所接受。由此可见，我们的事业，包括政治体制也都是有继承的。孙中山虽然提出了很多好的政治设计，可是由于他所依靠的是有产阶级，还有求于帝国主义，所以有许多好主意实行不了。我们不一样，无产阶级胸怀宽广，无论是多党合作还是民族区域自治，从量到质都已经远远超越了孙中山当年的期望。所以说我们现在的政治制度是历史的选择、人民的选择。怎么选择的？1911年推翻帝制，接着军阀混战，袁世凯窃位，然后出现100多个政党，5个人就可以成立一个政党，有的像流星，今天登报声明，明天就没了，搞得全国更加民不聊生。孙中山考察了世界，发现不能走这条路，救不了国。他当时的选择实际反映了时代的选择。

现在实施科学发展、促进社会和谐，何为科学发展？简言之，首先是以人为本。人本思想，从文献上考证，是中国早在几千年前就形成了的，并不是欧洲文艺复兴的首创。文艺复兴的人文主义是受了中国的影响而提出的，这有文献可证。这不是中华传统么？我们讲和谐，国内外的学者们共同认可这是中华文化的理念。因为我们对世界的认识是整体论，整体就必须和谐；机械论，二元分裂就不是。这在表层、中层文化里处处体现着。例如中医，诊断和治疗着眼于人的全身，包括病人的脾气禀性以及和季节、气候、地点的关系，不和谐处疏通、补泻，使之和谐，扶本祛邪。现在社会上结婚、过节（春节、端午、中秋、清明，等等）、祭祀（如妈祖）以及藏富的习惯和知识分子以天下为己任的情怀，都是传统。

在家庭内部我们讲亲情、孝敬、和睦、节俭。这是因为中华文化形成和成长于农耕时代。根据出土文物、文献记载，我们以农耕为主体的经济历史在一万年以上；农耕生产的特征是必须处理好"三大关系"：人与人、人与自然、现实与未来。

农耕时代人和人之间的关系最为亲密。人类的进步最根本的动力是生产力。当人成为人之后，就懂得采集、狩猎，这时对大自然只知道索取，而且是有限制的索取：够吃就止。至于树生长的规律，什么条件下结果、什么条件下不结果，并不思考；打到野兽大家分食，至于野兽的生活习性也只知道大概。到游牧社会，对自己所亲近的，如对驯化后的狗的习性，对放牧的牛、羊、马观察细致。但是对大自然呢，很注意天象，从日月星辰的运转判断季节的转化。逐水草而居，至于离开的那块土地怎么样并不关心，不做细致观察。对于农耕而言，什么土地适合长什么，什么时候发洪水，什么时候下雨，什么时候闹虫灾，周围的森林、沙漠对耕作的影响，都得仔细观察、总结。采集、狩猎，群婚乱婚，人和人的关系不深刻。游牧是小家庭，基本没有邻居，偶尔一见，不亲密。孩子成年了，分一部分畜群自己去过，因为一对夫妇能放牧的畜群是有极限的。孩子从小耳濡目染，放牧、接羔、挤奶、宰杀等技能，无需有意传授就会了。与父母分开后有可能二十年后才见面，也有可能一辈子不见面。农耕不行，要全家一齐动手，土地、房屋、农具、技术、为人，都要继承。大家都知道西方一般把孩子抚养到 18 岁，孩子就完全独立，我们不解者有之，羡慕者有之。其实西方的习惯是游牧生活的遗留，好处是人的独立性强，激发了人的创造力；缺点是人与人疏远。我们的习惯好处是人与人亲密和谐，但走过头，包的管的太多了，限制了年轻人的闯劲。

农耕时处理现实和未来的关系最为合理。中国人讲现实，"种瓜得瓜，种豆得豆"。对未来呢？相信一代比一代强，"后浪推前浪"、"青出于蓝胜于蓝"，都是我们的思维习惯。讲现实不是只管眼前这几年，而是为子孙后代着想。最好的榜样是邓小平同志，上世纪 80 年代提出来十年翻一番，分两步走，一部分人、一部分地区先富起来，先富起来的人和地区帮助没有富起来的人和地区，2020 年全面小康，2050 年达到中等发达国家的水平。他给我们勾画了 70 年后的愿景啊！他知道他 80 多岁了，活不到 150 岁，这就是无产阶级胸怀，中国人的胸怀。重继承，重现实，因而尊祖敬宗，敬老爱幼，寄希望于后代。我们常说去世的人"永垂不朽"，这"不朽"不是指肉体，而是指精神的"永垂"，中华民族之魂"不朽"。这就是我们对现实和未来关系的观念。西方的观念是当下好好工作，这是神的意志；好好赚钱，好好过日子，行有余力捐给社会，也是神的意志。按神的启示去度过一生，死后就可以回到上帝身边。希望寄托于神，寄托于彼岸。

农耕最重视人与自然的关系。由于知道自己的耕种受大自然影响太明显了，因而对大自然怀着敬畏和爱护的心理，而不是无节制地索取。例如孟子曾经说"斧斤以时入山林，材木不可胜用也"、"数罟不入洿池，鱼鳖不可胜食也"（《孟子·梁惠王上》），就是按照有利于林木再生的季节砍伐，不用细密的渔网捕鱼，否则林木会枯竭、鱼会绝种，断了子孙路。西方则是无节制地索取，因为《圣经》上说，这里没有光，God 说应该有光，于是就有了光；说这里应该有什么，于是就有了什么。亚当、夏娃进到伊甸园，除了那个禁果不许吃，其他都是供他们享用的。无节制地向大自然攫取，资源即将枯竭，环境严重污染，于是把污染的企业转移到墨西哥、巴西、马来西亚、泰国和改革开放后的中国，尽量使用转移地的资源。上帝的选民那里空气和水干净了，发展中国家却不行了。滥伐亚马逊河热带雨林、滥捕鲸鱼，都是此类无限制的索取。

中国人期盼和谐，于是在家讲孝，交友讲信，对国讲忠，对社会讲义（"义"是什么？就是按照我的位置、我的身份，应该做什么就尽力做好。

古人说"义者，宜也"，"宜"就是合适），重现世轻来世，崇德敬业，敬畏自然，视他与己为一体——这既是"人之道"，也是"天之道"，是万物的本源。

第三，怎么建设社会主义新文化？

这个问题极难讲。中国共产党从来就重视从群众中来，到群众中去，大家都贡献自己的看法，就可能形成一整套的构建社会主义新文化的路径、指导思想和政策。

这里，我只讲几个突出的问题。

1. 要弘扬优秀传统文化。任何时代的文化都是对前代文化的继承和发扬；

2. 遵循文化发展的规律；

3. 借鉴异质文化；

4. "走出去"和"走回来"，即在外面吸取了营养再回归中华文化；

5. 尽快实现文化、经济平行。

弘扬传统文化。在社会层面，要特别注重社区文化的建设，特别是学校。因为社区是人们日常生活的环境，特别是城市"现代化"之后，原有的社区已经几乎被彻底打散打乱，原有的社区文化已经不复存在，孤零零的家庭孤零零的人，这是极大的损失。学校教育是一个人成长过程中最系统、最完整的的环境。从6、7岁入学，如果读到博士，20多年的光阴，学校浓厚的文化环境、理智的氛围，教师的传道授业解惑，最能养成一个人的"四观"。无形的气氛是一种极其重要的熏陶。家庭的教化也不可少，但它是片段的、零星的、随意的、水平有限的。妈妈是第一个教师，孩子一进幼儿园，第一个教师就"半失业"了，学校对孩子的影响是家庭不可取代的。社会教育也很重要，为人的成长提供一个环境、一个氛围、一个导向，但是不会针对每个学生进行个性化的教育。

另外，弘扬传统文化离不开学术的层面。现在学术上要做"亡羊补牢"的工作。因为传统文化毁坏得太厉害了。现在开始有点恢复，还不是真正的复兴，传统文化的真正复兴是要按百年来计算的，而且其起始要从学校的学科、课程设置符合弘扬传统文化，大家真正认识到传统文化的价值，也就真正的自觉那天算起。现在还没开始呢。这几年的情况不是传统文化复兴，还只是为文化复兴制造舆论。因为传承靠人，从现在起，学术积累需要两三代，所以我说需要百年。虽然复兴需要时日，但是现在也要做、更要做，起步越早越好。学术需要百家争鸣，包括主张全盘西化、骂传统文化的，都要让他说，就像毛主席说的，只有不同的意见争鸣了，正确的意见才能不断成长。老是关起门来搞自己的一套，经不起考验。

要遵循文化发展的规律。文化发展的第一条规律是"文化就是'人化'"。人之所以为"人"，就是因为开始有某种"化"，区别于动物了。文化就存在于我们的生活之中。13亿人，人人都在参与文化，无论自觉不自觉，人人都在创造文化。大江南北结婚的风俗习惯各有不同，同一个省里不同的县也不一样；祝贺生日也是各有特色。这都是人民的创造，是在传统基础上的演变。文化是逐渐积累的，快不得，快了老百姓不接受，"化"不了"人"。快餐文化来得快，消失也快。不能揠苗助长。文化要雅俗共赏、互动。"雅"指的是像京戏、芭蕾舞、交响乐、民乐演奏等等，"俗"的如流行歌曲、小品等等。需要包容，年轻人需要流行的东西，关键是"俗"要不断提升，通俗而不庸俗，合乎人民需要就好。而且，所有"雅"的东西都是从"俗"的东西提升的，唐诗、宋词、元曲，本来为下里巴人，四大名著除了《红楼梦》，原都是说书的脚本，经文人加工了，成为世界文学名著，说书人又据此去普及，在普及中继续丰富。京戏两百多年前还是"野台子戏"，经过不断改革提高，成为高雅艺术，又对许多地方戏产生积极影响。所以雅俗是互动的。现在的问题是雅俗之间"黄河为界"，彼此绝缘、对立，影响了文化发展。

第二，政府起什么作用？引导、管理。管理包含着支持、促进和依法约束。但是文化自身打造不得，文化产品也打造不得。这种做法过去有过，花钱不少，效果甚微。应该说，对于在市场经济条件下政府如何管理文化工作，我们还缺乏经验。文化也是人们的生活方式，移栽不得。西化、硬推广什么的，都属于移植。揠苗助长也不行。觉得哪个作品或节目好，大力扶持，结果百姓不认可，这就近乎把苗往高处拔。

第三，借鉴异质文化和历史的经验。只要我们大胆地、开放地借鉴异质文化，我们的文化就会有一个飞跃的发展。历史上的典型是汉、唐和近代。中国能够从1919年五四运动，两年后诞生中国共产党，一路走下来，创造了新中国、新时代，主要原因之一是借鉴了异质文化。用毛主席的话说，苏联"十月革命"一声炮响，给我们送来了马克思主义；又说中国人找到了马克思主义：送和找，双向的。从1919年算起，头30年，向人民当家做主艰苦奋斗；又30年，本打算好好建设，其间摔了跤，取得了经验，也得到了教训；又一个 30 年，改革开放，中国成为世界上举足轻重的国家，这是由于吸收了西方文化。而建国后 30 年是半封闭的，只对社会主义阵营开放，对外面的世界缺乏全面了解，所以走了一些弯路。

文化发展需要动力。文化发展有内动力和外动力。内动力是民族文化内部社会的变迁和生产力的提高，以及亚文化、次亚文化、次次亚文化之间的碰撞和互融。20 世纪 50、60 年代文艺舞台那么丰富，是因为 55 个少数民族的和地方文艺由艺术家深入生活提取、再创造的结果。至今马头琴、冬不拉，新疆、西藏等地的歌曲、舞蹈仍然为人们所喜爱、熟知。经过这一过程，少数民族地区的文化也提高了。外动力就是世界范围不同文化的刺激、挑战、冲突和交融。有的时候文化发展主要靠内动力，但是从总规律来看，外动力极为重要。汉唐如果没有和从西域进来的异质文化接触，只凭历史的积累、战乱之后朝廷所实行的政策，也不会有两朝的文化辉煌。

异质文化间的相互影响是由表及里的，是围绕着衣食住行的"时尚"引领，慢慢渗透到中层、底层的。远的不说，就说现在。我们的衣着几乎都是外来的：中山装，孙中山参考日本现代制服设计的，西装、T 恤、牛仔裤、皮腰带，都是舶来品；食：麦当劳、肯德基、各种软饮料、法国大餐、比萨饼；住：家家争着住"洋楼"，内装修有许多也是欧式的、美式的，连小区、楼宇的名字常常也是西化的，客家的土楼没有新的住户了；行：从前是步行、牛车、马车，现在不都买私家车了嘛。表层改变最容易，似乎无关大局，但是如果中华文化之魂没有了，通过表层渗透到中层，我们的艺术是踢踏舞、脱衣舞、梦幻巴黎、百老汇狂欢，我们的审美观就会悄悄改变，接着相关法律也需修改。久而久之，生活习惯变了，宗教变了，很难说不会影响到政治制度，第二代、第三代们的价值观、伦理观、世界观、审美观也会变。所以说，虽然文化影响是由表及里的，但是我们应该有所警觉。最重要的是"强身"，是"固本"。

怎么借鉴呢？要深入研究异质文化，不要"浅尝辄学"。国家、学者应该深入的研究，包括资本主义的一些政治制度、资本主义政党的一些经验和教训。例如，中国哲学理念适合人文、社会，而西方的二元对立为科学技术的发展作出过巨大贡献，虽然它们的哲学已经走到尽头了，但是今后还有用。二者能不能相辅相成？能不能融合？至少我们应该认真深入地研究。大家在改革开放前沿，又离台湾这么近，我建议对台湾的社会管理、对中华文化如何渗入百姓家进行研究，看看有没有可以借鉴的地方。美国政府正在调整帝国主义阶段资本主义社会的内部矛盾。里根、尼克松、克林顿等都曾调整过，调整结果是内部矛盾缓解了，国力上升了，超级大国的宝座坐稳了。他们面临种种矛盾是怎么调整的？既要观察，又要警觉。没有这样一个胸怀，我们就缺乏了外动力。学，就要深入研究，只知皮毛只限于模仿，要吃亏的。

第四，走出去和走回来。为什么要走出去？因为只有走出去才能把中华文化和西方文化深入地、细致地对比。人认识事物的最基本方法是比较。只有当我们深入研究异质文化，不管是美国文化、欧洲文化，还是印度文化、伊斯兰文化、日本文化，都深入到那个环境里去，才能真正知己知彼，也才能明了哪些是精华，哪些地方我们不如人家。

在异质文化的环境中吸取异质文化，在走出去的过程中培养人才，对世界理解中国文化，对我们国人重视文化具有巨大的作用。异质文化对中华文化的反应、评论，包括正面的、反面的，准确的、不那么准确的，都是对我们的检验和挑战，可以引发自我反省。中华文化到了自省的时候了，让人"评头品足"去。当然，对"评"我们要以科学的态度对待，不是老外说了什么就信，我们对这种检验和挑战的回答就是自我的强化，也是对分析评论异质文化的锻炼。由于我们对异质文化了解得不够，我们的分析和评论往往会是教条的、扣帽子的或者不准确的。例如，只有深入到西方的社区里、家庭里，你才能体会到西方的个人中心主义的好处坏处在哪里，和我们的修身、齐家、治国、平天下，自身与天下为一体等观念对比，才能体会到他们崇拜物质、技术，体会到认为物质、技术能解决一切的毛病是什么。西方的理念是不同文明必然冲突；我们讲文化应该是多元共处、相互吸收的。从这个角度说，中华文化走出去，是当今世界的需要，是我们对世界之未来的义务。

在异质文化环境中吸收异质文化，中华文化走出去必须适应"顾客"的心理和话语习惯，这是我们国家当前最需要关注的问题。否则我们的东西出去，人家就看个热闹。我们真正的思想、深层文化、中层文化，包括我们的政治体制，需要用他们能够接受的语言去讲。这就是话语的转换问题。中华文化被异质文化接受和吸纳的过程也是中华文化发展丰富的过程，我们的一些东西出去，不管是读者还是观众，可能提出很多问题，或者不买账，卖不出票去，我们就反思、改进、发展，这将成为中华文化前进的营养。不是某某乐团、某某人在维也纳金色大厅演出了，就说明世界重视了。交25万美元，谁都能去演。不宣传，不讲中国民歌唱法的特点，人家听后可能得出个结论：今天听了一场东方小调。这篇文章要好好做，一定要出去，要有出去的方法、步骤、铺垫和宣传。

在异质文化环境中吸收异质文化，我就举孔子学院的经验说说吧。到现在我们建立了326所孔子学院，分布在89个国家和地区，单美国就有52所，还有150所外国大学在等着审批。在建立孔子学院时就碰到了话语习惯的适应问题，这体现在教材和教法上。对外汉语教材种类并不少，包括福建这边的，但是真正适应当地需要的并不多。我巡查了几十所孔子学院，使用我们教材的很少。教法也不适应，基本上是把我们小学、中学的教法挪到那里去了。欧美学校上课是什么样？不像我们的孩子40、50个人端坐在那里，老师问个问题都要举手回答，西方不是这样的，他可以背朝你，可以在教室里走动，课程吸引我，就慢慢跟你学，不吸引我，上着课背着书包就出去了。我们的教材教法都是把孩子捆在椅子上强化训练的，不适合在海外用。孔子学院开局很好，世界各国都欢迎，但是在文化上我们没有准备好，教材、教法、教师没有准备好，我们是仓促上阵。

在走出去的过程中培养人才，书本、课程提供的是间接经验，还要去获得直接经验。用毛主席话说，"不入虎穴，焉得虎子"。毛主席一直教导我们要深入实际，外国社会的生活、教育就是实际。关键是出去的人要对西方文化有基本的了解，还要对自己的文化有较深的认识，也就是文化要有个"主体性"。现在的麻烦是我们的大学生对于中华文化的认识大约就到高二水平，高三文理一分科，大部分学生就和中华文化拜拜了。这是我们教育不成功的一面。现在大学都在喊要国际化，但是从所采取的措施来看，目前脚底下这条路通不了国际化。要想国际化，还要进一步开放，要有进一步的措施。培养跨文化交流人才是当务之急。为什么说世界理解中国文化对国人重视文化有重要作用呢？人常常身在宝山不识宝，需要冷眼旁观者的鉴别，而且放到与异质文化对比当中鉴别，才知道是不是宝。

争取文化、经济尽快平行。文化和经济是有轻重缓急之别的，物质（经济）是基础，我们只有吃饱了、穿暖了、有房子住了才能谈文化繁荣。文化必然以经济为基础。文化事业是花钱的，能挣钱的只是形态文化中的一部分。文化和经济必然会有一天走向同步前进，这是社会进步的规律；二者也必须走向平行，这是社会主义国家的需要，可持续发展的重要保障之一就是强大的文化。

文化交流和对台工作是什么关系？两岸之间有三条最重要的纽带：政治、军事和经济。台湾的文化情况怎么样？大陆文化情况怎么样？我们怎么办？卢书记非常智慧地提出闽台有"五缘"，但是"五缘"的轻重是不一样的。"亲缘"，台湾"本省人"已经是七八代、十几代了，仅存的一线就是寻根，和现在的同姓（例如吕、李、陈）已经没有"亲"情了。"地缘"、"法缘"固然重要，但是距离近、历史上同属一个"道"、"府"并不能让今天的人彼此有亲近感。现在发挥作用最大的还是经济、政治、文化。但是经济是易变的，世界、亚洲或大陆的经济一有起伏，两岸的经济也要起伏。这次金融危机的影响就是眼前的证据。政治是一时的，这"一时"可能是几十年，想想从 1949 年到现在，两岸间的政治变了几次？两岸间有永恒的纽带，这就是文化。文化的认同力量，超过了政治、经济乃至血缘。

台湾文化现在怎样？台湾文化是多元的，但都是中华传统文化的亚文化，即使是闽南文化也有所变异。此外还有两个异质文化：西方文化和日本文化。台湾对它们是包容的。台湾文化还有一个特点——稳定，中华传统文化（儒、释、道）的保存、研究从没中断，这方面大家比我知道得多。但是很少有变化，这是台湾的弱点，缺乏高屋建瓴的理论指导。台湾以"文化创意"自豪，但是这都是在文化的表层和一部分中层中体现，至于底层，缺乏深入持久的研究。虽然曾经兴起过"新儒学"，但是距离构筑民族的理论体系并且把它推向世界还远。在这方面大陆有一定优势。

大陆文化的情况：55 个少数民族，每个民族还有次次亚文化，31 个省区市都有自己的特色文化，而且底下每个县、甚至每个乡都有自己内容丰富的文化。13 亿人，太丰富了，即所谓博大。但是同时我们传统文化的保存和研究残缺了，这在百姓的日常生活中尤为严重。文化就在人们的生活中、家庭中和心灵中啊。可是，我们在跌了跤、走了弯路以后，已经有了基本的理论指导。刚才我复述了江泽民同志的一段话，就是优秀的传统文化和时代精神相结合，建设民族的、大众的、科学的社会主义新文化。不要看轻这句话，这是理论纲领。我们正在思考如何实现中华文化的现代化和世界化。

大陆的各种文艺、货物到台湾必不可少，但这只是"表"，应该由表及里、由浅入深。同时要分层次交流，群众、官员、学者、企业。现在大陆游客每天可以到台 7200 人，一年下来两百多万人，有规模了；学者交流是很多的，但仅限于参加研讨会、作学术报告是不够的；官员的交流很不够，台湾来的多，咱们去的少；企业家去的也很不够，光是过去转一圈是不行的。关键是要抓紧研究，培养兼通古今中外的专家群。我想福建首当其冲。厦门大学有一个台湾研究院，远远不够。文化领域要合作，这是一个很重要的抓手。现在有一个共同面临的问题：两岸如何携手，让中华文化走出去。既是合作，就不是谁征服谁，而是"兄弟"联手，让祖宗留下来的文化成为世界了解的东西。

共同面临着什么问题呢？如何应对西方文化的冲击，核心的问题就是和西方人一样要重新思考人生的意义，给未来留下什么。我觉得这是两岸老百姓、知识分子、官员、企业家需要共同面对的问题。这个问题，也只能在研究和弘扬传统文化、不断创新和走向世界的过程中逐步解决。

（根据录音整理）

中国振兴和可持续发展的必然性※

谈到中国的可持续发展，一般多着眼于中国经济结构的调整、技术升级以及环境资源战略等政策、操作方面的技术问题。这当然是必要的。今天，我想从另外一个角度，一个隐蔽的层次谈谈我的一些想法。

一　中国振兴是 21 世纪之必然

中国近年的发展特别引人注目，一是因为作为一个经济、科技、教育落后，资源相对贫乏，人口最多的国家，30 年的发展进步是世界史上的奇迹；二是因为这个曾经任世界列强宰割的半殖民地国家，昔日的奴仆，居然变成了经济大国，与世界各国平起平坐，当然让人感到新鲜而奇特。

殖民运动是工业化和西方哲学的必然产物，其催生的力量则是工业革命。从 18 世纪开始，欧洲迅速地成为世界的"中心"，欧洲的思想观念乃至宗教习惯开始散布到全世界的每一角落。思想界、学术界、经济界、文化界等等判断是非优劣的标准，都唯欧洲——后来是美国——马首是瞻。

但是，殖民不可能长久，文化不可能成为单元，沉睡的东方不可能永远不得苏醒。正是由于这一规律，中国独立了，崛起了。

中国必然新生，这不仅是人类历史的规律所决定的，也是中国的历史和文化所决定的，这也是中国国情的一部分。中国文化中的诸多元素，例如尊祖敬宗、修齐治平、孝悌忠信、仁义礼智、和而不同等等，已经成为

※　该文原定为 2010 年 10 月 16 日在香港第三届中国发展论坛上的主题演讲，作者因故未能出席，以书面形式提交。

中国人的精神"基因"，在百年来和近三十年来的革命、建设、发展中都在起着极其巨大的作用。

二　中国振兴的世界意义

"现代化"到来之前的世界，是一个相对平静的世界。各大洲相互隔绝，虽然各洲内部时时发生冲突厮杀，但那是为了种族生存和繁衍，不得不争夺匮乏的生活资料。即使如此，志士仁人坚持反对不义之战的呼声始终不断。有关这两方面情况的记载和论述，在中国的古文献中比比皆是。

人类彼此隔离当然是不好的，相互打打杀杀更是不可取的。但是，古代隔离的结果是形成了世界多元的文化；冷兵器战争在其残忍的另一面，则滋养培育了人类的智慧，包括对战争残忍恐怖的深刻认识。

近代文明，出现了打破隔离的单向动力。这一动力并不是由于物质的匮乏，不是为了民族的生存和繁衍，而是富裕的民族去掠夺贫困的民族、掠夺自然。这造成了两个方面的效果，一方面推动了科学技术，首先是军事科学技术的发展，使得掌握技术的民族崛起，而且越发富裕和强大；另一方面，种下了羡慕与仇恨混杂的民族情绪，既为日后的民族独立和连绵不断的双向战争动力准备了基础，同时也得罪了大自然。

人类在今天的种种争斗与前工业化时代酝酿和发生争斗的原因有着根本区别：现在几乎纯为利益，超额的利益，个人的、群体的利益，尽管经常打着"国家"、"民族"的旗号，也掩盖不了人类的贪、嗔、痴的本性。

中国的振兴将向世界显示另一种动力：不是为了少数人的穷奢极欲，也不是为了人人都生活在奢华的环境里，而为了当代和子孙过上富裕而安宁的生活，同时促进世界和平。因为中国人比许多民族更真切地知道，只有消除了国家间的仇恨和战争，我们的子孙，全人类的子孙才能可持续发展，才有永续的幸福。

许多外国人对中国振兴后不会成为他人的威胁这一点，始终持怀疑甚至是批判的态度，如果不是出于偏见，就是因为不了解中国的文化传统。在中国人看来，不能"以邻为壑"是天经地义的，"把自己的日子过好就行了，为什么要管别人家的事？"是老百姓的生活逻辑；歇后语"狗捉老鼠"就是更为生动的表述。我们可以姑且先不去理睬对中国追求和平诚意的质疑，还是要本着正义和良知履行应该承担的国际义务，争取用和平的办法处理一切矛盾，同时，真心诚意、踏踏实实地去参与并推动不同文明的对话，让越来越多的智者心与心沟通，为对话而不是为对抗营造一个浓郁的舆论环境。

三　中国能够做到可持续发展

世界各国都要实现工业化、信息化，而且要与时俱进，不断提高生产率，这一趋势是不可逆转的；地球上人口数量的增加也是不可遏止的；更为可怕的是，人类对物质享受的追求是无止境的。生产率的提高、人口的增长、欲望的膨胀，合在一起必将置人类于绝境。

地球上的资源是不可再生的，土地、空气和水，污染了就极难修复，有的甚至根本无法修复。这和急速前进的技术更新成了一对似乎无解的二难选题。

中国，由于后发，也由于发展迅猛，更由于人口太多，同样面临着必须给出这二难选题答案的考验。

现在人们常说的"低碳生活"是延缓资源和环境压力的好办法。人类果真能实现这一目标吗？单靠至今还并不成熟的技术，行吗？

中国的环境和资源问题已经很严重了，中国的节能减排技术总体水平并不高。但是我认为，中国能够做到可持续发展。这是因为，中国几千年前就懂得了这样一个道理："人之与禽兽也，几希。"用今天的话来说，就是人和禽兽的差别只是一步之遥。这一步，就是人是理性的动物，知道自己并不能独自生活在这个世界上，一人靠大家，大家靠人人，因此要讲究仁义道德。

社会总会有混乱、悖逆、争斗，因为诱惑人之物欲的事物太多，人心不一。怎么办？孟子说："天之生此民也，使先知觉后知，先觉觉后觉也。"孔子说："克己复礼，天下归仁矣。"孔孟的原话，多数人不记得或不懂了，但是如我上面所说，其基因还活在人们的心底。只要先知先觉者锲而不舍地弘道，后知后觉者也将成为先知先觉，于是形成社会舆论的主流。爱护地球、挽救地球，会成为 14 亿、15 亿中华儿女的共同意志、共同行动。

实际上，中华民族已经觉醒。表现之一是，中国真正的、全国范围的工业建设，不过 30 年，城乡人民已经普遍认识到环境保护的重要，可持续发展的观念已经比较牢固。试看西方发达国家，工业化已将近 300 年，把环境资源问题提到重要议程上也还是最近一些年的事。中国人觉醒之快，可说也是奇迹。表现之二是，儒家、佛家、道家学说近年也在迅速普及，而在这三家的思想中，以人为本，要与环境和谐相处，以及爱护生灵的内容，也随之强化了人们自身的责任感。

还有一点增强了我的信心。中国文化基本上是无神论，即使信仰什么神，那个神也是很人性化的；信仰者并不把信仰的对象视为是超越的、绝对的、创造了宇宙中一切的人格神。与之相配合的哲学理念则是一元的，崇尚自然的，一分为二，又合二为一，对立的双方是可以互相转化的。中国人向这一传统回归是很自然的事，对多数人来说，无须经过剧烈的、痛苦的思想转换。在西方文化环境中成长的人则不同，要他们放弃丛林法则，放弃强者为王的抱负，进而与昔日的奴仆平起平坐、推心置腹是十分困难的；要他们降低或维持现有的生活水准更是艰难。由这里也可以看出中华文化走向世界的意义：人类继续沿着西方文化走下去，前面是绝路。只有不同文明和谐相处，相互学习、相互融合，创造出新的世界伦理和秩序，世界才能有持久的和平，人类才能可持续发展。由此我们还可以引申一步说，没有中国的持续发展，可能也就没有世界的持续发展。

文化—文明—世界—中国[※]

——附论"文化的钢铁长城"

同志们：

我非常愿意到部队来和同志们见面，所以这次来沈阳也很兴奋，因为能够跟我们的军事领导机关谈一谈文化问题，大家相互交流，这对于巩固我自己的研究成果，对把我们的部队不断地朝着文明的部队建设，于公于私都是有益的。

我在大约十四五岁念高中的时候，基本上确立了人生观和世界观，虽然什么是辩证唯物主义、历史唯物主义我还不清楚，但是人生的目标明确了。现在过了 60 年，回想这 60 年，我可以说基本上没有虚度，为了走向我既定的目标竭尽了全力，这个目标就是把中国建设成一个文明的、富裕的、民主的社会主义国家，再经过若干代的努力，能够让世界成为一个大同的世界。60 年来，我逐步地认识到，我是中华民族的子孙，我也是中华文化哺育起来的一个学者，所以，天天、时时怀着感恩的心情来做事情。人民解放军作为保卫祖国和人民的钢铁长城，就是我应该感恩的对象。我今天要谈文化问题，不能来详谈个人的经历。可以说，从上大学以后，各种机会让我不断和部队的同志亲密地接触，于是和部队就有了一种莫名的、深刻的感情。马政委^①刚才在介绍我的简历时，提到我是国防大学的兼职教授。很多学校的兼职教授我是婉拒的，我从来不担任空衔，给我一个衔我就要做事情，怕忙不过来。但是当年国防大学让我做兼职教授的时候我没有犹豫，到现在每年去他们那儿讲一次课，就讲"中国的政

※　2012 年 4 月 10 日在沈阳军区的演讲。

① 马炳泰，沈阳军区副政委。

治体制与中华文化"。

我们的政党制度是中国共产党领导的多党合作，中国共产党执政，其他党派参政。人民代表大会制度是我们的根本政治制度，多党合作和政治协商、民族区域自治是我们的基本政治制度。全国人民代表大会是最高权力机构，为什么人们的印象是国务院权力最大呢？那是因为全国人民代表大会把行政权授予了国务院，又把司法权分别授予了检察院和法院，因为人民代表大会要监督着"一府两院"，要求"一府两院"按照全国人民代表大会所制定的法律去执政，我就讲这一套。我们的这一套体制被西方说成是共产党独裁，我就要破解这个难题。我们拒绝两院制、拒绝两党轮流坐庄制是人民的选择、历史的选择。

今天讲的这个标题很怪，"文化—文明—世界—中国"，怎么联系到一起呢？还有一个附论，"文化的钢铁长城"。刚才我在休息室向司令员、副政委和我们的政治部主任们汇报，我说这个课难讲，说了三个理由：第一，我不是干这个的，是半道出家的，我差不多50岁的时候开始介入这个领域，和人家在年轻的时候就开始研究不一样。我之所以从我的本行跨越到这里，从主观上说就是祖国的文化状况引起我的焦虑，与其夜不能寐，空空地焦虑，不如亲自为之，用我的口、用我的笔，把我的焦虑说出来，如果能引起更多的人对文化建设问题的思考，那就达到了我的目的。第二，文化太复杂，无处不在，怎么谈呢？第三，已经有很多大家在沈阳军区做过文化历史讲座了，在这些大家之后讲，难以遮丑避短。所以，我下面要讲的，既有很普及的东西，也有比较深刻的、需要深思的东西。

这个题目是怎么来的呢？大家看了我的提纲就能明白，我要讲什么是文化，什么是文明，文化为什么重要，文化的源头和多元。文化是重要的，中华文明有我们自己的特色，它是我们的根，是我们的精神家园，因此我们要守护好我们的根。最后谈部队文化。我认为伟大的人民解放军就是呵护、发展伟大的中华文化的钢铁长城。在这点上，我个人对我们的部队寄予很高的期望。

我开始涉足到文化领域的原因，就是看到世界上的情况，看到中国在经济发展的同时，开始出现抛弃精神，过分注重物质——所谓"名利"——的现象。我展望前途，深怕国家发展的趋势、民间的情况，背离了中国共产党的宗旨，背离了正确的轨道，使国家出现倒退、混乱、民不聊生的情况。虽然今天的讲座不能把我所思考的都包含在内，但基本意思都表达了。

一　文化与文明

1. 难以分清

文化和文明是两个词。文化这个词出现得稍早一些，文明出现得稍晚一些，在英文里用两个词来表达，culture 和 civilization。不管中国专家还是外国专家，对什么是文化、什么是文明到现在也不清楚，只能大体地区分。我们说中华文化大体就是中国文化，但是人们常常把中华文化和汉族文化等同起来，所以我经常向大家提醒，中华文化是 56 个民族共同的文化，不只是汉族文化。所以，在六中全会决定通过之后，尤其要注意我们境内的少数民族文化的保护和弘扬。56 个民族共同生活在这块土地上，从封建社会走出来之后，特别是在共产党领导下，56 个民族基本上和谐相处——说没有一点问题，没有一点矛盾是不现实的，一个小家庭三口人还经常有点吵吵闹闹的，何况是不同民族呢？但是这个三人家庭吵完了还一个桌子吃饭，夫妻没有隔夜的账，还是高高兴兴和和美美地生活——我们中华民族就是这种情况。这种情况可以说在世界的古代和现代史上没有第二个。冷战结束之后，战争不断，算一算 90% 以上是民族问题、文化问题、信仰问题，这三个是连着的。只有中国没有发生过民族战争。所以我在讲中华文化时要特别说明，这是 56 个民族所共有的文化。

2. 一般用法

我用语言学的方法来比较"文化"和"文明"。我们自称中国是一个"文明古国"，但是我们不能说"文化古国"，至少习惯上不这么说。我们说一个人、一个地区"不文明"，但是不能说"不文化"。我们可以给部队、给学校开"文化课"，我们没法开"文明课"。这就看出来文化和文明不一样了。一般在使用的时候，"文明"是说整体，说已经定形的东西，也可以形容一个人、一个社区的品质。"文化"是说局部，说的是正在发展的东西，也可以指某些知识。例如，"中华文明"和"中华文化"就有些微区别，中华文明是从古到今，从海边到昆仑山、从哈尔滨到海南岛的整体的已成的东西；说中华文化基本上说的重点在于现状，这文化还在发展。我们谈到古埃及文明，那就是整体的、既成的。说到文明经常说的是品质。我们可以说"佛教文化"，不能说"佛教文明"，因为佛教是文化的局部。我们可以说"文化建设"，说到"文明建设"还得加上"精神文明建设"，一般不单独用"文明建设"。我们说"文化素养"，不说"文明素养"，就是因为它是谈品质的。大体这么区分吧，不要太深究，免得学究气太重。

3. 有些学者的用法

我要提到一个人，他对文化与文明的用法没有被学术界接受，但是他的学说值得重视。那就是在 100 年前，在德国出现的一部重要的著作《西方的没落》，作者叫斯宾格勒。我在这里想说几句题外话，德国这个民族我们要格外地关注。德国是一个哲学的国度，在世界上非常独特。从希腊罗马的哲学中断之后，特别是在文艺复兴以后，引领世界哲学潮流的都是德国人，包括马克思和恩格斯，这个传统至今未断，现在西方哲学界的头号人物哈贝马斯还健在，他就是慕尼黑人。为什么要特别注意德国呢？各位知道，德国军队的纪律是最严的，包括来旅游的德国人都是纪律最好的，你说 9 点 10 分上车，9 点 5 分人都坐齐了，非常守规矩。

我现在谈思想，一个民族普遍地能把一个感性的东西提高到理论来认识，这个力量是不得了的。这也就是为什么共产党从创建到革命，到建设，到今天，我们党中央、我们的领路人一向重视理论建设的原因。理论建设就是把感性的东西提高到自觉的高度、理性的高度，到了理性的高度就不可动摇了。斯宾格勒在 20 世纪头 10 年写了这部书，那个时候第一次世界大战的气氛已经很浓，这一仗打了好几年，欧洲又流行鼠疫，死了2000 万人，斯宾格勒的书没被注意。一战之后欧洲萧条了，又有经济恢复的问题、民族国家的主权恢复问题等等，接着就开始酝酿第二次世界大战，斯宾格勒仍然是相对的默默无闻。第二次世界大战结束了，进入冷战阶段，这时候共产主义和社会主义的思潮对欧洲影响很大，西欧很多的学者对那种把世界分割成两半、两个阵营对立的观念不满，开始思考地球的问题、人类的问题，于是《西方的没落》这部书开始被人重视，成了世界上的畅销书。我们现在看这个书的时候，是西方对它重视 50 年之后。它所说的文明是什么呢？是城市所创造的工业文明，一切进入工业化，千百倍地提高了生产率。与此同时，从希腊、罗马发源的所谓"理性"，也就是思考一个问题要从具体的事情和现象中抽象出来思考和下结论，到了二十世纪人们称之为道德理性。从苏格拉底到柏拉图到亚里士多德，他们都在思考人生问题，可是到了工业革命兴起之后，在城市里这种理性就变成工具理性，也就是用理性思考去发展物质。工具理性的出现，是对古老哲学的背叛，工具理性认为一切都是实用的。

文化是什么呢？是农村、农耕经济所创造的智慧，就是道德理性。人们从哪里得来的这种智慧呢？虽然农村劳动很累，特别是在生产工具和交通都不发达的时候，但是相对于工业城市的人来说，还是稍微闲暇的。鸡鸣即起，扛着工具下地了，面朝黄土背朝天，太阳快落时回家，家里做好了粗糙的饭。月亮出来了，星星满天，周围的昆虫在叫。在农村，天气的一点点变化都会引起人们的注意，因为关系到自己的生活、劳动和收成。对大自然关心、对生物关心、对自身关心，这都是现象；从现象中总结出规律来，就是智慧。智慧体现在哪儿？大概就是处理几种关系。首先是人和人的关系，一个人一出生，在家庭里就有多种身份：对于父母，他是儿子或者女儿；对于祖父母，他是孙子或者孙女；对于外祖父母，他是外孙子或者是外孙女；对于邻居，又是另外一种关系；走向社会之后进工厂他是一个雇员；在城市里他是一个公民；在学校里他是学生；对上面的同学来说他是师弟师妹；对下面的同学来说他是师兄师姐；如果当了车间主任，他又是小头头；但对上级来说，他又是下级……处在各种复杂的关系中。人类的智慧就是要处理好这些关系。中华文化早就认识到了这一点，这集中体现在孔子的学说，而这一点又符合马克思主义。马克思说："人是社会关系的总和。"人既然生活在社会中，集各种关系于一身，那么智慧的第一条就是处理"我"和"他"的关系，也就是人和人的关系、人和群体的关系，扩而大之，也包括群体和群体的关系。在今天的世界上，最大的群体关系就是国家和国家的关系。第二，人从妈妈怀胎开始，就处在大自然的环境中，等出生了，就开始处理自己和大自然的关系。有的时候是被动的，冬天了，母亲要用厚厚的被子把你裹起来，这是处理人和自然的关系。真正处理人和自然的关系，就是人类和山林、矿山、沙漠、河流、海洋如何相处，处理好了就是智慧。第三，人和一切生物一样，都有生老病死。草木有枯荣，天气有阴晴，太阳有升落，现在知道太阳将来也要消亡，人更是这样。人死了上哪儿去了？祖父奋斗一生，父亲奋斗一生，我也要奋斗，我儿子将来也要奋斗，我孙子也要奋斗，奋斗半天目标是什么？抽象说明就是今天与明天的关系，现实和未来的关系。人是有思想的动物，是在所有生物中唯一自觉到自省的生物。我们的小猫小狗，乃至部队的警犬，我们养的马匹，饲养员一叫它，它就跑过来了，这是条件反射，它并没有意识到自己是一只狗或者一匹马。只有人才意识到自己的存在。这就说得有点哲学味了。自己是怎么组成的呢？物质组成的。我的头发和肌肉都是物质，但是有一类超越物质之上的思想和精神。因此人类的智慧还要解决自己的肉体和精神的关系。概括起来说，我和他的关系、我和自然的关系、现实和未来的关系、还有自身的身和心的关系，在这四个关系的处理上，能提出符合客观、符合人类和自然可持续发展的思想就是智慧。

好，现在我说到斯宾格勒的观点，他说的西方没落是什么意思？就是西方工业化革命以后，为了追逐生产率的提高，为了追求利润，追逐生活水平的提高，急速地发展城市——特别是德国——农村基本上没有了。因而他说，西方智慧枯竭了，因为产生智慧的土壤没有了，环境没有了，城市只产生技术，不产生智慧，至于说德国人所遵循的如何处理这四种关系的智慧，还是2500年前从农村产生的。是这些智慧在指导着我们德国人，这些智慧所留下的没解决的问题，我们仍没有解决。这不得了啊，一百年前啊！如果他活到现在再看德国，再看美国，他更会觉得西方不是开始没落，是已经没落到家了。现在我们拿现实印证一下，大家想想目前是不是如此：美国工业最发达，给人类贡献了什么智慧？它那套原则能够具有普世性吗？少数的垄断集团控制着全世界的经济甚至政治，想让发展中国家谁上台就谁上台、谁下台就下台。人家叙利亚公民公投通过的人，他非要让人家下台，你管得着吗？这是智慧吗？这是强权政治的逻辑，也就是工业的文明在违背自然。

再看看我们，我们建党90年，在这当中走过弯路，跌过跤，因为这是世界上前所未有的道路，哪一位领导人，哪一个领导集体都没有现成的经验可学。从前一味学苏联，不行了，还要自己蹚路，人类发展的历史全是在摸着石头过河。既然摸着石头过河，脚总得下水吧。石头露着用不着摸，它还在水底下呢，没踩好陷进去，要拔出来再摸，所以我们90年当中跌过跤。但总体来看，都是本着我们优秀的传统文化和时代精神相结合来处理"我"和"他"的关系、人和自然的关系、现实和未来的关系以及身和心的关系。前面两个关系我不细分析，后两个我提醒大家想一想。我们怎样处理今天和未来的关系？党给全国人民指出了目标，就是建成一个民主、富强、文明、发达的社会主义国家，人人过上安定的好日子。身和心的关系呢？小平同志说："两个文明一起抓。"一个物质一个精神，六中全会是一个具体体现。沈阳军区这么重视历史文化，连续讲课，就是精神建设。掌握最新的立体作战、联合作战、协同作战是必要的，但只有这个不行。掌控了计算机和先进武器的、最后按电钮的是人，人是有精神的，因此我们注重精神建设。所以，斯宾格勒的感叹是有道理的，值得人类深思。但是他把城市所创造的叫做文明，农村所创造的叫做文化，这是个人用法，更重要的是理解他的意思。

现在摆在我们面前的有一个两难的选题，在处理的时候我已经注意到了，党中央在慢慢地调整，这就是我们广大农村的城市化。农村没了，中华文化就不会再生了。还好，后来改为城镇化，这是一个变化，镇还是农村。现在又加上在城镇化的过程中，强调要尊重农民意愿，不强拆，这就是调整，这就是进步，这就是保住了我们文化再生的源头。当人们都过上城市的生活，住在高楼大厦当中，每天所看到的天空只是四四方方的一块——这就是鲁迅在《风筝》这篇小说里写他和周建人的那一段时提到的天井——听不到虫鸣，看不到星星的运转，对四季的变化变得麻木，这时候人们的智慧就不能再发扬了。按照中国的哲学，人是宇宙的一部分，人自身就是一个宇宙，人自身各种器官的运转规律和天体是相吻合的，人的身体和自然有着极其密切的关系。比如瘟病都发生在春天，比如我的腰椎间盘突出一到阴天下雨就特别疼。我们既要广大农民过上现代化的生活、享受现代化和改革的成果、提高生活水平和生活质量，又要保住文化的土壤，这是两难的选择，我相信中国人的智慧慢慢会解决这个问题。

二 文化为什么重要

1. 文化是人类的生活方式和习惯

文化为什么重要呢？文化是我们民族的血脉，是我们民族的精神家园。血脉是什么意思？血脉长在身体里。血脉一停人就死了，文化就是如此。文化在哪里？文化就在社会生活中，在百姓的家庭里，在每个人的心中。这话太抽象了，是一个文学的修饰的语言，那好，我们理性地看一看，可以说文化就是人类的生活方式和习惯。军队有军队的生活方式，工厂有工厂的生活方式，农村、学校、退休的老人，各有自己的生活方式，那就是他们的文化。

具体分析来说，衣食住行都是文化。从前是长袍马褂，现在穿制服、夹克衫，这是一种文化的变更。西方基本上是千篇一律的西餐，我们中华烹饪没有一个人能说出全中国能做出来多少种菜肴，恐怕面食大师也说不出中国一共有多少种面食，这是中华文化。语言文字就不用多说了，特别是语言，它是最重要的信息载体。同时，语言文字是一种特殊的文化形态。风俗礼仪、婚丧嫁娶以及节庆最显示民族特色。不管是春节、正月十五、端午还是清明，都是在处理几种关系。平时各忙各的，一过节就聚到一起，这都是生活方式和风俗习惯。昨天的电视又演大象画画了，有一只小象引起在场观众的高度赞赏，画了一棵樱花树。这是训练出来的，它不知道自己画的是什么。艺术是人的创造，文化是人的创造，文化是人区别于动物的根本标志，所以大猩猩、猴子、大象所画的画，和杂技团的熊猫骑车等节目一样，不是文化。动物不会创造，你给它们编排出来了，那还是人创造的，动物只是工具而已。所以，美国人无聊，把猴子、大猩猩画的画拍卖到几十万美元，全是商业炒作，还是为了利润。

概括起来说，第一，文化就存在于我们的生活当中、家庭当中和我们的心里。过节了，自己回不去，就给家里打个电话，这本身是文化的体现、文明的体现。第二，文化就是我们的血脉，我们的精神家园。试想，今天让全场在座的各级领导军官一律换成和服，吃美国的牛排，住在非洲的草棚子里，恐怕没有一位习惯。同样的生活方式和习惯就是一种凝聚力，过节了，四个人在家吃饭，每个人能喝半斤白酒，你敬我一杯，我敬你一杯，喝得面红耳赤，说说笑笑，甚至有一位钻桌子底下了，这事能说十天："嘿，那天他怎么怎么样……"这就是认同。

2. 文化是民族认同的依据

我们军事代表团出国，每到一个西方的城市都让你看市政广场、市政厅，那可是文物啊。正在参观，后面传来东北话："那是啥玩意儿？"你不由自主掉过头去，那不是老乡吗？这就是认同。一个外国人会写中国字，我们马上对他亲切感增加。因为在我的家园里遇到一个跟我接近的人了。这就是所谓的精神家园。现在有些学者喜欢说，这是民族的标记、民族的符号，我不用这些词，这是受了西方符号学的影响，什么都变成符号。我生活在我们自己的文化环境中，怎么都觉得舒服，今天我们过惯了军旅的生活，城市的生活，假定哪位年轻人的媳妇是农村的，你跟她到丈母娘家去，"姑爷来了，赶快上炕！"坐在桌子上面，岳父陪着你说话，丈母娘和你媳妇、小姨子到厨房去忙活，一会儿菜端上来了，老丈人、小舅子、大舅子跟你一块儿喝酒，所有的妇女上厨房吃去，我相信我们所有的同志不习惯，觉得不舒服：我们都是男女平等，怎么这儿还是男人当家啊？所以，所谓的习惯就是你怎么过得舒服，就认同了。语言文字的认同更是如此。所以，民族凝聚力怎么凝聚的？家庭凝聚，村子凝聚，连队凝聚，学校凝聚，还是人和人的关系问题，靠着文化凝到一起，然后整个城市凝到一起，然后全国凝到一起。当然，我们不能靠衣食住行凝聚，还有更高级的，就是我们奋斗的目标。

3. 文化是未来发展的基础

江泽民同志多次提出马克思主义中国化，这个问题引起了全国理论工作者以及我们广大干群的高度重视。其实，马克思主义中国化这个词，是40年代毛主席在延安提出的，但很快就不提了。他当时在《新华日报》上发表文章用过，以后收录到《毛泽东选集》，改成"马克思主义基本原理与中国实际情况相结合"。为什么？受到第三国际的压力。第三国际的逻辑，也就是斯大林的逻辑是：马克思主义就一个，要是马克思到中国就中国化，在我俄罗斯就俄罗斯化，到了捷克就捷克化，到了南斯拉夫就南斯拉夫化，到了波兰就波兰化，那还有马克思主义吗？毛主席伟大就伟大在这里，他在处理这个问题时候的哲学思考是中国式的，在哲学上叫一和多的关系。西方的哲学中一就是上帝，多就是万事万物。宋代的理学提出一个观点："理一分殊"——道理是一个，但是在具体事物上有不同的体现，有它的个性，分开了各有各的特色。马克思主义学说有它的体系，它是完整的，和各国的情况相结合，就成为他本国的了，就是中国化、波兰化，等等。所以斯大林那时候按他的逻辑，对铁托、波兰，乃至对于"布拉格之春"都强行采取措施，宣布铁托是修正主义，等等。

现在江泽民同志重新提马克思主义中国化，这是了不起的事情。实际上，从建党之日起，就有马克思主义的僵化与马克思主义中国化两种力量在此消彼长、此长彼消。最后遵义会议确定了毛主席的军事领导地位，开始灵活地运用马克思主义学说，结合中国实际来创造中国的军事战略、战术、方法，就已经开始中国化了。无论是后来苏区的创造、根据地、长征还是游击战争都是在中国化。现在改革开放了，建设中国特色社会主义，还是在中国化。江泽民同志、胡锦涛同志、温家宝同志在国外讲演，讲中国"和而不同"，主张和谐，主张世界和谐，这就是马克思主义中国化的产物。因为讲和谐是中华传统文化，在马克思主义的论著当中很少看到这个东西。过去我们强调的有点偏了，不是认识偏了，而是在过去和当前这个时代，最重要的是发展经济，因而，我们所说的中国实际情况常常强调的是我们土地大、人口多、资源相对不足、科技文化教育落后，这些都属于物的方面，中国的实际情况还有一点就是我们的文化传统。所以中央提出来的"优秀传统文化与时代精神结合"，其实就是马克思主义中国化的一个重要组成部分。大家拿这个回头再看六中全会的决定，就能看出它的意义来了。所以，"马克思主义基本原理和中国的国情相结合"，这个国情包括了物质与精神两个方面。清明节从前是不放假的，经过了全国人民的提议，被接受了。清明节这个"慎终追远"① 的节日能给全国人民放假，这本身又是一个马克思主义中国化的具体举措，符合中国的传统习惯。我没有看到全国的统一数据，我只看到清明节的前两天北京人扫墓的就有四十几万。这就是讲传统，讲过去、现在和未来。

有了马克思主义中国化，我们未来才能够可持续发展。我始终坚持这样的观点：可持续发展的问题，归根结底不是技术问题，环境、科技创新、文化创新都是文化问题。我们是文化古国，也是一个文化大国，目前我们还不是文化强国，我所说的强不强不是指多少部影片卖出去了，我们的演出团在国外演出多少、有多少观众了，而是在我们的社会生活中、我们的家庭中、我们的心中，文化这杆旗还没有牢牢地竖起来，没有这个，发展的力量会枯竭。因为人人都为自己、为自己的职位、为自己的年薪、为自己的别墅汽车奔波，这不是凝聚了，这是分散了，怎么可持续发展？

前些年有一次遇到了联合国环保署驻中国代表，我一见面就说："环境保护问题不是技术问题，归根结底是文化问题。"她马上把手伸过来，说："我来中国三年了，第一次听到这句话，我非常认同。"

4. 文化是社会生活的规范

文化是社会生活的规范，也就是处理好几种关系的时候，你这样处理，人们就喜欢和你结交。人心齐泰山移，人心要不齐，泰山就塌下来把我们砸了，这就是社会生活规范。有些规范是规定的，例如在我们军队里，下级见了上级要行举手礼。有些事没有指定规范，例如只要得空了就带着孩子回去看看老人。儿子在外面闯荡，在外面过得不错，也结婚了，也有孙子了，始终没回过家，你看这老人不仅仅自己心灵上受到折磨，他

_____

① 《论语·学而》："曾子曰：'慎终追远，民德归厚矣。'"

在周围邻居面前都抬不起头，这就是社会生活规范。当然有些规范是好的，有些规范不好。从前娶媳妇骑辆自行车，车前挂个红花，几个哥们儿跟着就到女方家去了，女孩子高高兴兴往后座上一坐，一个车队就给拉到婆家去了。现在不行了，劳斯莱斯打头，20 辆奔驰跟着，这就是我说的不太好的规范。不管怎么样，文化在无形地规范着我们的社会生活，规范着我们的家庭生活，这种规范是弹性的，并不是死板的、束缚的。

为什么要这种规范？这种规范在古代就叫做"礼"。因为通过这种规范就处理了人和人的关系、人和天的关系、今天和明天的关系，处理不好，就影响着这些关系。例如，中国就不适合圣诞节砍一棵松树拉家里去，刚栽好的，20 年才长起来，又砍掉了，破坏自然。所以，大宾馆都买塑料树，塑料树的开始创造和大量生产，全在广东。现在英国和美国也开始买我们的塑料树，这一点中国对环保起了很大的作用。现在又时兴买钻戒求婚，好几万，然后要这个要那个，房子要多大，家里装修怎么样，不合格丈母娘就不让闺女跟你。这个规范不好，欠了一屁股债，日子以后怎么过啊？所以这个规范也是要调整的。最近南方又出现了给爹妈烧奢侈品，iPad、iPod、iPhone、三星手机……这还不够，劳斯莱斯，甚至还弄俩妹子，烧完了回家跟他妈说："我给我爸烧了两个美女。""啪！"一嘴巴："你把你老娘放哪儿？"所以，社会规范是需要不断调整的，用什么调整？用优秀的传统文化和时代精神结合的正当的精神文明建设去引导。封建的、迷信的规范要慢慢地退出历史舞台。

5. 文化是个人生活的准则

中华优秀传统文化，归根结底是人为本，以活着的人为本。附带说说两个题外话，曾经有一段时间，在学术界、报刊上出现了很多这样的论述，就是我们也应该搞一次文艺复兴。说这个话的学者，大休出于两类，一类说中国应该回归，回顾我们祖先的教导，有些精华我们应该吸收，于是才用了"文艺复兴"这个词。因为欧洲的文艺复兴通过十四世纪到十六世纪的准备，开始出现回归古老传统，也就是希腊罗马哲学。为什么？因为中世纪宗教、神权的统治太厉害了，无所不作，盘剥百姓，阻碍了生产力的发展，阻碍了人们的生活自由和生活水平提高。另外一类是学习欧洲的文艺复兴，从前以神为本，现在回到人间，以人为本。后一种学者不太了解，中世纪之前阿拉伯民族占领了几乎整个西欧，文艺复兴的时候，人们从阿拉伯文献里发现了他们用阿拉伯文翻译的希腊、罗马的古典文献，又回译到拉丁文，才看到了苏格拉底、柏拉图和亚里士多德。同时，阿拉伯世界的天文学、数学、水利学和医学当时在西方处于高峰，所以西方自然科学的发展借鉴了阿拉伯的这些营养。同时，来中国最早的一批传教士发现了我们的《论语》和《老子》等先秦文献，就把它译成拉丁文送回了欧洲。中国的儒家就是以人为本的、人本主义的，他们发现原来东方有这样的超过他们的智慧。这个思想和希腊罗马的哲学结合，就形成了所谓的人文主义。后来明确提出了平等、自由、博爱。所以有一次我做报告的时候说，西方人不感恩，用咱们老百姓的话说，没良心。你吸收了阿拉伯的东西，怎么还整天和阿拉伯过不去？你吸收了我们中国的东西，还骂我们落后。很少有学者真实地、完整地阐述这一段历史，因为这一阐述，釜底抽薪，他们自己就没了。就像大英博物馆和卢浮宫，如果各国都要回自己的文物，那只好开旅馆了，没东西了，里面的东西全是以前抢去的。

再插一段话，我12号就要去欧洲，干什么去呢？我到联合国教科文组织总部参加一个我们孔子学院总部和他们总部合办的论坛，内容就是新人文主义。昨天夜里我还在写发言稿呢。这个论坛叫"巴黎尼山论坛"。孔夫子出生的那座小山就叫尼山，《史记》上叫尼丘。2010年在山东举办了一次尼山论坛，是我发起的，我是组委会主席。开了这次论坛，百十位国内外的专家一比一配，其产生的影响出乎我的意料，也出乎组委会所有副主席的意料。联合国教科文组织说，你到我们这儿来开一次尼山论坛。所以全称是"巴黎尼山论坛"。我回来之后还要赶到山东，5月21号是联合国在十年前定的"世界文明对话日"，我们就选择这一天，纪念联合国世界文明对话日，举办第二届尼山论坛，联合国教科文组织的人也来。

为什么办这个论坛？因为大到国家与国家，小到人和人，再细微到人的身和心，处理关系不外乎两类，一类是对抗，一类是对话。宁可打嘴仗，不动武器，有耐心，谈着谈着找到共鸣，就和平了。有没有第三类？有，置身度外，漠不关心。这不是处理关系，是断绝关系。十年前联合国定了这个日子之后，举办了若干个论坛，中国人没有发言权，不请中国人，他们急于处理伊斯兰教和基督教的关系。我们觉得不行，中国这样一个13亿人口的国家，我们要参与，我们要话语权，于是，就建了尼山论坛。我们的目标是把它打造成一个常设的、世界著名的、由中国主导的不同文明对话论坛，参加的有政要、学者、神职人员，现在主要集中的力量是儒家与基督教文明的对话，当然基督教文明包括犹太教、天主教、东正教，伊斯兰教将来单搞，其实它也是西方宗教系列。儒家的特点在哪里？道家的特点在哪里？核心问题是人为本，这一点由于我们没有话语权造成了世界的误会，以为讲人为本是西方的，我们把这个著作权拿回来，我这次在巴黎的讲演主要说这个问题。

儒家怎么以人为本？不是有了钱先给分，这是必要的，但这不是最重要的，最重要的是把每个人培养成真正的、完整的人。人长到 20 岁、25 岁，基本上就发展到头了，过了 25 岁开始衰落，那 25 岁是不是完整的人呢？身体是完整的，人区别于动物的还有心，要把心打造得高尚，才是完整的人，才是真正意义上的人。比如，咱们部队的同志来自四面八方，可能东北的同志多一些。我不知道在东北有没有这样的话，比如一条街道、村子里、社区里，有一个人不太好，对父母不敬，百姓常常私下里说："别理他，他不是人。"他怎么不是人呢？在我们老百姓的心目中，一个人不但要有健康的身体，还要有健康的魂魄。我们还有一个词，本来是中医的词，后来进入到生活，叫做"麻木不仁"。这个词原来说的是胳膊、腿受到外伤或者内伤麻木了，扎他都不知道疼，后来词义扩大，说这个人对什么都不关心就叫做"麻木不仁"。个人生活的准则就是让你成为一个真正的、完整的人，处理好物和心的关系、身和心的关系。

中华文化从哪儿开始做呢？从孝开始，从家开始，放大到国，扩展到天下，这个用儒家的词概括起来就是一个仁义的"仁"。天下之本在国，国之本在家，家之本在身、在个人。大家知道"修齐治平"这个词，修身、齐家、治国、平天下，国家这个词本身就显示出来了，我们考据全世界 1000 多种语言，国家这个词的词根是什么，怎么来源。据我所知，国就是国，后来加一个"家"字，合起来"家"字的分量轻了，突出一个"国"，西方有人就把它翻译成 family-country，家国。这个翻译其实也不准确，不好翻译。在中国人眼里，家与国是紧密相连的，无国哪有家？家和万事兴，家家都和了社区就和了，社区和了城市就和了，城市和了国家就和了，是这个逻辑。

另外，要培养人，为什么从孝开始？因为生你养你的，你睁眼第一眼看到的就是自己的父母，特别是母亲，怀胎十月，吃了多少苦，临盆了，特别在农耕社会冒着极大的风险，有多少母亲就在生孩子的时候死去。生出来了，那时候没有荷兰奶粉，全都是靠母乳，这是最好的婴儿食品。现在的很多女性把自己身材的苗条看得比孩子的健康还重，本来奶水很足，一定要让它憋回去，然后去买荷兰奶粉，吃固定的牌子，其实对孩子不好。在吃母乳的时候就把母亲的免疫力传给了孩子，母亲的聪明也传给了孩子。因此婴儿出生半年之内是不会得病的，冻着他也不发烧，他有免疫力。过了半岁一定病一次，正是自身免疫力的转化期，要病一次。可是现在吃奶粉打破了这个规律，三个月就发高烧。母亲的奶哪来的？是自己吃的东西化出来的营养给你的，连这样的人你都不爱不敬，跟你没有血缘关系的人你能爱能敬吗？所以儒家看透了这一点，要从孝开始，要设身处地由我及他，由妈妈想到祖母外婆，由自己的母亲想到别人家的母亲，由家想到社会。这是儒家高明之处，这就是滋长起来的"推己及人"①，"老吾老以及人之老，幼吾幼以及人之幼"。②

刚才说了社会生活的规范是礼，现在又提到人为本，二者结合就是你进入社会要守的社会规范。但是绝不束缚个人的创造，没有规范也就没有创造，有的可能是创造与胡来结合，胡来破坏了创造，社会不稳定。所以上面这五条说明文化为什么重要，其实也说的是社会文化，但不是精确的定义，我不打算下精确的定义，我也下不出。这里有一个问题要说一说，就是按照西方的思维，物质的东西、科技的东西必须下精确定义，也能够下相对精确的定义。但是人文社会科学的东西，人情的东西，是不能下精确定义的，但西方学者按照自然科学的思维，也要下精确的定义，所以漏洞百出，顾此失彼。因此我也不下定义，我只说它的性质和它的功用。

三　文化源头与多元

1. 人兽之别

文化从哪里来的？为什么文化是这样多种多样的呢？首先我要说，文化是人之成为人的时候就开始了，也可以说文化是人与一般动物之间的根本区别，是人和一般动物的分水岭。从起源上看，这一点马克思主义的结论是颠扑不破的。人从动物界里分化出来是靠着劳动，靠着创造和使用工具，靠着产生语言。从文化上看，人和动物有四个根本不同，就是他的同

---

① 《论语·卫灵公》："己所不欲，勿施于人。"朱熹《论语集注》："推己及物。"

② 语出《孟子·梁惠王（上）》。

情心，他的是与非的判断能力，他对有些事情的羞耻感，以及遇到利的时候有一种辞让之义。也有个别的事例，像福岛海啸发生后，有一只狗受伤了，另外一只狗是它的伙伴，就死死地守着同伴多少天不走。但是这个不是同情心，这是一种生活的习惯，以及它对离开这个伙伴的恐惧感所造成的。人不是，人普遍都有一种同情心，乃至于小孩子在一起玩，一个孩子跌倒了哭了，别的孩子也跟着哭，我到幼儿园看的时候就经历过这样的事。甚至于邻居的妈妈打自己的孩子，别家的孩子去护着，都是一种同情心。损人利己是不好的，利己利他是好的，甚至舍己为他是好的。

说到羞耻心，孩子到了大约十岁的光景，洗澡的时候就要让爸爸妈妈出去。野兽不懂，给狗穿上冬天的衣服它还觉得别扭呢，要慢慢习惯。人发现做错事情，受到法律制裁，会后悔，他有羞耻心。乃至我们扫黄打非的时候，进去都跟着录像，那些女孩子全遮着脸，我觉得其中有一部分还是人类的良知没完全泯灭，她知道她做的事情见不得人，羞。只要给孩子一点拨就知道了。妈妈给买了糖果，来了小朋友，去给小朋友分，一次训练就成了，以后他有东西都给别人分，长大了就更是这样。这是人类基本的文化上的萌芽状态的四样东西。长大了，社会刺激多了，诱惑多了，成长环境不一样了，这四样就要被摧残，被扭曲，于是，西方的竞争观点出来了，侵蚀了人类。这是社会的生活，不管哪里都是相当普遍存在的，这是让我忧心的事情。

2. 劳动创造了文化

是劳动创造了文化，还是上帝创造了文化，这是我们唯物与唯心的两个不同的理解。劳动和环境这两个因素决定我们每一个人都离不开他人，离不开社会，这是不由自主的。在这里我又要插一段话。在西方的哲学里，特别在研究人的哲学里，多数人认为，人是一个自主的个体或者自主的主体，这是西方个人主义思想的一个理论依据。其实从根本上错了，人从来不是一个自主的主体或者自主的个体，都是不自主的主体和个体。流感来了，你不受感染行吗？我大学毕业了，就想到某个 IT 企业做部门经理去，人家不要你你偏要去，行吗？我坐地铁、公交，不想刷卡、不想买票，行吗？结婚了，我就想要女孩，你能决定吗？我就不想死，行吗？所以，人的一生是社会决定的、环境决定的。人只在这两个决定下有一点点的自主权，比如选党代会代表，我就想选张三，不想选李四。所以，这一点是东方文化和西方文化，中国文化和西方文化截然不同的一点。

中国人接受马克思主义，接受社会主义，在社会主义阵营解体的过程当中，唯独中国岿然不动，除了中国共产党的领导之外，就是马克思主义思想和中国传统文化有很多契合的地方。既然离不开他人、离不开社会，需要协作，就需要和谐，这是横向的；就需要继承，需要发展，继承是过去到现在，发展是从现在到未来，这是纵向的。

用马克思的话来说，"人是各种社会关系的总和"。任何人都处在极其复杂的社会关系中，根据什么来处理？不外乎两条，如何处理私和公，这是物质方面；如何处理我和他，这是利的问题。核心是什么？核心是一个人，一个团体，到底是追求物质，还是追求精神。其实二者不是对立的，人没有物质不能生存，一个团体没有物质不能发展。但只追求物质，没有精神，希腊哲学家说这是追求平凡，因为追求精神才是追求高尚。但是，我还要说一个跟它略有区别的话，物质是基础，是生存的条件；精神是价值，是一个人、一个团体、一个国家永立于不败之地的根本。

3. 信仰与文化

刚才我说的是劳动创造了文化，为什么文化又是多种多样的呢？环境不同，社会不同，自然它的规范不同，人要适应所处的环境社会就要有不同的生活方式。还有一点是信仰不同。信仰是怎么发生的？是主观规律和客观规律促成的。按照主观规律就有了思想，它叫奇思妙想，我们可以开玩笑说是胡思乱想。我从哪来的？将来我走向哪里？我死了以后向哪儿去？大晴天，一个小时之后阴云密布，闪电雷鸣，下雨了，过了一会儿又晴天了。太阳本来是圆的，不定哪一年变成半个了，月亮也是。然后哪儿又地震了，山摇地动，不明白。就想一定有比我能干的一个东西，因此神就出现了。主客观规律促成了对现实和未来的不理解，于是原始人就造出了神或者上帝。

世界的文化几乎是同步的，但是也不像恩格斯所说的，一定是那样一些阶段，因为他还是线性思维，西方的思维。他的自然辩证法和马克思所说的社会演变的过程，不完全完整，大量的史学研究、人类的考古都证明了这一点。大约是在游牧时代和农耕时代，分别又固定了一些信仰，信仰的发生和民族所处的环境、生产力有直接的关系。希伯来人信仰犹太文化，犹太文化首先产生了犹太教，他们的经典就是圣经的《旧约》，后来因为犹太教出现了一个被犹太教视为叛徒的耶稣，创造了后来的基督教。由基督教又分化出了天主教。罗马帝国覆灭，罗马帝国分西罗马帝国和东罗马帝国，东罗马帝国又勉强在西罗马帝国灭亡以后支撑了几百年。这时候东罗马帝国的宗教自称为正统天主教，因为在东方，我们就起名为东方正统天主教，简称东正教，斯拉夫语系的民族大多都是这个教的，东欧和俄罗斯都是。到六、七世纪的时候，阿拉伯民族受他们的启发，要摆脱他们的统治，就由穆罕默德创造了伊斯兰教，基本的教义和戒律与希伯来文化是相当一致的。虽然现在打得你死我活，但是他们有同一个源头。其实基督教内部纷争也很厉害，就现在看，北欧的基督教和天主教与南欧的很不一样。匈牙利人的东正教和俄罗斯的东正教也很不一样，要说起来很复杂，我们只能大概地讲。它们是产生于游牧时代希伯来的宗教信仰。游牧的特点是流动，不能固守一地，同时生产力低下，他们没有通过自己的双手创造更多的东西，因而很容易设想高居人类宇宙之上的一个上帝。其实说"之上"不科学，准确地说，上帝不在宇宙之上，也不在宇宙之外，也不在宇宙之中，那么在哪儿呢？他就是宇宙，宇宙就是他创造的。乃至于人体这么复杂的系统，让最高明的医学专家都惊叹的系统，人创造不出来，谁创造的呢？超人的上帝创造的。

儒家的信仰来自于哪里？来自于农耕社会。一切的物质财富乃至风俗习惯都是人创造的，因此对人就特别尊重。同时，农耕要求稳定，不能流动，经过两三辈人才把一块生土地开成熟的、年年丰收的，轻易就离开？除了战争逼着，哭着，舍不得地离开，一般不离开，祖传父，父传子，子传孙。同时农耕社会达到了从原始人到那时候为止的最发达的生产力，人类第一次有了剩余的劳动果实，可以分出一部分精力和一部分人专门从事文化的事业，比如占卜算卦，那时候烧的有乌龟壳，牛大腿骨；有了甲骨文；人们可以做铜器，可以著书，可以思考。因此，农耕时代所创造的信仰，相对来说要比游牧时代创造的信仰更加贴近人类社会和大自然。

非洲呢？东南亚呢？南太平洋呢？大洋洲呢？中国这么大块土地，这个民族，那个民族呢？所以，信仰的不同就导致了文化的多元。例如，印度的婆罗门教的信仰有些地方就和中华文化相近。什么原因？因为印度也比较早地进入了农耕社会，佛教讲"因缘"为根，什么事情都是有因有缘的，有它的原因和它的道理，后代的佛家把因称为主观或者是人自身的原因，缘是外的原因，中国人很快就接受了这个观点，因为和中国人的观点一样，后来又把这个因字加了一个女旁，变成婚姻的"姻缘"。两个人千里之外相识结婚了，所以是"因缘"，现在还有"今世缘"、"国缘"

酒，是我们老家的。另外，中国人讲"种瓜得瓜，种豆得豆"。别看才八个字，有很重要的哲理在里面。首先世界不是上帝赐的，是人种的，而且是继承，想种要继承，你种了豆就得豆，种了瓜就得瓜。至于现在的转基因什么的我们不知道，反正农耕社会是这样。因此，为人也是，善有善报，恶有恶报。自己遭了恶报，别怨天尤人，从自身检查起。包括得病，本人现在受这个折磨，看来是有因缘的，就是年轻的时候下乡干活太不惜力了，有时候好面子，180 斤的担子，我知道我担不起来，硬担，压坏了。

4. 信仰之异，导致文化多元

希腊是海洋国家，海运发达，商贸发达，现在说的"民主"一词是希腊语。但是要知道希腊是一些小城邦，它的民主制度好实行，雅典就是这样的典型。真正有议事权的全城才 5000 人，孩子不行、女人不行、奴隶不行。当时的奴隶和雅典的市民是二比一，这 5000 人都可以到大会上发表意见。这是所谓的民主，西方人的直选就是这么来的。5000 人不是都到，开会那天能来的就来，开会决定，好办。我们 13 亿人，即使制定一个歧视妇女的法律，说妇女没有议事权，那么去掉一半，70 岁以上的人不愿意来了，走不动了，小孩子不来，那剩下的还有好几亿人。所以，一块议议政，咱得多大会场？说什么都不能照抄、克隆，古代的东西也不能克隆。

同时，希腊是多神论，现在没有一个神学家、历史学家或者是哲学家能数得清希腊有多少神。而且它的神都是人变的，或者是可以降到世上为人的，而且他们崇拜偶像。希伯来文化早先的一个特点是不崇拜偶像，因为谁也没有见过上帝，你怎么塑像？塑像就是亵渎。但是后来也变了，耶稣、圣母，都塑像了。现在伊斯兰教还是不塑像的。所以，由于希腊是商贸型的小城邦，是海洋性的国家，所以它这个信仰是刚才所叙述的那么几点。这个很复杂，我只能说有意思的那几点，和中国很不一样。生存的环境，生产力的发展，社会进步的阶段产生了不同信仰，于是就有了多元化。

还有其他信仰，像非洲有的地方认为每棵树都有神灵，无形中保护住了自然，不能砍。中国有时候对树没有信仰，特别是那两次劫难，一次是 1958 年大炼钢铁，一次是林权承包到户，因为咱们的政策容易变，农民白天开会了，说哪块地的林子是你的，夜里赶快砍，也许后天就变了，我先砍了卖了再说。所以这两次劫难把我们的山变成秃山了。

天下有多少种信仰没有人精确统计，信仰的多元化造成了文化的多元化。但归结起来有几类，一个是以神为中心，以神为中心有一神论，伊斯兰教和希伯来信仰都是一神论；还有多神论，我们道教就是多神论。道教是很有人情味的，一个杰出的人，对老百姓有好处的人，或者是道德高尚的人死后，都封为神，关公就是神，到现在香港澳门的警察在出更前都要拜关公。英国统治的时候，英国派去的总督也拜关公的。妈祖是人，也成了神，因为她是一个妇女，最后是为了救遇到海难的人牺牲的。一个是以人为中心，但是以人为中心和我们以人为本不一样，古汉语的"本"就是树根，这个木字就是象征一棵树，把树底画一个杠，表示我说的是树的这个地方，这个地方有根。所以，我们以人为本，就是以人为根，以孝为本就是以孝为根。以人为中心不是这样，是什么都围绕人转，这是西方的观点，发展出来就是人类中心主义。大自然所有都为我服务，是上帝造出来的，在《旧约》上就有，是供亚当夏娃及其子孙享用的。要砍树，别砍自己的，砍别人国家的，不让砍就打。日本四岛，森林茂密，一棵不许砍，用的木头哪来的？菲律宾的、印尼的、中国的。每年假设需要 1 亿方，进口 1 亿 2 千万方，那 2 千万方泡在水里。因为一旦发生战争不给我了，可以捞出来晒干利用，这就是人类中心主义。人类中心主义不但是对大自然的掠夺，也是对其他信仰、其他民族人民的掠夺。往小了看就是个人中心主义。现在美国深受其苦，枪击案等等都是出自个人中心主义。美国 2 亿 9500 万人，假如每个人都是中心了，就没有凝聚力了，就不能变成一个中心、一个整体了。那这个国家就要散了。怎么办？一个办法是通过政治家来宣传，例如亨廷顿的理论、弗朗西斯·福山的理论，都说美国是最好的制度，我们的价值观是人类最后的价值观，我们的社会形态是人类最后的社会形态。另一个办法是靠宗教。更重要的一个办法是吸取全世界人民的血，来供养这一族，让你生活得富裕。实在不行就靠打仗，因为 200 多年来爱国主义教育，大美国主义，一打仗其他的矛盾相对都沉寂下去了，用他们所谓的爱国主义来凝聚。所以，我曾经说过，阿富汗打完了，还得找一个对象打，因为它原来设想阿富汗快点结束，结果没结束成；打伊拉克，伊拉克打完，我说还得找一个对象，现在找叙利亚了。伊朗、叙利亚、朝鲜三国都是它的对象。朝鲜 14 号 16 号就要发射火箭，美国敢动手吗？它没力量动手。那么就是伊朗和叙利亚，可是现在对伊朗又缓解了，奥巴马发出信息，那就孤立一个叙利亚。叙利亚也可能有俄罗斯在那儿挺着，可能不打，还得找，不打，国内要乱。还有军火商，因为它要卖军火，要赚钱。赚谁的钱？赚美国政府的钱，美国政府哪有钱呢？发行国债，向中国借钱、向日本借钱、向英国法国借钱，不断地发行国债，你不断地买，我拿你的钱。这个道理大家都懂。再发展，其实剥开实质看，就是私利的中心主义。所以，以人为中心，就是以利为中心，不是中国传统的以人为本的真正的、完整的、高尚的人。

第三类是以道为中心，这是中华文化。所谓"道"不是抽象的、迷信的，而是人类社会、人类自身和大自然的总体规律，以它为中心。人是宇宙的一部分，实际上这就是宇宙中心主义。我们人也是，要围绕着宇宙转。违背了天意，总要失败；违背了社会的规律也要失败。怎么才符合这个道？就是和。牛郎星、织女星这两个星座，两颗星绝不相撞，北斗七星在那儿摆着，很和谐，围着北极转，也绝不打架。这就是大自然，它怎么来的？自然。"自然"是用的古汉语的意思，就是"自己本来这样"，不必追究，人类智慧达不到。千百个信仰归结起来不外乎三类，以神为中心、以人为中心、以道为中心。我看自己是处在以道为中心的民族里，我觉得以道为中心是最科学的。

四　中华文明/文化特色

1. 世界文明概况

现在谈到中国文明的特色，或者叫做中华文明的特色。首先，世界共有多少种文明，众说纷纭。汤因比的著作《历史研究》说有 27 种文明。亨廷顿又说是多少种。这都是一家之言，我们不管它。笼统而言，有多少种民族就有多少种文明，就文明的核心的差别看，可以概括为有限的几种。今天说的基督教文明，基督教概括了天主教、东正教；伊斯兰文明；印度文明；中华文明。如果再加的话可以加上日本文明。日本文明很特殊，我们今天不展开。它信仰神道，但神道不是教；基督教、佛教、儒家它都有，但是很特殊。不同文明有它自己产生的土壤、环境、历史，有它不同的内涵，因此，应该是平等的，但是目前实际上是不平等的。中国的独立和崛起是世界上非常非常重要的大事，扭转了世界的方向。在西方侵略世界各地，在世界各地建立殖民地，也瓜分中国的时候，所有这些被侵略被占领国家的文化，都被说成是蒙昧的、原始的、落后的。民族独立开始了，各国的文化相对独立了，虽然现在谁也不敢说非洲的文化是一个蒙昧落后的文化，但是心底还有这种想法。而中国作为一个人口最多、历史最长、世界上最稳定的国家——我说的稳定是五千年来最稳定——开始受到重视。现在没有人再公开说中华文化是落后的、愚昧的、蒙昧的、原始的文化，反而越来越多的人来研究中国，探讨两个问题，第一，为什么五千年来我们是世界上最稳定的国家和地区？同志们会说，我们也有战国时候的打仗，然后是秦始皇统一六国，然后是刘邦项羽之争，最后建立汉朝。西汉灭亡了，刘秀起兵，建立了后汉，然后是三国南北朝，以后又是唐代农民起义，五代更乱，建立宋朝，北边是鲜卑和金人不断南侵，宋朝完了是元代蒙古人进来，然后是朱元璋起义，朱元璋完了又是满族入侵，后面的事不用说了。但是算算，我们始终是一个统一的国家，文化没有中断，和平的时间更长，全世界没有第二个。在欧洲，从古代到中世纪没有一天没有战争，好不容易进入现代社会，稳定了一些年，一次大战、二次大战都是在他们经济、科技最发达的地区爆发的，二战之后的事就不用说了，特别是冷战结束之后。我们儒释道三种信仰从来没有发生过宗教战争，君子动口不动手，有不同意见的写文章，五十六个民族之间没有发生过战争，藏独、疆独都是叛乱、恐怖主义，别的国家哪有这么稳定的？所以，我们身处其中不觉得，人家在外面一看不得了，什么原因？一定有一个东西能够让这块国土相对的稳定。

第二个探讨，怎么不到三十年就创造了人类历史上经济发展的奇迹。学习美国的管理经验，他们本国都没有这么快。从一个只剩下几亿美元储备、濒临破产的国民经济，邓小平同志一挥手，一说话，三十年奋斗，成了第二大经济实体，外汇储备第一，什么原因呢？经济学家不解，文化专家和哲学专家明白是文化起了作用。还有附带的一个问题，研究当代中国，中国国力提高了，怎么道德不行了？在国际上资本也出去了，维和也做了很多好事，提倡和谐社会，怎么从国际上来看中国的形象还不如以前呢？这个也促使他们来研究中国。所以，目前中华民族的文化、文明，在世界上还处于并不十分平等的地位，我们在世界上没有话语权，但是在人们的观感上，我们多少争得了一点平等的味道。有着五千年文明积淀，五千年的超稳定，有着第二大经济体这样一个大国，13 亿人口，我们在世界的文化领域没有话语权是不行的。我们 GDP 再翻一番，财政收入再翻

文化—文明—世界—中国

一番，老百姓的收入再翻两番，这不过就是开始富了，还不是强了。只有在经济发展的基础上文化强起来了，才是真正的富强。这其中除了自身建设，还需要文化走出去，才能真正争得平起平坐的地位。

2. 中华文明的形成

中华文明是怎么形成的？最初我们也是崇拜天，崇拜神。北京山顶洞人坐在山里弄了一堆篝火，想着没有吃的了，明天去采点果子，打只野兽。突然"咣啷"一声响，一个闪电下来，山下的森林着火了，吓坏了，怎么回事？最后形成的想法：一定是神！我们的雷公、电母、雨师就是这样出来的。谁管这些呢？天，主宰一切，它让谁当头儿，就谁当头儿，这就是天命，这个是在夏商时代。后来农耕社会更进一步发达，思考慢慢摆脱这个，开始考虑：我怎么来的？父母生的。父母哪来的？祖父祖母、外公外婆。了不得！于是开始崇拜祖先。祖先死了以后，当时人们解决不了明天的问题，死了以后哪去了不知道，就说有魂，于是崇拜祖先，在祖先面前上供。我举个例子说，其中有一个祭祀就是把柴草、麦秸、稻草绑起来，把醪糟从上面浇下去，这叫做裸祭。为什么？稻草有它的香味，醪糟有它的香味，就上达鬼神了，鬼神闻见味儿，就享受到了。这就是崇拜祖先。为了崇拜祖先，就把各种祭祀规范化，这就是礼。再扩展到人和人怎么相处，也是礼。这是在周代。它继承了夏商，所以还有对天神崇拜的遗迹，再加上对祖先的崇拜。到了春秋时候，又进一步进展出对具有超人的、比一般人更高的道德修养的人的崇拜。这就是所谓的圣德。崇拜它什么？崇拜它仁。这个时候中华文化定型了，我觉得华夏文化定型在春秋时期，典型的人物就是孔子。刚才我已经提到仁，咱们来解这个字。仁，左边是人，右边的二意味着，当不是自己独处，只要有第二个人就有关系发生。如何正确处理这种关系非常重要，正确地处理这种关系就是你敬我我敬你，你爱我我孝（顺）你，你对我诚，我对你忠，这样来处理关系简称为仁。仁可以说是处理人际关系的最佳方案。贯穿在相信天命决定一切，祖先可以护佑我，传承给我，乃至成为仁人——具有仁德之人。仁德之人为什么能够做到这一点呢？他做的符合宇宙规律、社会规律，所以贯穿在中华文明形成过程中，就是天人合一，就是道，就是自然。

3. 中华文明的特点

中华文明的特点是重继承、重伦理、重和谐、重现世。咱们中国人没有几个相信死了以后上天堂的，包括到庙里烧香的老婆婆，也不相信自己死后会到极乐世界去。中国人重现世，把现实生活过好；重经验，不是推翻一切从头来；重整体，也就是社会、国家、关系。

4. 中华文化的核心/根基

我们的核心是什么？我们的基点是以人为本，体现在"人"上；理想是和谐大同，这就是一个"和"字；起点是我刚才说的以孝为起点，慈爱孝敬，这就是一个"孝"字；路径是修身齐家治国平天下，就是一个"义"字。

举两个例子，刚才我说了，"孝弟（悌）也者，为仁之本与！"这个字本来是"弟"，后来加一个竖心，写成"悌"，念 tì。悌就是如何对待有同血缘的同辈，即兄弟姐妹，然后推己及人。《论语》上有这样一句话，"《书》云：'孝乎惟孝！友于兄弟，施于有政。'是亦为政，奚其为为政？"这是孔子的弟子问他："你为什么不参与政治？"其实是人家不用孔子，孔子来了一个解嘲的话，他说："我提倡孝、提倡悌，这就是为政。因为由它扩散出去，国家就太平了，天下就和了，还谈什么别的为政呢？这就是为政。"另外孔子还有名言："四海之内皆兄弟"[①]，这就是推己及人，推到极致，推到天下了，都是兄弟。

这里再插一个小故事。前些年我访问俄罗斯，俄罗斯那时候真的看得人心痛，好端端一个社会主义强国，衰败得不行，最近普京卖石油又恢复了一些。大使馆建议我到跳蚤市场看一看，就了解现在的俄罗斯了。我就去了莫斯科跳蚤市场，公务员、转业的复员军官，主要是这两种人，把家里存的东西拿出来卖，包括军靴、军功章、皮带、帽子，没别的可卖。我记得那次我买了一个质量很差的烟斗。为什么买它？跟那个主人聊起来，他原来是一个处长，现在政权一变，失业了，自己就动手做烟斗，把整木头挖成烟斗，十美元，卢布不要，就要美元。我烟斗多得很，都是到欧洲去买的，孩子也到赛特去给我买。那天我买的那个烟斗没法抽，当时我出于对社会主义国家的怀念就买了。随行人员说，你别买，你用俄语和他还价，五美元。我说不要，这不是买烟斗，是我尽点心。这个烟斗买回来扔哪儿去了都不知道，是这样的状况。走到一个摊子上，赫然看到一个"1917 年革命"之后 1919 年的钞票，来不及印刷，就重新印上了红字，

① 语出《论语·颜渊》："君子敬而无失，与人恭而有礼，四海之内，皆兄弟也。"

表示是红色政权的钞票，背面印的是俄文、法文、德文、英文，全世界无产者联合起来，就是《共产党宣言》扉页上的字，中文印的什么？"四海之内皆兄弟"。有意思没意思？我马上就要买，我一个下属的副秘书长说："您让给我吧，我一个朋友就攒俄国钞票。"托我买老俄国钞票，我说算了。多少钱呢？一美元，你说可怜不可怜？这要是拿到中国来，卖两万块钱也是抢手的，全世界没有几张。

5. 中西文化比较

"四海之内皆兄弟也"，当时的第二国际、列宁、当时我们党的创业者，都把它看成与"全世界无产者联合起来"是等值的。其实它是固有的文化，2563年前孔夫子就说出这样的话来，这是中华文化。要做中西比较的话，我说要客观看西方的、东方的文化。我并不是排斥西方的思维、西方文化。要是没有西方200多年的工业化，按照它们西方的思维来发展科学技术，就没有世界今天的变化，没有中国今天翻天覆地的变化。但是，不是它们所有的东西都是好的，特别是在治理人的精神和灵魂方面。

如果要对比一下，我们可以分成这么几层。一个是——按宗教学的话说——终极关怀，对人的未来走向、一个人生命的最后、世界的最后关注。我们的中华文化是内向的，这种关怀使人不断地提升自己的思想道德水平，成为一个毛主席说的"五种人"，真正的人、纯粹的人、毫不利己专门利人的人；而他们是外向的，要靠神的启示指导自己怎么做，这下就坏了，宗教家和执政者都说了，比如说做世界的领袖，这是上帝的意思，古代说，犹太人是上帝选择的人民，现在美国人说美国处在这么一个大洲，资源这么丰富，天灾也很少，也没有战争，这是上帝给我们的土地。上帝让我们做世界领袖，这是神的意志。我们和他们是不一样的，一个外向一个内向。思维模式呢，我们讲阴阳和合，也就是正负和合，正反和合，事物是可以分析的，但也是可以整合的。不走极端，因为两端是少数，中间是多数，两头小，中间大，这是常态。地理上也是，北极南极地方很大，相对于地球来说就小，更大的地区是亚寒带、亚温带、温带、亚热带、热带。西方不是，他们是二元对立的。非此即彼，什么都对立，现象和本质对立、精神和物质对立、夫和妻对立、你和我对立。开句玩笑说，美国纽约离婚率是50%，单亲家庭的孩子60%，其中非婚生子女40%，我看就是对立的结果，个人中心主义的结果。这有很多年轻的军官，我们谈恋爱的时候求婚恐怕很少这样说："我需要你。"那对方该说："你需要我，我不需要你"了。而在美国，"我需要你"是求婚很常用的词，"我需要你"就是个人中心主义，但是人家接受，他需要我，那"我爱你"。中国人不接受吧？所以，他们一吵，离婚，明天再和别人结合，再一吵又离婚，离婚率非常高。我们求的是家庭稳定，不过现在也难说，现在闪婚闪离也太多了。处理关系呢，我们是包容的，而西方的文化是排他的，只有我吃掉你，只有我的民主制度变成全世界普世的，天下才太平。所以有时候和外国人讲，让他理解中国太难了，他不懂，很难。所以，文化要走出去，让他们慢慢理解。

6. 不同文明间关系

当前，我们不同文明间的关系处于一个歧路亡羊的境地。"歧路亡羊"是先秦的一个故事：家里的羊丢了，就找羊，一条路好办，就沿路找。走到一个多岔路口，不知道往哪儿追了，于是急得哭，最后又回来了。当今世界人类正处在这样一个十字路口，我们到底朝着人类中心主义、个人中心主义和利益中心主义走，还是朝着以人为本、以宇宙为中心这个路走，讲和合？世界上的任何事物，包括人和人、人和心，包括我们身上的神经系统与消化系统之间的关系，只有两类，一类是对抗，一类是对话。机体有了毛病是机体失衡了，是在对抗的，我们吃药，特别是中药是让你和谐，扶本祛邪，不协调的让你协调起来。比如有些病需要泻，有些需要补。对抗就是冲突，那你就是受病的折磨，就像家里吵架，最后发展到极端就是战争。一定要对话，让人和人之间相互接触、了解、尊重、包容，发现对方有些文化、优点是我们自己没有的，就要欣赏这一点。你欣赏才能学习，其结果是我也发展，你也发展，取得共荣。在这点上，我要说，我们应该感谢我们的祖先，感谢我们国家的领路人。在这样一个十字路口的时候，全世界都在反思，我接触的几十个国家的学者都在反思这个问题。我这次到巴黎去顺便要到德国和英国，就是要和大家探讨这个问题。西方人什么时候开始知道这条路不行而开始反思的呢？工业革命大约150年后，斯宾格勒写了《西方的没落》。但是当时他孤掌难鸣，不为人知。现在是一个热潮，距离工业革命开始，也就是现代社会开始250年了。250多年了，撞到南墙了，这才回过头来想，一部分人觉悟了，但是共和党、民主党、工党、保守党，包括德国的什么基督教民主党、社会民主党等等，还没有醒悟呢！

五　守护我们的根

中国真正开始工业化是 1956 年，引进苏联的 156 个大项目。但是刚做得有点苗头，就发生了 1957 年反"右"，后来 1959 年苏联专家撤出。真正大规模的、全国范围的工业化是邓小平同志复出以后。这 30 年，社会发展这么快。就在我们经济增长的同时，从老百姓到党中央都在反思，所以，我非常看重六中全会的决定。"三个代表"重要思想现在都不提了，我觉得还要重提。全世界 1000 多个执政党，他们轮流坐庄，有时候联合执政。只有中国共产党把这个民族的文化发展了，先进文化前进方向定出来了，作为建国之本，立党之基，"三个代表"的其中一条。这是二十年前，如果就算今天的六中全会，不到 30 年，我们的民族就觉悟了，不但老百姓在回归，还读《弟子规》，念唐诗，党中央领着大家一起觉悟了。

第一，我们有五千年的文化。当我们离开自己文化远一点，我们感到失落，如果本来历史就短，离开就会没有感觉。第二，我们有马克思主义，有二者的结合，有理论。所以，在这十字路口的时候，中华文化应该给世界作贡献，因为照着西方这个思路走下去，世界只有灭亡，人类只有毁灭，不用多，拿出十分之一核弹来爆炸，人类就完了。说是用来威慑的，你做那么多干什么，几千个核弹用来干什么？说起来不符合道理，大自然的铀矿在地底下睡了几亿年，你干吗把它唤醒，潘多拉盒子弄出来了。搞核弹的有第一家就有第二家，有第二家就有第三家，都得保护自己啊。福岛核电站干吗要发那么多电呢？机器干吗要那么快？当然这不可挽回了。中国人首先醒悟，我们怎么处理这个问题？在这种条件下，要处理好各种关系。说到这里，我就容易动情了，中华文化太伟大了。因此在这种情况下，我们要守护好自己的根，这个根就是价值观、世界观、伦理观、审美观，这四者考虑到了，就是一个文化自觉的民族和国家。你看看党中央这些年的努力，虽然有的不是很成功，但反映出我们领导人的焦虑和思考。八荣八耻、社会主义核心价值体系的建立，都是为这个。这里有的不尽如人意，不要紧，这是一种探索，摸着石头过河，我相信经过全国人民和全党的努力，我们可以归纳中华民族的核心价值。目前我们很强调这一点。西藏问题是我们的核心利益，台海是核心价值，南海是核心价值，怎么都这么多核心价值、利益？核心就一个。将来会出来一句话，这个谁再碰？因为我们必须有这句话。国际上的通例，一旦你宣布这是你的核心价值，各国就基本不碰你，碰也是巧妙地碰，不敢公开的碰，因为碰了核心价值谁都动枪。我想这样归纳："祖国的领土与完整和人民的和平生活是我们的核心利益。"这是我们的根，至于说穿什么衣裳，这都是西方的，各位穿的军服都是西方的，我们的摄像机、话筒都是西方的，该用的用。文化中核心的问题是根，根就是价值观、世界观、伦理观、审美观。

六 文化的钢铁长城

为什么几个军区让我去讲课，不管多忙我也要赶过去？我是把我们的部队看成文化钢铁长城，就是开头我说的话。我说这个话是经过思考的。

1. 部队是民族价值观的集中体现。这种价值观具体体现为个体和整体的关系问题，那就是我来当兵，为什么？为什么是我来当兵，而不是别人？当然有人体检不合格，政审不合格，那是另外一回事。我来当兵就是要把自己的身心奉献给国防事业，包括生命。为什么我们来当兵，必须达到真正的当兵光荣？给了我一个机会，能把我的青春、我的生命献给祖国的安全，这就是大仁大义大孝大忠，也就是中华民族希望的一个道德无限高尚的人。怎么当好兵，怎么既当好兵又当好儿子，就是忠孝的问题，这我不详细说了。咱们部队是这么一个大学校，有一套教育的体系、条例和措施。而这所有的措施其实解决的就是一个我和国家的关系，这是民族的价值观。

2. 部队始终是坚决捍卫中华文化的队伍。六中全会说中国共产党从建党之日起就是中华优秀传统文化的弘扬者和宣扬者，是积极文化的倡导者，拿这个话来看我们的部队，是在党的绝对领导下的一个特殊的群体。从我们的指导思想来说，文革的时候说部队是一个讲军事的毛泽东思想大学校，这个话听起来好像有点过时，实际上部队从来都是一个大学校，但是新时代又有新的内容，比如现在培养军地两用人才，它还是学校，不仅是思想道德的也是知识技能的学校。同时部队是杰出的社区，我这里所说的社区是社会学上的用语，230 万军队，说老实话，31 个省市自治区都有，所以它是一个跨地域的社区。一个企业总部设在深圳，在三个城市设有分部，那它这四个地方也是一个社区，它某个地方的公司也是一个小社区，这是社会学上的概念，和我们今天所说的居民小区不是一回事。同时部队是宣传的阵地，在弘扬传承，在倡导发展。

我和不少的部队同志讲，我说并不是我当着穿军装的人说穿军装人的好处，我跟谁都这么说。大家设想一下，如果我们总政各兵种、武警和各大军区的文化团体都撤销了，我们不把优秀的文艺人才吸引来，他们不再登上舞台，今天中国舞台和屏幕上会是什么情景？弘扬正气的，按中国年轻人的话说"给力"的、催人泪下的绝大部分是部队的文艺。从我们部队文艺团体或者制片厂出去的艺术作品，不是让人颓废的，整天就是请让我再爱你一次，昨夜告别，来日能不能相见，你不爱我，我仍然爱着你，这些唱着都有什么意思呢？再加上不张嘴的，就恨老祖宗制定的衣服穿得太长、太多。我们的青少年，我们的孩子怎么办？爱需要不需要？需要！但人除了爱还有其他，不仅仅爱跟你年龄差不多的、有房子有车的那位，还得爱自己的岗位、爱自己的父母，还要爱自己的家园，怎么都把爱就缩小到对青春期的那种狭义的爱呢？过去我们这方面遏制太多了，我年轻的时候跟我老伴上街不敢拉手，那个也太过了，但是也不能走向另外一个极端，好像年轻人的爱就是生活的全部。所以，我昨天和马副政委说，即使不是部队的演出、部队拍的片子，有我们演员去也可以，现在允许走穴，领导批准就可以，演出的东西都给人提气。我在两次报告中提到，八一制片厂的李幼斌，他演什么都把中国军人、中国老百姓的那种骨气演出来了，典型的是《中国地》。我很抱歉，按说没时间看电视，常常是我坐在屋里弄东西，或者是开会回来了，我老伴看电视呢，我问她这是什么电视？她说《中国地》，李幼斌演的，我说那我看两眼。看三五分钟就给我很大的感动。

我说了这么半天话，大家都知道的，可能能唤起点共鸣来。大家在部队里已经视为当然了，但是作为一个非部队的人看来，部队是宣传阵地，尤其是在今天。虽然没有部队的文艺作品，没有我们这些经过严格思想锤炼的演员和歌唱家去演出，不能说我们的屏幕和舞台上就都是群魔乱舞，但是恐怕那时候会有更多的不是凝聚力而是消散剂在向全民扩散。即使这样，今天在文艺领域里，包括了我们部队的文艺工作者、文艺团体在内的，还有中央所属其他方面的，仍然不是主流。这个阵地还没完全成为主体。为什么？因为经过三十年，好莱坞已经在中国培养了几亿观众，看看它们的片子，再看我们的片子，它认为你这不是电影，没意思，而它们的电影，每个都包括了意识形态。在这种情况下，要重新培养我们的观众听众，还要经过一段时间的努力。

小姑娘小小子戴着耳塞一边走一边听，你不信咱们做个实验，拿来听听，你根本听不明白唱的什么，哼哼唧唧的，他也没有听明白，他就要这个味儿，不听这就不时尚、不潮。久而久之影响世界观、价值观、伦理观和审美观。我希望部队加强宣传力度，不仅仅是文艺宣传，我们每一位子弟兵都是宣传员，都是传承者、弘扬者、倡导者、发展者，我再讲一个——守护者。因此我说是捍卫中华文化的队伍，这也就是六中全会决议中所说的，"自觉把个人的理想融入中国特色社会主义的共同理想之中"，最大限度地和广大人民团结和凝聚在中国特色社会主义伟大旗帜之下。这说的是政治语言。中国特色社会主义建不成，半路夭折或者衰退，倒霉的是每一个人。建设好它，人人有责。这就是我们的传统，这个传统就是"先天下之忧而忧，后天下之乐而乐"，"天下兴亡，匹夫有责"。前面一句是范仲淹的，第二句话是顾炎武的——他是明末遗老，清初去世的。第三句话，"志士仁人，无求生以害仁，有杀身以成仁"，这是孔子的话。还有一个词语叫"舍生取义"，这是古代惯用的。人的生命是短暂的，但它可以给国家作出超过一般人的贡献，它的价值在于贡献，而不在于寿命的长短。臧克家纪念鲁迅逝世二十周年的时候写过一首诗，他说："有的人死了，但是他还活着。"他说的是鲁迅。"有的人活着，但是他已经死了。"这就是说的中华文化的价值观。

3. 部队始终是发展先进文化的中坚力量。因为我们部队的奋斗目标本身就是我们党和中华民族发展到今天所提倡的价值观。马克思主义中国化是由这里开始的，农村包围城市，游击战，"人不犯我，我不犯人，人若犯我，我必犯人"。同时难能可贵的是，在市场经济无数感官刺激、物欲、肉欲的诱惑下，人民解放军坚持我们的传统，发展我们的部队文艺，不是中坚力量是什么？

4. 怎样充分发挥文化钢铁长城的作用？首先要坚持党对军队的绝对领导。社会上开始出现军队的国家化超越党派的论调，我说这不是无知就是别有用心，这个绝对不行，因为共产党是代表最广大人民根本利益的。我就赞成共产党绝对领导部队，绝不能让别的插手。因为从1927年到现在，90年的建军历史已经证明了，我再说就是在圣人面前卖《三字经》了。

要与时俱进。希望部队也研究当下世界和中国的社会状况，才知道我们部队应如何永远屹立。要预测未来。现在世界上危机四伏，在中国也不例外。要未雨绸缪，同时加强营区和连队的文化建设。文化在哪儿？就在我们干部官兵的日常生活、训练中。同时军旅的文化要始终坚持二维的方针。延安文艺座谈会提出来以后，直到现在，我仍然觉得它的核心思想是颠扑不破的，现在很多文艺思想背离了它，甚至有的公开挑战它。因为在六中全会，文化在综合国力竞争中的地位和作用更加凸显了，维护国家安全的任务更加艰巨了——这个话很重了——文化不安全了。增强国家文化的软实力、增强中华文化国际影响力的要求更加紧迫了。所以，我退下来以后，比过去更忙，其中一件事情就是帮助国家在推进孔子学院的事业，到目前为止，在全世界建了 360 个孔子学院，500 多个孔子课堂，遍布五大洲的 105 个国家，就是要增强中华文化的国际影响力。虽然也知道自己老了，身体不行了，但是我觉得是有意义的。

儒家文化的核心 ※

　　我认为中华文化的核心就在于它的伦理观、价值观、世界观。

　　中华文化的伦理观是忠、孝、仁、义、信。

　　忠孝是连在一起的，实际上也是一种仁。子曰："仁者爱人"。"仁"左边是单立人，是个人，右边是二，两个人相处的原则就是仁。孝由此而生，父慈，爱自己的孩子，孩子应该孝敬父母，这个爱在父子两代人之间是以孝来体现的。继而推广到国家，封建社会对国就叫忠。那么作为个人怎么处理和社会的关系、和国家的关系、和国君的关系？就是义。所谓义者，宜也，就是适当，就是自己处于什么位置上应尽力做好自己的事情，自己的那份心，就叫义，所以我们说的义务就是自己在这个位置上该尽力的事务。朋友之间要讲义气，古人说的义气就是作为朋友尽了朋友之道的风气。信，孔子说，人无信不立，人而无信，不知其可也，一个人不讲诚信，在社会上是站不住的，是要被淘汰的。古人讲立德、立言、立功，就是作为一种德性要留给社会，说的话要能对社会有用，做事情还要言行一致，要为社会立功。

　　价值观就是：修身、齐家、治国、平天下。

　　首先，是自己要修养好，要学习，要深思。然后由己及人、及妻子（古代以男性为中心）、及孩子、及兄弟。如果自己的修养三尺高，也让其他人都达到三尺高，这就是所谓的齐家。为什么用齐字？齐就是等，自己修养好了，让全家人都达到这个水平，就等同了。其次，要把家里的道德伦理治家的方法再扩大开去，要治国。国不是自己的，因此是去"治"。最后，是平天下。平是什么意思？是均衡。不是要争夺天下，而是大家都平衡、平均，这样就和谐。

　　儒家特别强调君子慎独，就是独处无人监督、没人教导的时候，自己

提高自己。宋代理学大家概括了君子修身的方向，从那以后一千年成为知识分子的座右铭，即所谓"为天地立心，为生民立命，为往圣继绝学，为万世开太平"。什么叫"为天地立心"？天地是无知的，但是天地的规律、大自然的规律就是它的心，我们要总结大自然的规律，总结一切客观的包括社会的人事的规律。"为生民立命"，生民用的是《诗经》里面的词，就是老百姓，为老百姓立命。老百姓立命之本在哪里？应该帮助老百姓有一个生存的环境，有一个美好的追求，有一定的物质与精神条件。"为往圣继绝学"，这是讲传统。最后，"为万世开太平"，不是为万世创太平，开太平是开个头，后人继续做。

世界观就是一句话：唯物。

中国的所谓天并不是神，更不是人格神。神是什么？就是大自然。中国的逻辑是，人就是人，天是大自然，人不是大自然生出来的，但是大自然的一部分。《论语》上记载，有学生请示孔子关于死的问题，孔子说："未知生，焉知死？"意思就是连活着的道理都没弄明白，还研究什么死。谈到鬼神问题，子曰："敬鬼神而远之"、"子不语怪、力、乱、神"，这四样东西孔子绝口不谈，不进入他的视野。

文化的三个层次。

我觉得需要对文化分层来认识。首先，最容易感知的也最容易变化的、看得见摸得着的是围绕着衣食住行的文化，这就是我们的居室文化、装饰文化、饮食文化、烹调文化等等。其次，是中层，就是一个民族的风俗、礼仪、宗教、艺术、制度、法律等等，我又称之为制度文化。最后，底层是一个民族的伦理观、价值观、世界观等，也可以称为哲学文化。我们中华文化是三层具备的。

现在我们分析一下文化的三个层次。底层是什么？就是上面所说的伦理观、价值观、哲学观等等，其实就是"和合"，显然是农耕社会的特点，是超时空的。中层，在我们的风俗、礼仪、宗教、艺术、制度、法律里面都体现了底层。例如，过年过节走亲戚全家团圆，这就是和合。日常生活也有。中国菜好吃，全世界闻名，这是因为烹调任何一个菜都是酸甜苦辣咸俱备，就是古人所说的五味调和。中国讲五音和合，五味调和，五方和合。我们根本的东西在于中层和表层时时体现。本文没有讲佛教，原始佛教传到中国，经过千年的改造到唐代形成了禅宗，禅宗也体现了中华的和合文化。

关于儒学若干问题的辨识[※]

中华文化的主干是儒家思想，中华文化之所以能绵延数千载，与此有着极其密切的关系。当前，要客观地评价中华传统文化，必须澄清长期以来认为儒家（儒家思想或儒家学说）"保守"、"反对新事物"、"反对开放"、"重义轻利"等误解。

一　关于儒家是否保守的问题

我们先来看事实。作为儒家学说的创始人，孔子一生履行着"有教无类"的教育平等原则。这在当时是极其进步的主张，是对以往只有王室贵胄和贵族子弟才有资格接受教育的颠覆。他亲自开办私学，让所有能够交上几根干肉（"束脩"）的人都能到他那里学习。有人因此批评孔子没有举办免费教育，眼里只有有钱人。我认为，这种批评是不公平的。要知道，孔子当时办的是"成人教育"。从《史记·孔子世家》和《仲尼弟子列传》看，到他那里读书的人，年龄最小也要15岁以上。如果能够交出"束脩"，就说明他生活基本上过得去，可以专心学习，"孺子"才"可教"。

孔子的学生里有一位著名的大儒叫子贡，他是个商人，经营有道，家累千金。孔子说子贡"货殖焉，亿则屡中"。《论语》里记录了子贡不少言谈，用孔子的思想衡量，他的确造诣很高。他先后当过鲁、卫的相，多次出使其他诸侯国，受到诸侯们的尊重。孔子评论子贡是"瑚琏"之器，也就是宗庙里主要的祭祀之器，意思是治理国家的干才。据此，不能说孔

※　发表于2012年6月4日《北京日报》。

子排斥经商，反而能说明孔子主张"君子爱财，取之有道"。所以，孔子说："富而可求也，虽执鞭之士，吾亦为之。如不可求，从吾所好。"

在传统的农耕社会，粮食等农作物是社会第一需求，当商业活动以及由商业带动起来的手工业威胁了农业生产时，统治者就要抑末（商）兴本（农），贬斥其为"淫巧"。在整个封建帝王时代，社会一直在平衡农—商—工这三者的关系。后来，这被认为是儒家阻碍工商业的发展，其实是一种误会。

实际上，儒家不但不守旧，相反，是讲究与时俱进的。儒家学说自身两千多年来的演变与发展，对佛、道的包容并从中吸取营养，以至到宋代完成了中国哲学体系的建构、完善，达到了当时世界的哲学最高峰。此时发生了儒家内部的义利、王霸之争，兴起了"义利双收"的理念。儒家这条逐步改进发展的道路可以简约如下：孔子—孟子—荀子—董仲舒—汉儒（马融、郑玄等）—唐儒（孔颖达、严师古、韩愈等）—宋儒（张载、周敦颐、二程、朱熹等）—明儒（王阳明、王夫之等）。可以说，儒学在每个时代都有自己的特色和成就，都明确显示了儒学结合时代特征进行创新的态势。

二 关于儒学能否引领中国走向现代化的问题

过去，对儒学的批判中有一个问题需要说明，这就是按照儒学内在元素，包括它的发展动力（学者的思考、研究、争辩），是否能引领中国走向工业化/现代化的问题。对此，有一种观点认为，这是绝对不可能的，因此必须由欧洲人用坚舰利炮给我们送来，即所谓"西学东渐"。我认为，说从儒学或扩而言之，从中华文化中生长不出工业化/现代化，这是一个没有经过认真论证就作出的主观结论。

从历史上看，中国的手工业到了明代已经相当发达，虽没有以蒸汽机为动力的机器，但工具的进步已经达到农耕时代最先进的水平（有的至今还不能用现代机器代替）；民间金融开始出现；南北航运快捷方便。理论建树上，出现了直接继承宋代以后儒学的一支"永嘉学派"为代表的"义利双行"学说，并有了发展，主张"利生"、"事功"，所谓"功到成处，便是有德；事到济处，便是有理"。当然，要纠正当今人们在这一点上对儒学根深蒂固的误解，还需要作深入的研究。但是，我坚信：世界上不同民族在不同时期进步的速度是有差异的，并不都是线性发展的；凭着中国人的智慧，凭着儒学的博大兼容，中华民族不可能必须等着欧洲人给我们带来现代机器和商业。而且，如果中国从自身文化的元素中生长出现代化/工业化，一定不会和西方的现代化/工业化完全一样，一定有自己的特色，即和谐、稳定、温和、人性。近两三百年间，中国落后挨打，不是因为中华文化的宿命，而在于制度的腐败和由此造成的封闭，中华文化发展的内动力渐渐趋于枯竭，又没有了与异质文化冲撞的外动力。

概括地说，作为中华文化的主干，儒家思想（儒家学说）在伦理方面主张仁、义、礼、智、信；在世界观方面则认为"天人合一"，即人与客观是一个整体，人又是万物中最有灵性、最宝贵的成员。为达到上述理想的境界，就要求人们格物—致知—正心—诚意，要"慎独"；处理个人和群体（"他者"）的关系时，主张修身—齐家—治国—平天下。如何"平天下"呢？用"王道"。"王道"，简言之，就是以先进的文化和高尚的道德来吸引、感化他人、他国，善待他人、他国。虽然那时所谓的"国"，还只是诸侯国，但是诸侯国间的关系和现在的国际关系实质上是一样的。从古代到现代，中国人心目中的"天下"逐渐扩大了，所以应该也适用于今天的国际关系。这就是孔子所说的"远人不服，则修文德以来之"。

到了宋儒那里，他们运用"天人合一"的哲学，格物、致知的认识事物的方法（"功夫"），体验到宇宙间在感性上觉得毫无关系的事物间，其实都有着密切的关系。从中可见，古代贤哲真了不起，宋儒真了不起，他们所揭示的道理，在当时和以后很长时间里能够理解的人很少，现在技术发达了，信息传输、交通往来越来越便捷了，人们才日益广泛地认识了这个道理，但是一般人的认识基本上还停留在物质和环境范围内。顺便说一下，汉语中的"同胞"一词，原意是一母所生的兄弟姐妹，但是近代扩展为指同一国的所有人（主要是中国有此观念）。这是因为在我们看来，中国人都是同一父母即同一天地所生，犹如都是同一个母亲的衣胞所育，彼此应该视同骨肉手足，谁也离不开谁。这种思维恐怕来源于对事物生长过程的细密观察。《周易》上就说过："乾，天也，故称为父；坤，地也，故称为母。"把大地称为母亲，许多民族都是如此，但是把天下之人当作同胞，唯有中国。宋儒不过是把这种感性与理性的认识哲学化了而已。

应该注意的是，这反映了一个道理：儒家学说实际是概括了中华大地上人们的生活经验和从对伦理道德到对宇宙的认识，也反映了儒家博大的胸怀。虽然以个人修身为起点，但是放至极致，可以大到整个宇宙。因此，"远人不服，则修文德以来之"不是广告词，而是基于体验和思辨得出的信念。

三　关于儒家对利和义、法和德关系的认识

先从历史上看。在《二十四史》中有14部"史"都列有有关商业流通的专传和论述。例如，《史记》有《平准书》，《汉书》有《食货志》。在这些"书"、"志"中叙述了古代和其当代农业等生产和货币间的均衡、失衡关系以及朝廷所采取的措施。因为正如司马迁所说，"农工商交易之路通而龟贝金钱刀布之币兴焉"，因而必须高度重视。汉代还在朝廷的主持下为盐铁是专卖还是由民间经营进行过一场大辩论，其成果就是著名的、历代不断征引的《盐铁论》。此后，历代（主要是时间较长的朝代）朝野就"利"和"义"（实际上也是"王"与"霸"）的辩论时时出现。尤可称道的，是宋代儒学中出现了浙东的"永嘉学派"。"永嘉学派"的重要人物陈亮就是主张事功，即注意经济的，认为：商藉农而立，农赖商而行；求以相补而非求以相病。他曾经和朱熹就义利、王霸问题往复辩论，长达11年。其后，"永嘉学派"的代表人物叶适一脉，主张"四民交致其用而后治化兴，抑末厚本，非正论也。使其果出于厚本而抑末，虽偏，尚有义；若后世但夺之以自利，则何名为抑？"他们甚至明确提出："士农工商皆百姓之本业"。概而言之，他们根据已经发展了的农业生产力（生产工具、方式和效率）以及手工业、商业的发达，提出了四业平等的思想。显然，在这思想中蕴含着"义利并举"的理念。这是儒家学说与时俱进的又一例证。

值得注意的是，"永嘉学说"在当时的影响就很大，更重要的是对后世的影响十分长远。从与其邻近时代说，启发了元明学者，以至后来形成了中国自己的"启蒙"思潮；从离其较远时代说，当代浙江，特别是浙东的商业、加工业异常发达，而且从业者讲究诚信，不能不说有其民风的根源，而这种不轻农而重工商的民风，是"永嘉学派"的思想深入人心的结果。由此可见，儒学并非少数学者的事，只要结合时代认真研究并且

进行普及，对于一个地区乃至一个国家的经济和社会的建设、发展，会起到一般人意想不到的效应。

儒家内部讨论、争辩的问题归结起来，核心就是利与义、法与德、竞争与共赢、主仆与兄弟等几对矛盾。前两条，是思想理论上的，后两条是实践上的。

义与利是所有问题的核心。"义"，古人解释为"宜也"，亦即为社会、为他人做与自己的身份、力量适合的事。社会从来是有层级的，人分男女老幼，身有高低强弱，所受教养各自不同，只要尽了自己的心力，尽职尽责，就谓之"义"；违背了或达不到这一点，就谓之"不义"。"利"并不是坏东西，关键是"取之有道"、"用之得法"。合乎此即为"义"，无道、不得法，即为"不义"。义利之辩，自古就有，例如《孟子》所说的"王何必曰利？亦有仁义而已矣。"这常被从正反两面用来证明儒家不赞成求利。其实，孟子并不排斥利，他这段话是针对梁惠王和他一见面就问"叟不远千里而来，亦将有以利于吾国乎"，而不讲他作为国君应该尽的职责而说的。孟子的回答用了一个"亦"字，就是提醒对方：除了利，还有一个义呢。

与此相关的是法与德的关系问题。人类既构成了社会，就不能没有法；特别是社会发展了、人口众多了、事务复杂了，社会没有秩序准绳制约，就会变得无序，受害的最终是社会上的所有成员。但是，法只能是秩序的底线，触及这底线，不是错误，就是犯罪，社会就要用法进行纠正或处罚。法是他律，是人们被动接受的。在这底线之上还必须有德的约束。德的高度是无限的，在中国文化中，最高的是"圣"，其次是"贤"，再次是"君子"，最后是"小人"。儒家的最高追求是圣，永远达不到，永远追求，如果这样的人多了，社会的道德就会不断攀升，犯法的人就少了，社会就安定了。

温故而知新※

——对山东大学儒学高等研究院的思考

编者按：2012 年 2 月 16 日，山东大学将原儒学高等研究院、儒学研究中心、文史哲研究院和《文史哲》杂志编辑部进行整合，组建了新的山东大学儒学高等研究院，同时还成立了山东人文社科研究协作体。近年来，我国多所高校成立了与传统文化相关的研究院，成为古典学术研究的重要力量，而此次山东大学将各种优势学术资源进行整合，可谓开创了一个新思路。"升级"之后的研究院无论是规模、投入，还是学术积累和架构，已经达到了全国领先水平。

有着 110 年历史的山东大学具有以文史哲见长的优秀学术传统，通过整合进一步推动儒学、古典学的复兴，这里面包含着怎样的思考？整合后又如何在学术研究中推动儒学、古典学的发展？本刊特摘要刊发山东大学儒学高等研究院院长许嘉璐先生的讲话，以飨读者。

在历史的土壤之上反思

我参加过不少学术机构的揭牌、成立会议，但是似乎从来没有参加今天这个会这样忐忑。

一个机构调整的出发点是为了整合力量，达到一加一大于二的效果。但整合之后总要有一段磨合期，这期间因为彼此不了解而发生摩擦、冲撞，几乎是难免的，纯属自然。中国古代的城墙直到清代都使用一种黏合

※　发表于 2012 年 2 月 20 日《人民政协报》。原文是作者在 2012 年 2 月 16 日在"山东大学儒学高等研究院整合组建大会"上的讲话。

的办法——用三合土：石灰、沙石和糯米浆相混，其坚固程度胜过现在最优良的水泥。今天，我们不是三合一，竟是四合一，从这个角度讲，我们这个黏合剂也将是牢不可破的。但是，如果城墙刚刚黏合，用力一推还是会坍塌的，需要给它时间冷却、凝固。我相信，我们新整合的儒学高等研究院一定会像三合土那样，把各方力量凝聚起来，坚实地为儒学、古典学的振兴发挥我们应有的作用。办好研究院的责任如此巨大，我之忐忑，就是由于让我继续担任院长，任重而肩弱，担心会不会辜负了各方面的嘱托。

与忐忑心情相伴生的却是一种不可思议、不可言说的愉快。愉快何来？

我们坐在这个几百人的会场里，语境和气场还是太小了；我经常想到的是整个世界、整个时代的情况。人类已经进入一个积极反思的阶段。上个世纪德国神学家、哲学家雅斯贝尔斯曾经有一种设想：人类是不是正面临着迎接"新轴心时代"的到来？对这个问题我不敢也没有能力给予回答，但现在全世界的反思浪潮给了雅斯贝尔斯若干分之一的"希望"。在这样一个时代，我们反思先贤先哲留下的教导，已经不仅是对于中国有意义的了，而且具有世界性意义。一句话，回顾传统既是中国的需要，也是未来构建和谐世界的需要，是打破文化一元化格局，让人类走向多元文化和谐相处的需要。

缩小一点，看看我们中国。中华民族是一个善于反思、自觉反思的民族，重史的传统即可证明。中国有几千年的经验，每到国家与民族面临关键时刻，全社会就会不由得反思既往。作为家族，将从祖先的遗训那里获得力量和营养；作为整个民族，就要通过回思历史来确定未来的方向。现在似乎又到了这个时候了。中国从来不拒绝异质文化，尤其是近百年来，在受尽屈辱的同时，既努力向异质文化学习，同时也在反思。时至今日，越来越多的人取得这样一个共识：民族的生活方式和思维模式不是任何高明的人能够发明的，也不是能把异域的生活方式和思维模式移植过来的，它只能在自己历史的土壤上成长起来，吸纳今日之水、空气和营养成长，在祖先的基础上生发，又超越祖先的生活方式和思维模式。

子曰："温故而知新，可以为师矣。"孔夫子的意思是说，如果一个人善于在温故中知新就可以为人师。我的理解比这要更广阔：一个民族如果善于反思，就可以做他人之"师"——"人皆我师"的师。用今天文化的、哲学的眼光看，孔夫子的话就是一种自觉。一个民族的文化只有自觉了才会产生自信，只有自信了才能够产生自强的力量和方略。因此，在这个时候山东大学整合力量，使大家自觉地承担重任，抱成一团来研究中华文化的骨干——儒学，广义的儒学，真是适逢其时。我的异常欣喜即由此而来。

百花齐放的开放之学

儒学院要发展，必须清醒地认识到儒学研究所面临的形势。

第一，所谓的"儒学热"我认为目前还不存在，这种"热"基本上还局限于知识精英的范围。这里所说的精英也并不是知识精英的全部，而只是一小部分人。理、工、法、医等领域的学者数量远比人文社会科学学者大得多；在人文社会科学领域里，儒学又是很少的一部分。可以说，如果把我们"沙龙"的窗子关起来，屋子里可以热热闹闹，可一旦走到广阔的天地里去，我们会感到自己是孤独的、寂寞的。在这种情况下，我们提出山东大学儒学高等研究院要开放，向全省开放、向全国开放、向全世界开放，要把眼界放到更广阔的视阈当中，保持清醒的头脑。说"热"而并不热，这也预示了未来的路还长，还很坎坷，还很曲折，需要大家坚持不懈地一步步走下去。因此我们要尽量缩短磨合期，因为儒学的文化环境还并不那么优越，我们没有时间、没有权利在彼此磨合上花费很多时间。

第二，儒学研究难。难从何来？我们常常就儒学谈儒学，但儒学自古以来就具有系统的开放性。不要小看了孔子问道于老子的传说，这反映出儒学从开始就没有拒绝道家的倾向，这个故事是人们由要吸收道家思想的期望所产生的想象。从那时起一直到宋明理学，儒学都是开放的，并不是仅就儒学研究自身。后来到现代新儒家，不管是方东美先生广收了西哲的营养，还是牟宗三先生从熊十力先生那里承接了儒、释的思维并和康德进行比较，他们的兴趣都超越了狭义的儒学。

再比如儒家跟释、道的关系。我们习惯于笼统地说北宋四大儒吸收了释、道，恐怕也缺乏从多个角度进行充分的科学论证。而儒、释、道作为三种文化，同为中华文化的支柱，它们相融、相克，融大于克，以至于在中国从来没有发生过宗教战争，最后是你中有我、我中有你，共存共荣。

这是全世界唯一的、可贵的不同文化相融、共进的典型例子。可是，中国还没给世界交上一份圆满的、解开"中国何以能够如此"这一谜团的答卷。如此等等，我觉得都需要我们去学习、去攻克。在儒学高等研究院，作为个体来说我们的知识可能是单一的，但是我们的群体知识应该是多元的、互补的、互学的、人皆我师的，那样我们的力量就大了。

第三，儒学是一种伦理之学，同时还是教化之学。当代的儒学一个重要的问题就是没有充分发挥它的教化功能，这是我们所面临的困境和挑战。正因为如此，儒学高等研究院要高端研究与普及兼顾，一方面需要坐在象牙塔里面，因为它神圣、宁静、专一；另一方面要把象牙塔的门窗打开，进进出出，时时瞭望——关注、了解、参与当前的社会和世界。

我也想在此说说我的希望。

研究院的宗旨之一是和而不同——既发挥整合后的集体优势，又张扬每一位研究者的个性，百花齐放，百家争鸣。只有这样，事业才能前进。过去有人说儒家的"礼"约束甚至消灭了个性，但在我多年的思考里，包括读《仪礼》这样的典籍时，所悟到的却不是这样。"礼"在讲规范统一的同时，也在保护和鼓励个性化，无论是汉学还是宋学，都体现了这一点。希望我们一起本着儒学和而不同的精神来凝聚、来前进。

立足元典 深入研讨 重视比较[※]

现在中国传统文化的复兴还处在一个困惑、蹒跚和艰难的阶段。中华文化的确博大精深、源远流长，同时它整体的不同层次、不同领域之间的关联性也都非常强——别的民族的文化也是如此。我们固然可以只就其中的一个层次或领域去谈，但是那样很容易落到自然科学研究方法的窠臼里，那种研究方法的一个鲜明的特点就是边界清晰。实际上，无论是什么学科，它所研究的问题的边界从来都是模糊的。解决这个问题有很多的方式，我只谈两点。

第一，类似这样的研讨会，以及相关的研讨会或者其他概念的研讨会，应该举办得更多一些，这样通过学者之间的交集可以把不同领域的内容都连起来，例如孝与悌、忠、礼都是有关联的。

第二，既然我们的文化源远流长，那么我们在复兴中华文化的时候，或者作为学理的研讨的时候，对于儒学也好，道学也好，佛学也好，应该读元典。以儒学为例，这样做不仅仅可以把"五四"以来，甚至"洋务运动"以来对传统文化的一些误解辨析清楚，甚至可以把从荀子开始到董仲舒，到郑玄，到韩愈，一直到王阳明、王夫之等后世学者加在儒学身上的来自个人的创造与发展剔除。因为如果说儒学要在今天与时俱进，我们首先也应该先站在孔子的肩上，而不是站在二程、朱熹的肩上，或者是王阳明、王夫之、戴震、魏源的肩上，因为朱熹这些人也是从元典开始生发创造他们的思想的，所以无论我们是在《二程集》还是在《四书集注》里看到的他们论"孝"的内容，细细琢磨的话，就会发现已经与孔子、

※　2011年4月2日在"绵山论坛·寒食（清明）文化学术研讨会"上的讲话。标题为编者所加。

有子、曾子所说的"孝"有距离了。《二程集》和《四书集注》都是宋代人写的，他们需要这样的创造，因为他们面对的是五代以后山河重整的社会，可是我们现在不是五代两宋。同时，在读元典的时候，根据我个人的体会，我们要想到这个元典还活着。它活在哪里？就是活在从孔子一直到今天的古今中国人的身上，既在我们身上，也在阳光下休闲的老婆婆那里。

说一点我自己读书的体会，我无论是读经，还是读史、子、集，都是似乎在和古人对话。例如，有子曰："君子务本，本立而道生。孝弟也者，其为仁之本与？"（《论语·学而》）首先它本身就是对话，因为有子不可能在一个房间里自言自语，自言自语是记录不下来的，不过我们不知道他在跟谁对话，当时的语境无法恢复了。那么今天我读这段话的时候，我就当成有子在对我说话，那我就会去思考该怎么回应他。这其实就是一种"反诸己"的方法，而这正是儒家的要点——儒学是讲反观诸己的。

我对跟着我学习国学的学生也是这样要求的，我要求他们回到元典，这样做对不对，也希望学术界的朋友给予指正。我在提倡读元典的同时，并不排除去读后儒的东西，而且我要求我的学生们不能只看《四书集注》，起码《朱子语类》要从头看到尾，其他诸如《二程集》，王阳明的一些集子，还有熊十力的书，牟宗三的书，乃至杜维明的书都要读。但是真正去钻研、去思考、去研究，还是应该从元典开始，有了这个基础，再看后面学者的书，才能看懂。

比如读熊十力先生的《新唯识论》，如果连《成唯识论》都没读过，那怎么能理解熊十力先生的思想呢？所以，读书的根基还是在元典上。但是这里就出现一个问题了，它也是今天我们讨论的内容。那就是对于常见的概念范畴，大家都觉得好像明白是什么意思。例如，儒家的仁、义、礼、智、信，先儒提出的这些概念，和后儒对这些概念的发挥，好像都是不言自明的，都是一样的。这就是开始我为什么要说我们的文化复兴以及我们的学术研究还处在一个困惑、蹒跚的阶段的原因。其实，新儒家所说的心、气、理等概念范畴，已经不是孟子的原意了。随着中华文化这条文化的大河向前流，不同的支流都在不断地灌入营养，否则就没有浩浩汤汤的景象了，那么只有知道源头，才能辨别支脉。因此，在读元典的时候，我们应该对这些概念范畴做学究式的深入研讨。学术没有经验式的研究不行，但只有经验式的研究也不行，所以我还有一个想法，今后是不是可以组织一些学者，大家共同把儒家经典中的一些基本概念范畴做专题的讨论。今天的研讨是一个探索，这是一个关于"孝"的研讨会，目的就是把这个字弄清楚。至于儒家的其他概念，比如仁和义就更麻烦，更复杂了；另外还有礼、还有智，儒家的智是指什么？是不是格物致知的知？先把它们正本清源地弄清楚了，然后再百家齐放，每个人都沿着自己对元典的基本概念范畴的理解去研究，是不是会更好一些？刚才摩罗先生说，他这两天过得非常愉快，可以在这么一个真正的自己文化的环境里说话，因为周围的很多环境都是西化的，但我想补充一点的是，连我们这个环境里也有西化的东西。一百多年来，中国人非常重视学习西方，这是对的，不能彻底否定掉，不学习西方今天中国人不会穿现在的衣服，也不会戴现在这种样式的眼镜，甚至不会用麦克风。可是我们在取得进步的同时，特别是物质进步和技术进步的同时，也不由自主地吞下了西方过多的激素，激素对人有一定的好处，也有一定的副作用，要不怎么孩子吃多了会发胖呢。西方的激素渗透到我们文化机体的每一个细胞里，而从概念范畴的研究入手可以清除这些激素。例如，我所希望研讨的这些基本概念范畴，不追求讨论的结果有一个所谓科学的精确的界定，追求精确的科学的界定本身是西方的思维，东方的思维不是这样，东方思维认为最深层的东西是不可言说的，是词不达意的，是假名，用佛教的话说是"波若波罗蜜多，即非波若波罗蜜多，是名波若波罗蜜多"；用道家的话说是："道可道，非常道，名可名，非常名"（《老子》），在东方的思维里，概念范畴之间的边界通常是模糊的。

与之相关的是中国人的思维方式，有西方学者在1934年就提出，中国的思维模式是关联性的，我没有用"关联性"这个词，因为我认为它的概括不全，我的概括是"整体性、模糊性，以及准确性与整体内部的紧密的联系性"。那就是说，我们讨论一个概念范畴，不能只就这个概念范畴谈这个概念范畴，还要有关联。例如刚才陆昕教授提到的"礼"。我们讨论"孝"，就不能不谈"礼"，在《仪礼》和《礼记》当中都有明确的关于"礼"的一些规定，比如左手拿什么，右手拿什么，进到院子怎么走，上堂了怎么走，进到室内怎么走等，这些是不是对人的束缚？就像一个制造光盘的机器，要求标准化规范化，"咔嗒"一张，"咔嗒"一张，于是这张光盘上的音乐，听起来跟那张光盘上的一样，这个比喻恰不恰当，是否符合事实？还是说应该给"礼"一个正面的评价：一个社会在礼的规范下，是允许人的个性的发展与张扬的。对此国际学术界是有很大疑问的。所以，谈"孝"就不能不涉及"礼"，涉及"礼"就牵扯到"礼"究竟是不是对人的束缚，是不是就如一些人说的，中国是一个老人的社会，西方是一个儿童的社会，也就是说西方是孩子的天堂，中年人的战场，老年人的坟场；到了中国则变成了老年人的天堂，中年人的战场，儿童的坟场。事实是不是这样，只有把这些基本概念和范畴的内容以及彼此的关联搞清楚，才能够明白。由此也涉及到另外一个问题，那就是中华文化和西方文化的比较，我们对自身文化的困惑与我们自身文化的踌躇也在于此。百年来学习西方的一个结果是今天中国人对西方的学习和对西方的了解远远胜过西方人对中国的学习和对中国的了解。我曾经在不同场合讲过一个故事。我访问阿根廷，对方非常友好。阿根廷盛产铜，送的礼物都和铜分不开，他们特别为我制作了一个铜盘，刻上我的名字，送给我。一看到铜盘我哑然失笑，上面画的什么呢？一张中国地图，一张阿根廷地图，隔着大海，地图上有两个人遥遥地握手，那个中国人戴瓜皮帽子拖辫子穿长袍，一百年之后的阿根廷人的脑子里的中国人竟是这样的。然而，尽管我们现在对西方的了解远远胜过西方人对中国的了解，但是在文化层面上，我们对西方的了解仍然是皮毛，就像中医所说的停留在腠理，没有到肠胃，到了肠胃才能体会对方，否则就容易产生误解。比方说西方人从他们的文化角度看我们，发表了一些言论，我们可能就会认为对方是在挑衅，其实可能不是，对方就是这个理念，他们自己还认为是出于好意呢。我们对基督教的了解，更多地停留在对《圣经》新、旧约的了解，以及后代诸如奥古斯丁等人的经典著作，乃至实际上是基督教叛逆的莱布尼茨的著作，但是宗教在文艺复兴之后，它在西方的社会生活中、家庭生活中是什么样的，我们不甚了解，而这些都已经渗透到当今西方人的日常行为和言谈举止当中了。

举几个例子——这些例子如果不深思的话，我们就不得其解。为什么欧美的人，包括东正教地区的人，他们的孩子18岁以后父母不再管了？为什么西方人在过圣诞节的时候，要全家团圆，但是这个家是核心家庭，只有夫妇与孩子，并不包括夫妇的父母和兄弟？为什么西方人家乡观念比较薄弱？和美国朋友交流的时候，你若问"你是哪里人"或"哪里出生的"，他会莫名其妙。中国人不是那样，"你哪儿的？""山西人。""山西什么地方？""介休的。""介休哪个村的？"……如果在他乡遇故知，遇到

立足元典　深入研讨　重视比较

老乡真是两眼泪汪汪啊。但是在西方也不是铁板一块，如果在伦敦遇到一个苏格兰人，他会说"我是苏格兰人"，说英格兰是不行的，分得很清楚。这都和基督教有关，都和基督教所形成的哲学有关，包括18岁离开家都是与基督教有关的。因为根据《旧约》记载，雅各长大以后就领了一群牛羊走了，独立了，20年后才见到兄弟。所以，这些我觉得我们对西方的了解仍然是沧海之一粟，我们仍然要学习西方，学习不是说拿来就为我用，而是为了要了解对方。

　　人类认识事物的一个基本方法是比较，不能就着国学谈国学，就着中国文化谈中国文化，就着儒学谈儒学，必须要有比较的视角。只读儒学，不读佛学，就读不懂宋明理学，即使懂也是表面的。后人批评宋儒以及王阳明，说他们是阳儒阴佛，这怎么解释啊？朱熹明确说自己在排佛啊，怎么解释这个问题呢？时间关系我只说一下王阳明。王阳明当年是今日一格物，明日一格物，结果格了七天竹子得病了。后来倒霉，被发配到贵州龙场驿，他的伙伴病了，从人也病了，他伺候病人，一天晚上忽有所悟，悟到了为人如果但求致良知，那何须旁求？这本身就是禅宗的顿悟啊。这是我们文化内部儒释道之间的关联。现在是世界变小了，我们就需要和外面的文化比较，并且不单单是和西方比较，比如佛教是印度来的，那么还要和印度比较。但是个人的精力有限，那就要群策群力，需要有良好的体制。法国有一所巴黎东方语言文化学院，这个学院研究世界上一百多种语言，有的语言可能只有非洲丛林中几千人的部落在用，但是巴黎东方语言文化学院那儿有专家，有一个教授职位专门为这门语言而设。作为一个文化的大国，要想成为文化强国，除了我们自己有主心骨，腰杆子要硬，还需要四肢，还需要眼睛和耳朵，要了解全世界，在全世界范围的比较当中，才能看出我们文化里的东西哪些好，哪些确实应该被淘汰，这就是所谓取其精华和弃其糟粕。我偶尔用精华，糟粕这个词我一般不用。三十年前当成糟粕的，今天没准儿又成精华了，所以精华和糟粕说到底是一个适合今天还是适合明天的问题，这只有在比较中才能形成更科学的认识，这一点恐怕也是我们学界今后面临的一个大问题。

　　前年，山东大学成立了儒学高等研究院，省委书记、省长、校长、书记都非得让我做院长。最初这个研究院有8位研究者、6位教授、2位讲师，还有2位工作人员，今年年初扩大到48位研究者，合并了四个单位，把《文史哲》杂志、庞朴先生的儒学研究中心和文史哲研究院都划进来。

当时文史哲研究院有几位研究西哲的学者，整合的时候征求他们的个人意见，有些人准备离开，我再三挽留，我说山东大学儒学高等研究院需要西哲，特别是其中有一位先生是研究哈贝马斯的。哈贝马斯原是一位马克思主义者，后来是新法兰克福学派的代表人物，他的主要著作我都读了。他提出的公共交往理论现在上升为一种交往哲学，这是继黑格尔的批判哲学之后西方哲学发展的又一个阶段。交往哲学在很多地方和中国的文化有相通之处。

所以我就希望我们还是要把比较作为一种研究的方法。但是这样一来就遇到另外一个困境，我把它叫做语言困境。什么叫做语言困境呢？现在大家都谈到中华文化普及，而且要从小孩教育就开始普及，可是我们的家长是文化大革命和文化大革命后成长起来的青年人，传统文化的脐带在他们那里早就断了，你让他们怎么教育孩子学中华文化？所以，我认为不要急着在幼儿园、在小学让孩子们读《弟子规》什么的，而是先办家长学校。先给家长做普及，让家长知道怎么做人，怎么讲孝道。现在的语言困境在哪里呢？我们学者在高校、在研究所里待惯了，文章写了一堆，但能不能用通俗的语言为做工人、做营业员的那些家长们讲中国文化，并让他们心悦诚服，并且化为他们自己的东西，回去教育他们的孩子？我们的教授能不能到幼儿园用孩子的话给孩子讲中国文化？如果教授太忙了，那么他们的硕士生、博士生能不能到幼儿园给孩子讲呢？这是语言的转化问题。而且，既然要比较，就需要和外国学者交流，我们怎样才能用翻译后不失真的语言与他们交流？话语的转换不可小视。

说老实话，一说到中华文化怎么办这个问题我头都大了。我们的体制，尤其是教育体制的确急需改革，但这又不是短时间就能完成的。因此，我有一个说法，中华文化的复兴要百年，或者至少五十年，也就是至少三代人的时间，一蹴而就不可能。为此我们要有一个长期的准备。事实上中国人的政治经验、文化经验都是世界上最丰富的，现在想一想，如果按照传说，佛教是公元 67 年传到中国，而真正的中国化则是到了唐朝慧能，但是真正普及到老百姓当中是在宋代，那就是经过了从汉末到宋的一千年时间才中国化。

今天我们传统文化是断断续续的，没有彻底断掉，要真正复兴起来很不容易，因为连培养人的人都缺了。要把它接续起来，不需要五十年是不可能成规模的，而真正复兴成为一个文化强国，我认为必需百年。一个文化的强国不仅仅人人都有信仰，都讲一个共同的社会公约——就是道德，而且关键要有创造，要给社会作出新文化的贡献，这种新文化的贡献不是一部或几部国产大片，而是关乎人生、宇宙、未来的理念，是从一个新的角度对我与他者的深刻认识。这也就是雅斯贝尔斯所说的新的轴心时代到来。一百年之后，未必新的轴心时代会到来，但是要为新的轴心时代做准备。关于体制的改革，有一点我和在座的某些先生观点不太一样，我们这几个人数量虽然少点，影响力小点，但是不代表就是个零，至少周围坐着的年轻人受到影响，将来我们的论文集出来也会有受众，并且我们的论坛在凤凰网上是实时上网的。

最后还想说一点，任何时代的文化振兴都要靠政府，这也就是为什么世界上所有的合法宗教，它的一条不成文的规定都要把拥护和维护合法政府作为一个信条——这也是正教和邪教的分水岭之一。佛陀灭度的时候说将来有一个护法王出来，这个护法王其实就是后来的阿育王。当年英王和梵蒂冈决裂的时候，英王也要为英国立国教。在中国，历代佛教、道教的兴盛无不与朝廷的支持有关，儒家也是这样。在这方面，中国台湾有很多经验值得我们学习，他们在国小、国中以及大学课程的设置上就值得我们学习，其实我们已经在学了，我是全国基础教育课程与教材专家委员会的主任，也是义务教育教材标准审评委员会的主任，我们在小学、初中、高中的语文课本中，已经大量地增加了古代的诗词经典的片断，而且要求背诵。我作为一个参与者，很担忧这个课本出来以后，很多老师教不了，因为在师范大学、师范学院、教育学院学习的时候，他们没有得到那么多传统文化积累的训练。

总之，第一，我们的研讨会应该连续做下去，慢慢扩大影响，积累效益。同时，同人多了，研究的问题引发更多的人深思了，我们可以议政，现在是一个公民社会、信息社会，我们可以用我们自己的博客影响决策者去思考这些问题。第二，我们力量是微弱的，还是要依靠教育改革和体制、机制的改革。有人说我是理想主义者，我说我是一个脚踏实地的理想主义者，知其不可而为之。

慈孝文化与道德复兴[※]

时间：2012 年 4 月 1 日

地点：第五届中国介休绵山清明（寒食）文化节

对话嘉宾：

叶小文（中央社会主义学院党组书记、第一副院长、原宗教局局长）

学诚法师（中国政协常委、中国佛教协会驻会副会长、北京龙泉寺方丈）

王联章（香港慈氏文教基金会董事长、香港恒基兆业集团副主席、高级顾问、中华海外联谊会理事）

李汉秋（中国民间文艺家协会节庆委员会主任）

主持人：

许嘉璐（第九届、第十届全国人大常委会副委员长、北京师范大学人文宗教高等研究院院长）

许嘉璐：我们今天的对话所请到的四位嘉宾具有相关而又迥异的身份：有著名的高僧学诚法师；有来自香港，多年弘扬慈氏佛理和文化的大德王联章先生；有一生从事民间风俗、民间文化研究的李汉秋先生；也有长期主管中国宗教事业而自己在宗教教理、教义，以及在中国传统文化与当代精神结合方面多有建树的学者型领导叶小文先生。

我想，无论是在台下的各位朋友，还是台上的嘉宾都知道，由于春秋时的介之推有功不就禄，和母亲一起死在绵山的丛林之中，因此晋文公把这个山改名为"介山"，介休的"介"也是由此而来。正因为有了

※ 2012 年 4 月 1 日第五届中国介休绵山清明（寒食）文化节绵山对话实录。标题为编者所加。

这个缘故，中国就有了寒食节。在介之推去世的那个时代，定为每年这个时候百姓三天不得举火，吃事先准备的冷餐，因此寒食又有另外一个名称叫熟食。我们从晋文公与介之推的这段故事可以看出中华传统文化的多种元素。例如，介之推先生不仅仅有孝，还有忠，但是他的忠并不是忠于晋文公，也并不是忠于晋这个诸侯国，而是忠于他心目中的天。又如，他的仆人在他没能做官的时候，就在晋文公的宫外写了"大字报"，上面画了两幅画，第一幅是五条蛇，第二幅就变成了四条蛇，缺了一条。这是一种隐喻，暗指晋文公把五位跟着他流亡的最忠实的臣子只封了四位，忘了介之推。晋文公一看就知道"此必介之推也"。这反映了朋友之间，或者是主仆之间的情谊。又比如晋文公知道自己错了，就派军士来寻找介之推，军士放火烧山，试图逼出介之推，介之推母子烧死山中。后来晋文公下令每年此时禁火三天，用这个来纪念亦臣亦友的介之推。这正是那个特定的时期中华文化君君、臣臣、父父、子子思想的体现。若深入的开掘，我们就可以清扫掉过去世俗讲儒学时硬加在孔夫子"君君、臣臣、父父、子子"等箴言上的灰尘。可开掘的太多了。但是我们这次的文化节只突出一个"孝慈"，这既有历史文献又有口传历史和民间生活的依据，更有今天特定时代的特定意义。所以，首先我想围绕这样一个问题，请各位发表高见。这个问题就是，为什么我们举行这次对话呢？为什么举办这个文化节呢？

叶小文： 我想从五个方面来谈这个问题：一、孝文化的困惑；二、孝文化的简析；三、现代化的缺失；四、孝文化的意义；五、今天如何弘扬孝文化。

一、孝文化的困惑。说起孝，源远流长，但现在渐行渐远；说起孝，影响最大，但现在日趋模糊；说起孝，谁都能说几句，但是有谁能说得清楚？在我们当前社会，虐待父母、六亲不认、孝道沦丧等等屡见不鲜。孝文化曾经那么深刻地贯穿在中华文明的血脉当中，影响着中华文明传承，为什么今天却落到了如此尴尬的境地？是人心不古、世态炎凉吗？我认为，是中国社会近代以来经历的、并且还在继续着的巨大社会变革和社会变迁使然。

二、孝文化的简析。孝文化的根基，当然是几千年的农业社会。今天我们已经大踏步地走进城镇化，但是毕竟"三农"——农村、农民、农业，还是我们的基本问题。就算农村全部变成了城市，人还是从农民变过来的，离不开孝。孝文化的发达，是中国的家国结构使然，所以我们"修身齐家治国平天下"，我们愚孝愚忠、精忠报国等等。但是孝文化的困境是农业社会、封建社会给它染了糟粕，比如三纲五常，君君、臣臣、父父、子子。所以鲁迅说：什么孝？都是吃人的。

对于孝文化的两次冲击，一次是反封建。应该说反封建并没有完成，中国今天封建的各种遗毒还少吗？我们小心它会翻的，还要反。所以反封建，所以不要讲孝，要讲个人、讲自由、讲民主。一次就是现代化的冲击，但是我们不可以泼脏水就连同这个可爱的孩子一起泼掉。

三、现代化的缺失。我们今天现代化推动全球化，经济融为一体，我们越来越发达。但是在这种现代化的过程中，我们是不是也出现了远离崇高、信仰缺失的精神蛮荒？且不要说孝要不要了，现代化带来了民心逐物的现代病，人失落了信仰，也就失落了对于人存在意义的关切。无论社会怎么发展，无论经济怎么繁荣，如果放弃了对崇高理想信念的追求，如果放弃了对起码人伦的保留，大家都心浮气躁，不思进取，心烦意乱，不知所从，心高气盛，欲壑难填，出现了类似读高二的儿子拿一把刀把爹妈杀了的事件，你们说这是一个什么社会呢？我们要这样的社会吗？现代化改变着人类，无论是东方还是西方，无论后现代化还是在努力实现的现代化，都面临一个共同的难题。

四、孝文化的现代意义。孝文化，我觉得它真正的含义是对生命的热爱，对生命的尊重和敬畏。我们今天在座的有儒释道三家的大师，我认为儒释道对"孝"文化的通译就是佛教讲的生命的安立。三条根本：热爱生命、珍重生命、敬畏生命。因为热爱生命，追求幸福，这是人类的本性，这是现代化的动力。但是大家别把这个本性无限的放大。为了自己的幸福就不顾别人的幸福行吗？要尊重生命，要有道德约束，这是追求幸福的集体约定。要敬畏生命，要终极关切，这是追求幸福的未来约定。

现代化的市场经济，把我们热爱生命、追求幸福的本能无限地放大了，我们谁不在找钱，而且认为找钱等同于追求幸福，它极大的冲刷着、腐蚀着，甚至抛弃了幸福的集体约定和未来约定。我们不讲道德了，我们也不要管什么敬畏生命，爹妈都不敬畏了！我只要能找钱，就可以害你，还要爹妈干什么？要也因为我爸是李刚，他能给我钱，所以他才是我爸，你们看这还了得吗？

所以孝文化的意义就在于它可以重新帮我们找回这两个具有根本性质的约定，它的本质之一就是生命的互相尊重，要"老吾老以及人之老，幼吾幼以及人之幼"。就是刚才许先生说的，孝后面是忠，不是愚忠愚孝，而是对真善美的忠，对真善美的孝。过去说孝，会说"夫孝，德之本也，教之所由生也"，"夫孝，天之经也，地之义也，民之行也"。所以我认为它讲的是生命的互相尊重。

世界宗教大会，八千人开会，最后讲来讲去很简单：一个是孔夫子说的"己所不欲，勿施于人"（《论语》）；一个是《圣经》说的，你要别人怎样对待自己，你就怎样对待别人。根据这两条，就确定了世界宗教的基本原则，热爱生命、相敬、和睦——这不是孝的本义吗？

孝的本质之二就是对生命的敬畏，现在"天下熙熙，皆为利来，天下攘攘，皆为利往"（《史记·货殖列传》），利字当头，"信"也当低头，信仰没了，只是看着钱了。人如果在金钱面前什么都不管不顾、不怕不要，人就病入膏肓了；社会如果利令智昏、恬不知耻，肆无忌惮之徒比比皆是了，那么社会就危在旦夕了。一个国家拜金主义、功利主义大行，无论什么时候它都要垮，金钱的泛滥能使信仰沉睡，官场的荣辱能使理想失色，市场的失信能使社会畸形，信仰的动摇是最危险的动摇，在信仰的荒漠上活不了无根的植物，立不起一个伟大的民族。

五、今天如何弘扬孝文化。我们想了很多的办法，我们要践行社会主义核心价值体系。这个体系非常的精美，非常的宏大，我们不大记得住，我也不大说得清。于是我们又去找"仁义礼智信"，于是我们就提北京精神（爱国、创新、包容、厚德），于是我们干脆又去找佛教"众善奉行、诸恶莫作"，今天我们又找孝。我们找很多的办法，就是要找到一种精神，让大家懂得敬畏。我觉得宗教的根本一点就是敬畏。

我们现在不信神，什么都不怕，只信钱。找回敬畏，怕爸爸、怕妈妈，当然爸爸妈妈也不能狠心，爸爸妈妈反过来爱儿女。我们现在就不怕啊，随便就造谣，什么军车进北京、突然中南海就出枪声了，2012 年世界就末日了……他们随便说话，对于谣言的不断放大和恶劣影响，他们不管不怕不敬畏。我们今天讲孝，它的原理就是要让人要尊重生命、敬畏生命。

最后讲一个最难的题目，今天我们要孝，但是我们不能不承认现代化是人类的共同追求，我们说现在不好，大家很伤心，那你愿意回到 30 年前吗？愿意在那时饭都吃不饱，衣服都没得穿吗？谁也不愿意退回去。那么市场经济必然强化对幸福的追求、对利益的关切，不断淡化传统意义上对生命的尊重和敬畏。如果简单地以传统意义的道德和伦理手段是挡不住市场经济的，随便你是谁，他们都可能会照样贪污，要钱的照样要钱，管得住他们吗，那种诱惑真是挡不住。

所以，我们怎么在市场经济中，千方百计的从传统文化、从宗教、从传统意义中去挖掘、去寻找、去嫁接、去创造市场经济的道德约束。这个问题从亚当·斯密开始就讨论，亚当·斯密写了《道德情操论》，又写《国富论》，写了一个他就搞了一个悖论，市场经济就是大家要去逐利，但是企业家的血管总得流着道德的血液吧？我看这是废话，企业家的血管里面一定流的都是资本的血液，怎么可能流道德的血液呢？他解决不了这个问题。所以人类必须走出这个困境，大家都去挣钱，都去奔向幸福，但同时大家又那么诚信，又讲伦理，又那么孝顺，又是那么恭敬，又那么和谐，这是一个很难的悖论，是个理想境界。怎么做得到呢？我现在还没有想到路子，也可能真理就在佛祖那里。

学诚：梁漱溟曾经说过，西洋文化的特征是宗教的、信仰的，中国文化的特征是文明的、无声无息的。孝道是中华民族文化的精神核心，"孝"字的古文字字形里，上面是一个"老"，下面是一个"子"，上一代和下一代是一体，可以说这是我们儒家文化的特点。西方的文化是神文化，人是上帝生的。中国人则认为我们是父母生育的。"慈"，上面一个"兹"字，下面一个"心"字，父母天天为自己的子女着想。所以我觉得慈和孝，这是我们儒家文化的灵魂。

改革开放 30 多年来，我们国家经济快速发展，但是并不意味着人的幸福也跟着经济而快速增长。经济过快增长也给社会带来了诸多的问题，比如随着气候的变暖、资源过度的消耗，局部地区的宗教和民族问题，贫富分化的问题等等，都是比过去任何一个时候要严重。我们要真正解决这些问题，单靠经济的发展是不可能实现的。所以经济关乎到一个国家的富裕和繁荣，文化就关系到一个国家国民的幸福以及社会的和谐。道德作为文化的核心要素，它必定跟我们国家的经济发展和人类社会的发展息息相关。如果一个社会普遍缺乏道德观念，我相信一定是个不稳定的社会，也是一个比较危险的事情。

中国传统社会的伦理道德观念，是以慈孝文化为核心的。《大学》里面谈到，"为人君，止于仁；为人臣，止于敬；为人子，止于孝；为人父，止于慈；与国人交，止于信"。传统社会以家国同构的形式存在，一个国家由一个个家族组成，家族本身同时也构成了社会最基层的伦理组成部分，家族当中的父子伦理规范拓展到社会就变成了君臣的伦理规范，在家族当中讲究父慈子孝，到了社会就成了君仁臣敬。做父母的对孩子慈爱，做孩子的对父母孝顺，做国君的对臣子仁爱，做臣子的对国君尽忠，与普通老百姓交往的时候讲究信任。

过去社会以农业经济形态为主，以土地为主要的生产资料，人口的流动不大，因此人际关系的相处主要是靠血缘关系来联系，这为家族伦理实践提供了最基本的条件。最底层进入上层的流动主要靠读书来实现，因此形成了士农工商四个基本的社会阶层，使君臣之间的伦理变成社会最重要的伦理。古代有句话叫自古忠臣出孝门，也充分体现了社会伦理及家庭伦理之间的密切关系。从这个角度来说，慈孝文化可以说是中国传统社会两千年来伦理道德精粹之所在。但是我们今天工商已经是一个社会里面非常重要的组成部分，我们要考虑到伦理道德普及的时候，就不能不在考虑到我们今天的社会结构，以及如何把传统的慈孝文化的这些精神结合起来。我觉得这也是我们今天要讨论的。

王联章：今天我用一点时间谈一下从佛教的角度我对这个问题的看法。首先，慈和孝是两个概念。佛教的"慈"大家都知道，佛教讲慈悲，以慈悲为本。这个"慈"是什么呢？从唯识学的角度，"慈"的本质是无嗔，"嗔"是贪嗔痴的"嗔"，无嗔就是对众生没有恶感，有好感；这个"无"是一个动词、一种作用，就是反对、抵抗嗔恨心，压制嗔恨心，对众生不会产生反感。"悲"是什么？是不害，是不伤害你，就等于儒家的不忍人之心，不想众生受到伤害。所以慈的功能是予乐，给你快乐，悲的功能是拔苦，把众生的苦解脱，这是佛教对慈悲的最高要求。我对儒家只是略懂皮毛而已，但是可以说佛教比儒家更进一步。儒家是小文兄所说的，"老吾老以及人之老，幼吾幼以及人之幼"（《孟子·梁惠王上》）。佛教说"同体大悲、无缘大慈"，把众生和大家看成一片，因为佛教最终是平等主义，佛教这个佛是觉者，觉悟的人，圆满。所以他们看众生都是平等，都有机会成佛，有可能成佛，所以大家、众生和佛的本质一样，是"无缘大慈，同体大悲"。

释迦牟尼，这是梵文 Sākyamuni 的音译，翻译成中文，释迦是信任，牟尼有仁人的意思。所以香港有个仁人书院，仁人就是能以仁慈普度众生。许老也介绍了，我的慈氏文教基金，慈氏就是弥勒菩萨，弥勒是一个梵文，具体叫 Maitreya，翻译成中文，Maitre 印度的梵音就是"慈"的意思。这个菩萨从最初开始发心修行，就以慈悲心来普度众生，甚至不吃众生的肉，从初发心不吃肉，所以这个慈氏菩萨以慈悲作为名字。释迦是现世佛，仁人，能以仁慈普度众生，弥勒是未来佛，以慈来信事。所以佛教是以慈悲为它的最终、最根本的原则。

但是佛教的慈悲不是一般的慈悲，不是一般感情用事的慈悲，它是高度智慧。为什么"无缘大慈、同体大悲"？这是因为般若智慧，离开我的执著，人能够真正慈悲就是没有我的概念，没有自我中心，这个叫无漏智、清净的般若智，所以佛教是讲悲字相运，最高度的意志和最高度的感情能够同时并行，得到平衡，这是佛教的最高境界要求。

佛教的经典里面经常提到慈的概念，甚至涵盖孝的概念，佛教不能不讲孝，但是这个孝已经是慈的一部分，所以自动慈了，你对众生仁慈，怎么会对自己父母不仁慈呢？这个很自然包括了孝在里面。

佛教非常重孝，比如释迦牟尼成佛以后，他特别回去为他的父亲说法，把他从小养大的姨妈想跟他出家，最后也接纳了她，这在当时的印度社会是很有突破性、很有改革性的。母亲在佛祖出生的时候就过世了，佛祖就入定 3 个月，升到忉利天，在定中为母亲说法，做了很多的善事，这是一个很有名的故事。后来，有一个优陀延王做佛像的故事，为什么做佛像？就是三个月不见佛，所以为此特别做佛像。

但是"孝"这个概念来到中国，和中国的传统文化有一个的磨合过程。开始的时候，最早翻译的佛经包括《六方礼经》、《善生经》、《盂兰盆经》等等，其实都讲孝。但是不如儒家那么强调，尤其在中国不理解的是为什么要出家。其实佛教不一定要出家，出家是为了修行，为了普度众生。但是中国传统的儒家对出家开始很难接受，道家甚至提出"三破论"，说入国破国、人家破家、人身破身，提出破坏家庭、破坏国家，这样来批评佛教这个外来文化。

佛教经过一千多年与中国文化不断地融合，到后来甚至在《梵网经》里面就说以孝为戒。历代很多护法居士提出我们的出家其实是大孝，因为它要普度众生，普度众生不是对一个人孝，而是一切男子皆是我的父亲，一切女子都是我的母亲，这种普度众生是大孝，这个大孝跟个人的小孝是有分别的。后来出现的大德里面，比如说宋朝的宗密法师、明朝的蕅益法师、近代的印光法师、太虚法师都提出，孝顺是一个最重要的行为，孝顺就是戒律，能行孝就是守戒，这个在印度没有这么强调。但是和中国文化彻底融合以后，变得非常重要，甚至往生净土的基本条件就是念阿弥陀佛，往生净土，孝养父母，奉侍师长，慈心不杀，修十善业，孝顺便是最重要。《法华经》里面孝顺父母的戒律比奉侍三宝还要放在前面，这都是中国文化影响的结果。到今天来说，这个孝成为佛教一个非常重要的部分，所以出家还是在行孝。

当然，北齐的颜之推在《颜氏家训》里面也说出家是最好的，但也不是每个人都要出家，要以仁惠为本。如果你能行仁惠及众生，在家里修行也一样可以对社会很有贡献，所以我们现在也提倡无论在家出家，都要以慈悲、孝道来普度众生，来立心，作为做人的道德规范。

李汉秋：我觉得慈孝如果不从佛理上讲，也可以从一般老百姓的理解来讲：亲慈子孝、长慈幼孝。按照我最粗浅的理解，慈孝就是亲子之爱，这个亲子之爱我们怎么看它？亲子之爱，中国传统的把它称为孝，可以分两方面：从子这方面来说是孝，孝亲；从亲这方面说是慈爱，这样的爱，我觉得这是人类的天性，是人类本源性的爱。但是人就有这种人性，最原始的一种人性，这种人性在长期的自然经济社会，特别讲究的是血缘亲情、血缘家庭，这种爱是维系血缘家庭的最好的精神纽带。在家国同构的封建时代，为什么说齐家就可以治国平天下？因为家和国是同构的，能够把一个大家庭处理得很好，他就有了治理一个国家的人的办法。维系大家庭的一个重要的精神就是孝悌，以孝为出发点，把这爱推广到全社会，由自己近亲一直推广到别人的亲，这样是一个很和谐的社会。

有这样的血亲家庭，血缘纽带，人性在自然经济时代很自然的就被大家所尊重、所理解，奉为人生的圭臬。现在的问题是自然经济时代逐渐被工业时代、市场经济所取代，当这个社会变革了，不再自然经济了，那么自然经济时代那种血缘亲情能起什么作用？能不能正常的发展，成为社会所重视的道德规范、一种人性之情？这是摆在我们面前的很现实的问题。

我刚从台湾回来，我有三个堂哥在台湾，大的 90 多岁，第二位 81 岁，第三位 79 岁。他们听说我要去台湾，81 岁的和 79 岁的都到机场，在春寒料峭中等了我一个半小时。九十几岁的因为走不动了，我事先就通知千万不要叫八十几岁的和七十几岁的到机场接我，但是他们一定要来。我觉得能感受到一种亲情，我们 60 几年没有来往，这种兄弟之情还是那么浓，而且是在台湾那种社会，它的工业化程度比较高，现代化比较早，按理说它对自然经济、对自然感情的消解应该是很快的，但是他们却保持得很好。

我们看到日本、韩国、新加坡这些东方的国家，它们工业化也是很早的，也是很快的，但是它们所保留的那种人类的亲情，我敢说不亚于我们。亲慈子孝在现在社会中能不能存在、能不能继续成为现代社会的一种精神纽带，我觉得是可以的，而且是很必要的。我们试比较一下这种情感产生的环境，在市场经济中彼此是利的关系，在这种环境下建立起来的情感与在血缘纽带、亲慈子孝关系中形成的情感，哪一种更纯洁、更牢固？

父母对子女的爱是不讲价钱的，是不讲利益的，不讲交换条件的，所以母爱、父爱是无私的，他们绝不会想我今天花五块钱培养你，你将来要还我十块钱。没有这种观念，而是一种无私的大爱。好的子女，他如果感受到这种父母的慈爱，感受到人类的爱，他必然会产生一种感恩，一种爱心。以母子为例，孩子对母亲的感情不是从 3 岁能说话开始，从怀胎的时候，从母胎当中就吮吸着母亲的营养，从那个时候就培养了对母亲的感情。大家不要以为在母亲肚子里的胎儿是没有感觉的，现在科学已经证明，当母亲怀孕的时候，胎儿在母亲的肚子里，就已经不仅是吮吸母亲的营养，而且在培养对母亲的感情。3 年哺乳，在喂养、在吮吸母亲的乳汁的时候，不仅是吮吸乳汁，也是情感的交流、亲情的交流。应该说孩子对母亲的爱是天然形成的，从每一个细胞成长开始就已经渗入进行了，这种感情绝对不是以利来衡量的，这种感情犹如一股清澈的山泉，它要是汇入滔滔大河的话，会改变或者改善这个河水的质量，它会改善我们整个世界的水质。

现在面临的问题是怎么保护这样一种人类的天性，怎么使它能够在朗朗众生中间，在市场经济环境中间发挥作用。这就是我们今天要弘扬爱，要考虑爱，要考虑孝，这是一个很现实的问题。如果我们能够在现代化的过程中，在市场经济的环境下，让孝的观念生成、发展，在现实中能够继续发挥作用，那么这个慈孝就有重大的意义，它会对我们今天社会正常的人心，正常的精神，起到非常好的优化作用。

许嘉璐：四位大家都发表了意见，现在请在场的朋友们提问。

问：我是香港大学教育学院的张本楠，我想从自己作为教育工作者这个角度来谈谈这个问题。

孝的文化可以上升到很高的层面，也可以从不同的角度去探讨，但是大概来说，从社会的角度看是解决个人与他人的关系问题，也要解决个人与社会的关系问题。孝文化是我们中国人的核心价值，只要你是中国人，这个孝文化就在你的血液里面流淌。孝文化差不多是所有中国人都接受的一个核心价值，除非你不是中国人。你是中国人，走到新加坡也好，走到世界任何一个角落也好，都可以看到孝在他身上的踪影，所以这个孝，是中国文化里最没有争议的核心价值。

孝的外在表现是重视血缘关系，重视对长者、长辈的尊重，甚至是服从，所以是一种对年龄的尊重，对祖先的尊重，对血缘关系的尊重，它可以升华成为一个立体的，甚至是有阶层的和谐的社会。这个基本的概念，随着社会的发展，特别是会与西方文化产生撞击。如果放到世界的范围里面，和西方文化进行对话，在教学上我们就有一个问题来商讨。

孝慈的文化在西方是不存在的，但是它也有一些自然本性。西方的文明比较尊重个人，而对个人、对他人的尊重是因为尊重自己，自己与他人是平等的，人和人之间互相的爱戴，互相的尊重。这也是西方文化的核心。

在进行教育的时候，我们的孝文化是不是和西方的文化一样呢？在对孩子进行教育的时候，对父母的尊重实际上是一种必须要做的事，它虽然是一种亲情的关系，但是它上升到一种理性的、一种伦理的规范，要求你必须这样做。对于西方的孩子来说可能很不理解，他也爱他的父母，因为他父母跟他是平等的关系。所以人和人之间是平等的关系，而不是服从的关系，这是西方文化的价值。这两种价值观念都是好的。现在我的问题是，随着社会的发展，中国的孝文化和西方的人人平等的互相尊重的文化，有没有可能交融在一起，变成一种新的文化？还是在冲突中发展？我们的孝文化是不是应该接受一些人人平等、互相尊重这个基本的价值观念？

许嘉璐：是不是也可以反过来问，西方的人人平等该不该吸收一点中国的孝的内涵，相互学习。

叶小文：西方文化主要是文艺复兴以后的文化。文艺复兴太伟大了，它强调人性的解放、人人的平等，它创造了巨大的生产力，乃至创造了现代的文明。但是什么东西走到头就过分了，现在我们看到西方的文明是一种霸道的文明，它不是王道，而是霸道，他们自认为自己是最优的，可以随便就去打一个国家，说人家有大规模杀伤性武器，就把萨达姆都挖出来打死了，虽然没有找到大规模杀伤性武器，但他们还是认为打得有理，这就是霸道。它们所倡导的平等，放到现实中实际上是不平等。所以我认为，人类走到今天，过分了以后，人和社会、人和人、人和自然的关系就搞得很简单，其他人随便遭人欺负，当大国可以随便欺负小国的时候，这个平等就有限了。

今天，如果我们要弘扬孝文化，我们应该创造一种新人文主义，就是你说的让它结合，我们既要解放人，又要使人与人互相和谐，我们既要非常尊重人和人的平等，又要明确爸爸就是爸爸，儿子就是儿子。许先生今天看到我说，你那么忙你还是来了。我说我对你不能不孝，许先生的教导我就要听。你们不尊重他吗？这个孝是在每一个细节里边，所以将来的新的人文主义，应该是既有个性的解放、人的平等，又有互相的尊重，又有和谐，又有孝顺，让我们共同努力，我觉得应该超越它。

许嘉璐： 刚才的一番讨论之后，四位嘉宾都从自己平时的学养和修行的基础上，从不同的角度对孝在当今社会的意义和孝观念的淡薄所造成的种种社会现象进行了论说，表达了他们的忧虑。

在座的各位恐怕都有同感，就在自己的身边，在自己所待的城市，在自己所工作的单位，以及我们从发达的媒体上所获得的信息，都有些和我们自己的伦理观，和我们自己身上所流淌的血液不相融的异体，大家为此而揪心。如果四位的讲话能唤起我们平时没有太注意的问题，就是从亲情这里发现中华民族已经产生了一定的断裂，为此而忧心，同时又引发大家思考怎么办——包括张本楠先生刚才所提的近百年来，平等、自由、博爱传到中国之后，也成为中国人理想中的一种价值追求。我们双方之间，能不能够相互的吸收、融合，给人类创造一种新的文化，也就是刚才叶小文先生说的新人文主义——若大家能在这两点上有共鸣，我想我们第一段就是成功的。

接下来我就想沿着第一段他们四位的发言，再提出一个问题，请他们回答。不可否认的是，我们今天谈慈孝，或者是谈弥勒菩萨一生所极力提倡的"无缘大慈，同体大悲"，都面临着过去所没有面临的形势。佛家的伦理、儒家的伦理、道家的伦理、基督教的伦理，大家变成了同命的。因为这些伦理可以说是两千多年前定型的，传到今天，在 2500 年之间，并没有成倍的增长，只是探讨的深化。可是，工业化可以把人们的生产率提高到百倍、千倍、万倍，因而人们从生产中所获得的生活物质需要，也是百倍、千倍、万倍地增长。

30 年前，假定自己的孩子在北京读书，作为一个在山西的父母要和孩子联系何其难也！可是现在呢？拇指一动就可以通话了。又比如，网上有一个统计，薪酬增长最快的是明星，25 年间他们的薪酬增长了 5000 倍。一个是我们的道德伦理没有成倍的前进，一个是我们的物质获取成千成百倍的增长，这两个的撞击、对比、反差就造成了今天中国大地上的种种人际关系的矛盾。我们不能只在弥勒殿里坐而论道，我们提倡慈孝文化，是希望中华大地重现那种家家和美、亲慈子孝的景象。

要实现这个理想，难点在哪里？可以说家庭的难点，可以谈社区的难点，也可以谈我们国家的难点。如果我们把这个难点剖析得更清晰一些，我想可能在坐而论道当中也能探索一条解决之道。刚才张本楠先生提的问题，已经是解决之道之一了，就是中西文化的交融问题。就我们自己内部呢？

学诚： 大家知道，自从十九世纪中叶以来，受到西方文明的冲击，中国传统社会所固有的伦理道德逐步在瓦解，特别是在新文化运动与文化大革命当中，传统的伦理道德被当做是危害民众的封建毒素，备受批判。改革开放以来，随着西方科技文化的潮流不断侵袭，这些传统伦理道德生存的土壤严重的不足。尽管如此，两千多年来，中国文化的精神早已融入每一个炎黄子孙的意识当中。在每一个中国人的内心深处，对于传统文化的感情仍然那么深厚，以至于当人们的物质生活逐渐走向富有的时候，又开始深深怀念我们的传统文化。

然而怀念并不意味着要回到过去，而是要站在理性的角度，重新审视我们传统文化当中所蕴含的伦理道德的价值。在对社会秩序的追求当中，我们充满了对"道"追求的渴望，其中包含着理智与平等的精神。孔子曾说为政要"君君、臣臣、父父、子子"。大意就是说，君主要有君主的样子，臣子要有臣子的样子，父亲要有父亲的样子，儿子要有儿子的样子。也就是说每个人在自己的位置上都应该尽职尽责，做好自己的工作。

任何伦理道德的形成，都有它极其深刻的社会背景，中国传统文化当中的慈孝文化，便深深植根于中国传统的农业社会。在传统社会中，社会形态是以自给自足的农耕经济为主，社会形态是家国同构，高度集权、君主专制，文化形态就是慈孝文化。西方文化传入中国以后，中国社会发生了翻天覆地的变化。由过去农耕经济的社会，逐步转变为工业经济，乃至到现在是商品经济为主的社会。当今社会与传统社会有着根本性的差异，传统伦理道德所赖以生存的土壤也发生了根本性的变化。在今天这个时代背景下，传统的慈孝文化是否能够担当起构建当今社会伦理道德的重任？如果可以的话，应当采取全新的方式，才能够适应当今商品经济与民主社会的需求，这些都是在国际上建立道德准则所要面对和回答的问题。

在中国传统的农业社会里，整个社会就是一个有机体，在这个有机体当中，民众生产与生活的实现，并不是以利为条件，而是以义为条件。也就是说在传统的价值观念中，对伦理道德的追求，远远大于对利的需求，孔子说"君子喻于义，小人喻于利"（《论语·里仁》），追求伦理道德之义是君子所为，追求现实生活之利是小人所为。一个人如果过于重视追求利益就容易贪得无厌，最后不但自己得不到利，而且还会因为追求利益而遭殃，所以重义轻利的价值观念，在传统社会当中得到了很好的普及，是维持中国传统社会几千年的最核心的价值观。这种重义轻利的价值观，在于士农工商与先前的农业社会是息息相关的。但是在以商品经济为主要经济形态的社会里是否仍然行得通就需要加以探讨。商品经济以商品的生产、流通、交换为主要的特征，在整个过程当中，都涉及到利益的生产与分配。从事商业的人往往以个人利润最大化为目的，普通的民众也要靠金钱来换取日常生活必需品，并享受各种社会应有的服务，因此对金钱也一定有很大的依赖性。在无形当中就形成了整个社会普遍的重视利，利对于开展正常的生活是必要的，也应该变得非常重要。在今天这个社会，只考虑义而不考虑利也是不行的，伴随着商品经济的发达，过去重义轻利的价值观念逐渐被摒弃。一旦旧的道德观念被摒弃以后，新的道德观念又没有树立基础，就容易出现道德的真空。在现代生活中，人们所能够学到的就是尽可能地去获取最大的利益，来满足自己对利的贪求。这也是为什么人们常常感慨社会道德滑坡、人们精神生活空虚的一个最主要的原因。

如何在商品经济社会里面构建社会先进的道德观念，核心的问题就是如何看待利和义的关系，如果说利所关乎的是经济社会的发展，那么义所关乎的就是道德生活。过去农业社会重义轻利，重视道德伦理建设，这对于维持整个社会的秩序十分重要，如果能够保持社会的稳定，社会当中的每一个人自然就会得到最大的利益。这是站在个人作为整个社会的有机体的立场来看待的。

在今天的商品社会里面，尽管个人与整个社会也有着千丝万缕的联系，但每个个人又是一个相对独立的个体，个人有相对独立的经济能力和相对私有的活动空间，可以不再受很多传统规则约束，而能够做各种各样的选择，这也是商品经济赋予个体的自由，这种自由意味着过去传统社会当中很多人际关系权威的消失。比如，父母对孩子的权威，丈夫对妻子的权威，领导对下属的权威，这些权威存在的物质基础已经消失了，因此形成伦理道德规范的他利性也就随之消失了。如果是希望过去的伦理道德还能够延续，那只有靠自律，如果自律付出的代价超过所能承受的能力的话，这个道德也很难继续演进发展。由此我们不难发现，在商品经济的社会里，个人权力是一个最为核心的观念，这种道德观念能否得到广泛的认可，这就要看它是否能维护个人权力的实现。如果说在过去关注义，利自然就能满足的话，那么在今天，就不能要求人们单单考虑义，而是在考虑利的时候如何能兼顾到义。换句话来说，当今社会的道德观念，不应当与利割裂开来，而应当基于对利的合理认识上强调义，或者在对义的论说中提到追求利的合理性。

《易经》说"利者，义之和也"，又说"利物，足以和义"，这就将利和义统一起来了。如何才能做到义呢？那就是"利物"。换句话说，在谈伦理道德的构建时，不能离开利，也就是要达到自他利益的均衡。具体来说，如何在追求个人利益的同时，也能让更多的人收到利益，在维系个人权利的同时，也能让更多人的权利得到维系。由于受传统观念的影响，直到今天人们一谈到利，似乎就会觉得很世俗。事实上计划经济学绝对理性的一个最基本的假设，那就是人都会考虑自己的利益，因此有人说从本质上看，人是自利的动物。正因为每个人都会考虑自己的利益，因此有理性的人在私有市场中交换，才能形成相对合理的市场价格，以达到众人利益的追求。如果是一个理想的社会，大家在社会资源的利用方面机会平等，那么这样一个社会应该是相对公平的社会。

事实上人与人在诸多方面，尤其对社会资源的占有和个人的知识方面有很大的差异性，这会导致一部分人很快的富裕起来，而另一部分人相对贫穷。因此，单单考虑个人私利的社会一定是畸形发展的社会，最后就会导致严重的贫富差距，这种贫富不均，就会带来各种社会的动荡，而这个动荡最后的结果会波及到富裕人群的利益，整个社会也就会有崩溃的危险。

所幸的是人类除了私利的天性，还有利他的天性，这就是最可贵的和谐因素。因为和谐因素的存在，人就不会只是考虑私利，还会考虑利他。利他的本性不但东方人有，西方人也有，不但古代人有，现代人也有。如果说私利关乎的是人类之间的经济生活，那么利他所关乎的就是人类之间的道德生活。如何来协调私利与利他的关系，关乎人们生活的方方面面。也就是说在经济生活领域里面，如果一个人考虑自身利益的时候，也要以不损害他人的利益为前提，这种理性人就是需要一个双重的道德底线，如果这个底线也被突破了，自己所应该得到的利益也会受到损伤。如果一个人在不损害他人利益的基础上，还能更进一步考虑他人的利益，这是一个非常有道德的人。

王联章： 我正想回应一下刚才所提到的中西文化的问题。

刚才张教授讲得很好，宗教与一个社会的文化有的时候会互相的融合，但有的时候也会互相的矛盾和冲突。就宗教的传播过程而言，不同的文化背景产生不同的宗教，从一个地方传播到另外一个地方，跟原来的地方文化发生矛盾或者不融合的时候，就会产生很多问题。

但是有的也进行了融合。比如佛教在中国就与孝道的观念融合得非常好，一千多年了，水乳交融，陆续出现了大量的佛教经典，重视孝道，出家人以身作则传播孝道。但是也有反面的例子。我们看明清的历史，为什么闭关？其中一个原因是当时的西方传教士把拜祖先视为一种崇拜偶像，崇拜偶像在他们看来是不允许的，是邪恶的，甚至被看成魔鬼。但是其中的利玛窦比较中国化，他喜欢穿中国人的衣服，允许他的信徒去拜祖先，后来传入教廷就被严厉批评，说他不能严格遵守教廷的规定。到今天，我本人有亲戚朋友是基督徒，我亲眼看到在老人家过世的葬礼上不拜、不上香，视同陌路，好像是闲人一样，感觉很委屈，很不自在。我觉得这个文化我没有办法接受。

中国人有中国的核心价值，说西方文明确实进步，它进步在哪里？高科技改变效率，我们叫增加生产力，确实值得我们学习。我们今天就在用高科技弘扬慈悲的精神，弘扬孝道，通过媒体，通过我们的互联网都能。但是我们不需要采用它的价值观，西方甚至很多的战争都是因为宗教的观念不一样，甚至到今天的战争中都有这个原因。基督教和回教国家打仗，犹太人的财团能够影响美国的抉择，这背后还是有宗教的原因在里面。所以我们要非常小心地处理类似的问题。

比如另外一个例子，我在加拿大生活的时候，碰到一些老人家，很成功的生意人，退休以后到了加拿大，含饴弄孙，但是后来很失望，为什么失望呢？他的孙女觉得爷爷不讲英语，就摊牌说你以后要给我讲英语，你不给我讲英语我就不跟你讲话，因为我的同学知道了我会很没有面子。我有一个好朋友的女儿，十来岁。12岁到18岁那是最危险、最难管教的时候。母亲或者父亲跟她多说两句，她今天晚上就不回家，把父亲吓坏了，不知道她去哪里睡觉，跟同学去什么地方。这个东西是西方文明，西方文明就是平起平坐，父亲又能怎么样，他叫名字就是叫名字，对父亲都是直呼其名的，没有那种尊重。我不是研究儒家的，但是有一些学者认为，儒家的孔子和孟子对"孝"的解释稍有不同，孔子以孝养、养亲为主，孟子以尊重、尊亲为主，现在很多老人家不一定需要我们养，他们有能力，他们有退休金，甚至有社会福利制度，但是起码要尊重。现在很多问题就是连尊重都没有。朋友也是一样，价值观不一样，探讨的也不一样，就翻脸或者不理你。西方的文明若是这样的，人与人间的尊重没有了，这个价值我们需不需要采纳呢？

再有一个例子，我有一个前辈佛学很好，到了加拿大住在他儿子家，他儿子是虔诚的基督徒，老人家还是很豁达，但是他太太就有意见。他说儿子真虔诚，他们流行"十一"供养，就是把公司的1/10拿出来捐给教会，那就等于说很多的钱捐给教会。他说我儿子都没有给过我这么多钱，他给教会的钱比给我更多。其实这就是西方的文明。

还有一个例子，前几年香港有这样的情况，有的人因为结婚的问题，或者有人单身不结婚，不能生孩子，但又想要孩子，怎么办？就有人在节目现场提议用人工的方法，用高科技的方法去生孩子，说这在西方流行，美国都允许了。结果在现场就引起争论，分成两派，一派就是儒家、道家，甚至有佛教的，他们都有评论，而且都比较温和，甚至说这是孝道。它有高科技帮我生孩子，有人工帮我生孩子，没有问题，因为他父亲喜欢抱孙子，但是批评得最厉害的是教会的人。为什么呢？因为抵触了它的核心价值，核心价值是什么呢？神权，生不生是神的意思，你违反了神的意思，你人工来创造生命，而不是神来创造生命，那就抵触了宗教的底线，是不可允许了，这在香港引起了很大的争论。我看着非常的好笑。我拿这个问题跟我佛学的朋友讨论，就看到两种不同的价值观念。

我们要学习西方很多的东西，比如说现在我们需要用教育把慈孝的文化推广。但是教育不光是上课，而且也不是到大学才开始教育，我们从小学、幼稚园开始就要做，用寓言故事、用各种方法来推广慈孝，中学也可以。我特别重视师范大学，师范大学不光是研究生、博士生、博士后，就算一般的学生都是要出去做老师的，如果他有深厚的慈孝文化的背景，他在教育方面就能够做得很好。

还有互联网等媒体对公民教育也很重要。我是香港公民教育委员会的成员，我整天讨论用什么词语，用什么表达方法，用什么口号把中国传统价值观表达出来，但是又不能太保守，因为现在年轻人受西方的影响，一谈到孝就认为是愚孝，孝一定要顺从，顺从就是封建，父母之命、媒妁之言，现在自由恋爱了还讲这些东西！他们通常很反感，所以这个要与时并进，现在父亲也没有要求你听他的话去选择对象。很多事东方已经在全面进步，孝不一定是愚孝，不一定是封建迷信，所以我们的包装很重要，把价值观用新的方法包装，直到重新建立大家对这种孝道慈悲心、孝道信心的价值，这个最重要。

问：我是介休市佛教协会的会长。我想就慈孝文化这一主题来说，请教各位大德，如何在既有山又有道的介休绵山弘扬佛性佛教文化。

学诚：我们如何来弘扬佛教的文化，在这个时候，我认为主要是要培养人才，提高我们佛教徒自身的素质。佛教徒自身的素质包括出家法师的素质，以及在家居士的素质。同时要加强我们佛教的思想建设，就要把这些人组织起来。不能把这些人组织起来，那每一个人仅仅是单个，他们每天来庙里又走了，不能给我们带来很多的思考，我们也不能从中借鉴什么。但是另一方面这些专家们来到庙里，就是我们要服务的对象，所以现在我们要有这种观念。同时我们也要把佛教的传统与现代社会的发展相结合，比如说现在的自然科学、社会科学，要回应时代的问题，这样的话我们的佛学才有生命力，这样的话众生才能够听得懂我们在说什么。

叶小文：许嘉璐先生正在做有关方面的研究，一方面研究王道与霸道，又带我们到孔夫子门前去，让基督教跟孔夫子对话，过几天可能还要带着我到巴黎去讨论新人文主义，今天又在这里讨论孝。刚才听了几位大德的讲话，尤其是学诚法师的讲话，我感到孝是可大可小，可近可远，可深可浅。可大可小，每个小家都有父母，那么大的国家，尽孝才能尽忠。可近可远，近就是说眼前都有，远就是我们都要"慎终追远"。尤其可深可浅，孝的问题后面是一个生命的问题，人不是猪，人是一条命，是命就要热爱生命、珍惜生命，认识生命的规则，管你什么经济，难道搞了经济你就不是人了？

　　刚才听学诚法师讲的义利问题和利益问题，孝后面是公私的问题。为什么说孝很重要呢？现在我们创造了很多的名词价值观，要求很宽很大，离我们很远。这个孝好像还说得清楚，因为它涉及到一个可大可小的问题，公私的问题。我们现在在公和私无非就是八种人：大公无私是圣人，公而忘私是贤人，先公后私是善人，公私兼顾是常人，私字当头是小人，假公济私是疢人，以公徇私是坏人，徇私枉法是罪人。

　　那么我们该怎样做呢？我们现在学雷锋，都要学成圣人很难，我们现在当然也不会去当疢人，我们说最重要的是常人，就要用很简单的东西——孝。如果你连孝顺都没有你还是人吗？所以孝这个东西很好。进一步说，就是我们现在要寻找一种东西，能够让大家人人为我，我为人人。这两句话我注意到，我们前一段提，现在又不敢提了，说这个与为人民服务矛盾，怎么还要人人为我呢？其实孝字的后面有我为人人，人人为我。孝顺别人，别人也爱你。

　　李汉秋："人人"应该是人文的一个核心问题，在这方面，我们有许多有识之士都在做努力。从我们执政党这方面来说，也在不断的重视伦常。

　　在过去阶级斗争的年代，或者说是革命造反的年代，那是形势需要，那时不可能主张要重视人伦，重视孝亲。为什么呢？比如巴金的《家》，描写的就是那个时期最有代表性的家。由于孝在过去家长制的时代某些方面被扭曲了，某些方面被异化了，当时的革命者，当时的有志青年，要走向革命、走向社会，必须要叛逆，分解家庭。像觉慧他就必须要叛逆，分解家庭，才能投身到社会革命的大洪流中间去。在那个年代，孝被人们认为是束缚这些革命青年的精神枷锁，必须要冲破，所以那个年代反传统，它要反对孝道是有时代根源的。

　　建国以后，对人伦精神的重视也是逐步的过程，人类社会创造了三大法宝进行自律：一个是宗教，一个是道德，一个是法律。文化大革命之后，我们吃了"文化大革命"中无法无天的亏，80年代开始重视法制建设，到90年代初开始重视道德建设。我们道德建设是从什么时候抓起的？是1992年的中共十四大提出，首先要重视社会公德和职业道德，因为当时面临的是社会公德和职业道德的缺失问题。到了十四届五中全会提出了家庭伦理道德，我当时非常高兴，后来改名为家庭美德，这是三大道德领域。一直到前几年又增加了第四个领域，个人品德。关于道德的四个领域都重视了，逐渐从社会、从政治伦理深入到百姓的日常伦理、家庭伦理。这几年来，对家庭伦理、对日常的伦理是越来越重视了，所以孝也成了大家所关注的问题，过去是不敢提孝的。

2005年我就开始呼吁要为"仁义礼智信"恢复名誉，当时还没有提到孝，也还不敢。很快，到了2007年、2008年孝在我们的社会中间就恢复名誉了，而且大家越来越重视孝。孝的建设有各种各样的方式，选十大孝子，选和谐家庭等等。我个人觉得一个很有效的方式是要建立人伦的节日，我们要重视人伦，要有人伦的节日。我们传统的节日都是综合性的，没有单向主题的人伦节日，比如说像现代国家人伦主题的母亲节、父亲节、情人节这些东西，我们过去是综合性的，都隐含在比如说七夕节、过年、中秋节里面去了。现在社会分得越来越细了，单向主题的节日很有必要，这些人伦节日应当是建立在中国人伦文化、人伦道德情操的基础上的人伦节日。我们通过人伦的节日，可以很好地传播我们自己的人伦精神、人伦道德，包括孝。比如说母亲节，母亲节就是一个非常好的、弘扬孝道的平台。一方面是母爱、母教；一方面是爱母、孝亲，这个就很好的提倡了孝道。像父亲节也是这样的。我觉得当前最重要的要建立的人伦关系是三个方面：亲子关系、夫妻关系、师生关系。过去讲五伦，有的现在已经不存在了，例如君臣关系没有了。

过去我在农村看到过，我们老百姓家里中间的牌位是"天地君亲师"。去年我到一些农村，到贞丰，到布依族的家庭，我一看很高兴，他的中间牌位是"天地国亲师"，这个君改成国了，"天地国亲师"，天地是中国人的一种观念，亲师这个是很重要的人伦关系，包括夫妻的关系，所以我们几大人伦关系应该重视。这个是社会和谐、社会精神文化的基础，我们不能一天到晚都是讲政治伦理，那些政治伦理有一些对于小孩来说还太远。为什么前几年有人发现，我们中国教育有一个怪现象，小孩子的时候讲爱国主义，上大学的时候再讲做人的道德，那是一种过渡的现象。因为过去我们这个社会就是先重视政治伦理，先重视社会公德，现在这几年逐渐重视日常伦理、家庭伦理。到这个时候，我们在大学课程中当然也要加上去了，这是一个过渡的现象。将来从小抓起，还是要从日常伦理、家庭伦理开始。对小孩来说首先接触的是与父母，与兄弟姐妹、与小伙伴、与邻居、与老师的关系。这些伦理精神要从小在小孩的心灵中扎根，这就是最起码的做人教育。最起码的做人教育从哪里做起？从人伦教育做起，这是小孩子所接触的东西。你给小孩子讲爱国主义，还太远了一点，太高了一点，但他对实际的怎么对待父母、怎么对待老师，这个人伦精神要在心田里栽下，植下根以后，这种道德的种子会生根、会发芽、会开花。人的道德精神是一贯的，他从小受到良好的道德教育，有道德的践行，道德的养成，大了以后对他一生都受用。所以我们抓人伦从小抓起，现在就抓起，这对整个社会是一个很好的慈孝文化的培植，是道德复兴的一个起点。

在这方面，我想有识之士与学校、家庭一起来做，进学校之前就在家庭，家庭是一个最早的学校，家庭里面给他的是什么呢？就是人伦的教育，就是人伦关系怎么处理。他现在从小在家里就是小皇帝，就是目空一切、唯我独尊，你说他将来能慈孝吗？能有道德感吗？能有责任心吗？所以人伦教育是必须要大家一起来关注的。

当然关于人伦教育应该吸收西方的文化，讲究人人平等。人人关系是父慈子孝，但父和子之间在人格上是平等的，人格平等、互动互爱的关系，我觉得慈孝提得非常的科学。对父辈说是慈，对子辈来说是孝，人格是平等的，但是它的关系又是慈孝的，这就是我们汲取了西方道德精神的积极一面，而且又有我们中国传统美德，中国伦理道德的一些积极的因素。像这样的融合，能够创造出一种新的精神，一种新的道德，这个应该是大家容易接受的，也能够避免过去的一些偏颇，或者夹在孝上面的一些历史灰尘，把那些历史的灰尘掸掉，把历史的污垢洗掉，那孝就焕发出一种新的光彩。

叶小文：今天听几位大师谈孝，我觉得确实很有意思，因为这个孝确实是深入浅出、具体实在，每个人都要面临这个问题，首先对爹妈如何。

这样的它又是家国同构的，在我们两千年的社会里，尽孝才能尽忠，家大了就是国，国就是家，这个观念在中国很重要。每个人爱国，为什么不能对孩子进行爱国主义教育，你爱那个家就是爱你的国，我觉得从小灌输这个还是可以的。

孝是一个做人的基本原则，你说现在市场经济都赚钱，老百姓的话很土，"人不是猪"，猪不就吃饭加睡觉吗？如果男人只知道挣钱，男人就是吃饭加睡觉加挣钱，男人就等于猪加挣钱，不会挣钱的男人就是猪。女人就等于吃饭加睡觉加花钱，所以女人就叫猪加花钱，不会花钱的女人就是猪。光是钱的话很容易把人和猪搞在一起，所以人之所以是人，人是生命、儒释道的精髓，我总以为就是生命的安逸，儒释道很多东西都讲在一起了。

孝是讲做人的基本原则。它可以发展为一种新人文主义。人文主义无非就分四个阶段：

第一，罗马时期的西塞罗人文主义，它那时候实际上是封建制度的需要，主要是讲礼仪规范。

第二，十四世纪到十六世纪，文艺复兴，启蒙时代的人文主义，那就是要解放人，你看蒙娜丽莎那么可爱，你再看那些解放的人，那时候人都是赤裸裸的，各方面都要解放。

第三，十八世纪的德国人文主义，都这么解放也不行，要进行哲学的思考，德国人太懂哲学了，他们的著作一般人读不懂。

第四，现在就是当代西方的新人文主义，西方学者们感到人活着和环境搞得那么紧张，没有办法搞下去了。因此，当代西方的新人文主义是一种引人注意的社会思潮，它的代表人物有很多，有德国的、美国的等。这种人文主义就是一方面要高举着理性世俗开放的大旗，抗击任何形式的原教旨主义的非理性主义的冲动，这种冲动为了某个神，我就献身或者牺牲自己，和今天的思想是矛盾的；另一方面它要坚守人文、人性、人权的观念，反对现代随便为了赚钱就可以乱来。新人文主义的思想很丰富，我就在想，他凭什么就是新人文主义，我们现在科学发展观不也是以人为本吗？我们十三亿人正在自己的实践中建设和谐的人与社会关系，人与什么都要和谐，我们要建设和谐社会，和谐世界。我们能不能找到一条新的路子，我们既要继承文艺复兴时代的以人为本，尊重个人，还要讲集体、讲和谐，要学雷锋，我们将来能不能走到这样一种境界，创立一种新人文主义呢？而这种新人文主义的理念，你不要看它讲那么全，很简单的就是要孝，孝顺。现在我们这些东西讲得很美、很全，有点不着天不着地的，老百姓也听不懂，你看一个孝字好简单，修身齐家治国平天下。其实后面就是讲的爱人、敬人，又是人人平等，孝和慈又是互相的尊重平等，等等。所以我总觉得，我要很孝顺的追随许嘉璐先生，我觉得跟着他，会找出一条路来。

许嘉璐：这个问题，就是如何把我们在这个会场当中大家的共识推广开来，从而形成社会全体所关注、所热爱的我们的伦理道德，也就是从此到彼的渠道。我想在座的很多嘉宾都很关心，也各有高见，哪位还有什么问题？

问：刚才听了李先生的话我很有感发。我记得读国小的时候，学校进门口的地方，大概九个字："读好书、存好心、做好人"。从我读小学到现在，我都记着它，一直放在心里头。我觉得今天我们推动道德的复兴，不能单靠学校的教育，学校教育只是一个辅佐。其实刚才李先生提到的一个部分，是可以再继续往下做的，那就是家庭教育。事实上现在很多的状况，都源于家庭教育的崩溃，这样的情况到后面，演变成社会的混乱等其他的种种情况，所以需要投入很大一笔费用，然后再去重新界定。我们中国如果能够把家庭教育这部分经营好，事实上社会本身所付出的成本可能会更低，这是我个人的经验，谢谢！

李汉秋：刚才这位先生讲得非常好，是我言犹未尽之处。现在我们重视到了，过去小学老师有一句话叫"6＋1＝0"，后来双休日以后，他们变成"5＋2＝0"，这是什么意思呢？在学校里面教育了5天，回家两天以后，把学校教的全部冲掉了，所以家庭教育跟学校教育、社会教育，这个链接是非常重要的。在学校教育之前，就是家庭教育，家庭教育重点在哪里呢？是人伦教育、人伦精神，也就是我们讲的慈孝。所以这位先生讲的正好补足了我讲的不足之处。

王联章：刚才许老跟小文兄谈到"和"的问题，两届的世界佛教论坛，"和"是一个重要的主题。佛教这个"和"字，后面还有背景，就是缘，"众缘和合"。这个"缘"佛家有一个更清晰的名字，是增上缘。汉秋先生刚才谈到家庭的教育非常的重要，但是家庭教育需要有一个条件。现在面临新旧交替，在西方文明的冲击下，要具备这个缘，将来才能和，这个缘怎样才是缘呢？要增上。什么叫增上？增加向上。这个孩子要学习，父亲也要学习，这个叫终身学习。比如说我受以前的教育，我就满足于以前的教育，就用以前的方法来教我现代的孩子，这会有一个代沟，有一个年龄的差距，大家所受的文化憧憬不一样。甚至有时候孩子有外国的经历，传统的父亲不一定有能力跟他沟通，没有办法，他是好心，但是没有办法好好表达。所以这需要技巧，我刚才谈了技巧的问题，所以我提倡教育，我在加拿大生活了好几年，我妈妈也在加拿大生活，他们喜欢学教育，这个教育有媒体的教育、有上课的教育，父亲母亲也要受教育，才能让孩子尊重，这是双向的。

　　我举个例子，关于跟孩子沟通的，孩子喜欢打网球，爸爸就学网球，在网球上跟儿子沟通，因为孩子兴趣是这样子，你不跟他打网球就没有共同的话题。像足球，世界杯的足球，你跟他学足球，也喜欢足球，两父子就在电视机旁边看世界足球的大赛，沟通得非常好。这只是举个例子，不是说一定要用这个方法，但要与时并进。现在的学生不仅是孩子要学习，父母亲要学习，所有人都要学，这个佛教叫缘，你要创造这个缘，才能和谐。家庭如是，社会也如是，这是我的一个小小的补充。

　　许嘉璐： 王先生的补充很重要，因为台湾朋友知道，家庭的崩溃，台湾早于大陆大约十几年，也就是在台湾经济腾飞的过程中，当时出现了代沟，是什么原因？老爸、老妈不懂得现在的技术，于是子女自认为他超过了他的老爸老妈。其实，这就是一种科技迷信，认为科技可以主宰世界，主宰一切。但他忘了，除了科技还有精神，这种精神是千百年流传的，它似乎是古老的，但是在今天这个社会是先进的，因为在技术的冲击下，人们的思想境界、道德素养在后退，我们原有的思想境界和道德素养没有后退，那么它不是在前面吗，不是先进的吗。

　　大陆这30年变化太大了，所以海峡两岸同命，出现什么问题呢？家庭教育很重要，但是为人父、为人母者，当初就没有受到这个教育，断裂了，所以联章先生的补充，就要给现在的年轻父母再进行启蒙。

　　问： 清明寒食文化发自绵山，可不可以说孝慈文化源自介休。个体应该怎么做好这个慈孝文化，提升慈孝文化，转型到慈孝文化。

　　许嘉璐： 故事发生在介休，可能孝不是发源在介休。对不起，时间关系，我们今天的对话阶段就到此为止。下面我想在听了四位的高见和大家在台下所提的问题与见解之后，把我所受到的启发与今天我们的讨论拢一拢。不是总结，我只说拢一拢，因为我没有这个能力和水平对这样一个博大而精深的课题进行总结。

　　我们应该对弘扬慈孝文化、道德复兴有信心。为什么？今天负面的东西很多，我几乎每天也都要在网上关注这方面的信息，虽然有一些信息经过媒体——为了吸引眼珠、点击率——有放大的倾向。可是，这些负面的东西的确是客观存在，是令人痛心的存在，这些想多了，可能容易丧失信心，所以我在这里提：我们还要有信心。

　　第一，就中华文化其中的一个重要支点——孝，它不是神奇的，它是来自于中华民族在长达万年的历史中，调整人和人的关系、人和社会的关系所得经验提炼的结晶。我不想空着说我们中华文化源远流长、博大精深——成了口头禅谁都不深思了。单就这个问题，它的确深深地根植于我们的百姓当中，城市、农村当中，不是那么轻易就能被摧毁的。因为我注意到负面新闻之后，我们网友的跟帖，几乎都是绝大多数是谴责的，这就是人心。

第二，中国大陆，我们再扩大到台湾，我们遇到这个社会的难题不过几十年。但是，现在海峡两岸同时觉醒了，我注意到台湾的学者，乃至马英九先生对于中华文化的提倡，以及对社会的忧心。大陆不用我来叙述了，几十年了我们才醒悟、才注意，但是跟西方比起来，几十年仍然是很短的。西方的伦理、今天的伦理基本确立于十六到十七世纪，因为十四世纪开始觉醒，经过一两个世纪的探讨才成型，那么到现在300年了，New Humanism 是西方人提出来的。他们在上世纪末才提出这个问题，他们迷迷瞪瞪地瞎冲瞎撞了300多年才觉醒，我们才30年到40年就觉醒了，这正是中华民族的智慧，正是中华民族的不可摧残的生命的体现。

第三，刚才汉秋先生说到了中共中央的十四大，我要说，文化是一个执政党或者一个政府从事工作的多个方面之一，农业、工业、商贸、外交、军事、教育、文化等。可是，中国共产党中央十年前就提出"始终代表中国先进生产力发展的要求、代表中国先进文化的前进方向、代表中国最广大人民的根本利益"，是建党和建国的三个支柱。那就是从几十条战线，几十个方面的工作中抽出文化来，成为中华宝鼎的三腿之一，这就是对文化重要性的重视。然后，十七届六中全会，把文化作为研究的一个课题，全党研究，开会就是三天，在这之前研究了很长时间，确定要大力建设新时代的新文化，继承传统文化。

我曾经在一次演讲里说过，现在全世界执政党有一千多个，我还没有看到哪一个执政党把民族的文化问题作为全党研究的重心，然后做出重要决定来，指出传统文化的重要性、精神文化建设的重要性，指出我们长远的目标，和眼前要做的是什么，解放文化生产力，文化体制改革。既有这三个方面，何愁我们中华优秀传统文化不再复兴呢？

刚才这个问题，大家说得都很好，怎么能够让它变成我们全面的意义？刚才汉秋先生和台湾朋友你们说的我都赞成，我归纳了一下：

第一，道德的复兴要从孝做起。因为孝是中华文化、中华伦理的出发点和最初的种子。大家想想，所谓孝、所谓悌、所谓友、所谓忠，不过是一种心用在不同对象、不同阶段的名词而已。所以小文先生一再说，孝于国家，对国家尽孝就是忠，对朋友尽孝就是友，对兄弟姐妹就是悌。为什么它是出发点？这就是汉秋先生说的，从胎里到怀抱里——这里我插一句，孩子老喝奶粉不行，必须要母乳培养，这是既有血缘，母亲的奶是什么呢？母亲的奶在过去的人认为就是母亲的血，喝母亲的血长大的，你对这样的人都不爱，你还谈什么呢？有这个爱，再推己及人，再设身处地，孟子说"恻隐之心人皆有之"（《孟子·告子上》），于是他就可以放大。由对母亲，到对整个家庭，由对整个家庭，到对整个社会、国家，甚至于超越国界而对全人类，都是一种大爱，所以大爱无疆。去掉这个根基，我们从当中开始，就是上不着天、下不着地。

这里还有一个问题，就是刚才几位先生说的，孝是人人最能接受的。我注意到一些纪实的片子，是在狱中服刑的犯人（做了恶事），记者采访的时候，多数是痛哭流涕，问你现在想说些什么，他首先会说我对不起我妈妈。这种人就是良心未泯，还是人。所以从这里抓起，这是人人是可以接受的。

这样一来，如果我们刚才所说的理想境界，就是家家都是和睦，亲慈子孝等等，这就体现了文化的规律。我在回答什么是文化的时候有两句话：一句话，文化无法下定义，现在全世界世界级的学者下的定义200多种。为什么呢？说明它复杂，每个人的定义都有偏颇，都是一个视角，总起来不会说。这是我的第一句话。第二句话，文化在社会生活中，文化在百姓家庭里，文化在每个人的心中。你怎样让这个东西在你心中，怎么样让它进入家庭，怎么让它进入日常生活，包括我上街去买个雪糕，我去买个山西削面，就在这个过程当中也体现你的道德，这才叫文化。而孝是最适于培育这个的。

第二，我还是说教育。教育包括家庭教育、学校教育、社会教育，要自觉地、有意识的、有规划的、有力度的去体现，缺一不可。要从小培养，同时我们不能抛弃现在已经背离了这种伦理道德的人，浪子回头金不换，何况有一些人没有到浪子的阶段，对他们的教育，恐怕是今天一个重要的课题。教育的好处在于可以让被教育人到了一定年龄，从感性上升到理性，可以让他们去思考。

人真正懂得孝，从感性结合理性来认识孝，是成年以后的事。幼小时候对母亲的依赖，对母亲的爱是自发的、是感性的，是很容易让金钱给冲掉的，上升到理性才牢固，因此我们常说"生儿方知父母恩"。为什么呢？人呱呱落地的时候，幼小的生命非常脆弱，一阵风来就可以夺去生命，父母亲怎么呵护他，他大了以后根本不知道，不记得了。三岁哺乳，他饥饿了就哭，妈妈赶快抱起来解开衣服喂他奶，他不记得了。但是，当他成年了，等自己有孩子了，自己那种天然的对儿女的呵护，不计代价，不辞辛劳，甚至想献出生命，他才体会我的父母当年也在这么对待我，可是那时候后悔了，可能父母不在了。不在了怎么办呢，就要把这种孝心放在别人家的老人身上，放到社会中不相干的人身上，这就是无缘大慈、同体大悲，包括对国家。

因此，父母对儿女的慈和儿女对父母的孝是不等值的，永远是不等值的，也就是无论如何你是报不了父母之恩的，因此才有"谁言寸草心，报得三春晖"（唐·孟郊《游子吟》）。报不得，正因为这种报不得，才让你敬，让你畏，好好做人，做好了人，教育好子女，做好工作，做一个对社会有益的人，就是报父母之恩，就是孝。

第三，这种教育要符合我们中国人的心灵、习惯和性格。中国人学习东西，由于不是神启，不是通过理性思考，像奥古斯丁论证"三位一体"，它就是存在的，不需要验证，是先验的，超越的。我们没有这一套，因此常常是通过仿效而去做人。这就是我们所说的身教胜过于言教。因此在社会上，如何树立楷模，提倡大家向他学习很重要，这种楷模可以是个人，这就是我们的劳动模范、战斗英雄、见义勇为的人、孝子，它是分散的。但是不止于个体，还应该提倡让人群成为楷模。这人群是特定的人群，比如一个家庭就是人群，所以现在我们评什么和谐家庭、五好家庭就是这么个楷模。

宗教是楷模。宗教在当前当然有一堆问题，我跟学诚法师讨论过多次了：第一个是趋商业化；第二是我们出家人的戒律问题，所有的比丘、比丘尼，道教的全真派，既然出家就应守戒律，而且的确应该是自律利他，普度众生，要有传教士的精神，不想求一分钱的回报，整个生命舍给他，他们是出于一种信仰，有了信仰，他得到的回报是心灵的回报，而不是物质的回报。

宗教可以这样。那我们学者呢？首先从自我要求来说，应该知行合一，不要在写文章的时候都是很好，一回到单位，为升不成教授跟人家打起来，或者为了升教授抄袭，而是要真正地为人师表。

　　介休的同志很关心绵山，我认为还有一个地区楷模问题。我有一个良好的愿望，今年的绵山对话，第五届中国介休清明（寒食）文化节，明年应该是第六届，我希望晋中市、介休市、绵山三家单位考虑，连办三年全以慈孝文化为主题。如果一年换一个主题，这叫狗熊掰棒子，今年办个慈孝，明年换个其他的主题，慈孝又没了，后年再来一个什么主题，那前两个又没有了，用俗话说叫"雨过地皮湿"。我希望在这里能三年打下三个桩。

　　这就有问题了，绵山的慈孝文化办得挺好，如果介休城里发生好几个家庭灭门案，或者婆媳为了五块钱打起来了，或者假冒伪劣哪条街上都有，或者一个生人到了介休打听路，当地人扭头就走，不理人家——那这叫什么慈孝？所以我建议介休市借着绵山论坛，通过三年不断的宣传，让它成为中国讲孝文化有根有据、有传承的一个风景区，而借这个机会，也把介休市打造成山西省的，也是全国的"慈孝之都"，让它成为地区规模的全国楷模。

　　当然现在还不到时候，因为需要介休市做决策。如果真采纳这个建议，我希望我们学界、宗教界齐手，我们大家一起帮助介休市来打造成"慈孝之都"。那个时候大家来介休，不仅仅看新兴产业，看绵山，还可以走家串户，明察暗访，看看慈孝给当地社会带来的和谐，给当地经济增长带来的正面影响，看到当地人真正生活在幸福的环境中，我想这个300多万人民的榜样力量会为全国推进慈孝文化传播作出很大的贡献。这样，说点功利主义的话，介休可能成为世界著名的城市。我期盼着，我祝福着，希望能够实现。

慈孝文化与道德复兴

信仰·静思·感恩·正道[※]

各位好。看了龙泉寺五年纪录片，我想很多介绍龙泉寺的话都不必说了。刚才有些老总谈到了自己企业的问题，财富和影响越来越大，可是和职工似乎越来越疏远，怎么沟通？身心疲惫，怎么能够获得愉悦、宁静、安详？有的人还提到如何处理家庭的关系以及自己孩子的教育问题，等等。我想，这不奇怪。现在不仅仅是各位有可能和自己的职工沟通不够，整个社会上人和人之间都沟通不够，因此你们所遇到的焦虑其实是社会的焦虑，历史的焦虑。每个人的焦虑就编织成了今天社会的现状。我也生活在这个环境中，并不像有些人想象的，"侯门深似海"。我很少在家里。刚才徐总（徐少春）说周末总可以休息，我回答说我没有周末，我脑子里根本没有 Sunday、Monday 这样的词，所以学生跟我谈事情都要说几号几号。我在做什么？用佛家的话说我在接触众生。所以我也生活在和大家一样的环境里，我也面对种种凡俗的问题，但是应该说我是有信仰的，我给大家介绍介绍。

实现共产主义是我的理想、信仰。为什么我把至今大多数人还没有完全认识清楚的共产主义作为信仰？因为在我脑子里有一个大同世界，也可以说是一个佛法的世界。大同世界是儒家的，一个安乐的、和谐的、没有压迫、没有贫穷的世界。这也是佛教理想的世界。

无论是像儒家这样带有宗教性的学说，还是真正人们所认可的宗教，核心的问题就是信仰。信仰有总的目标，刚才我所说的大同世界，就是一个总的目标；同时它可以分解，要从眼前的事情开始，从自己内心开始，进而思考身外的事情，最后汇聚成总的信仰。

※ 2011 年 12 月 9 日在龙泉寺与企业家座谈时的讲话。标题为编者所加。

信仰是什么东西？是人自人成为人，也就是摆脱了一般动物界时就有了；经过了不知道多少万年，慢慢地形成了后代的若干种信仰。在我看来，现在的世界，人的信仰大概只有三类。一类是信仰神。人是从哪里来的？人要走到哪里去？宇宙是哪里来的？宇宙将来会如何？我是哪里来的？我将走到哪里去？这在宗教学叫做"终极关怀"。对这些问题给以解答，最为流行、普遍的是神创造了一切，也将解决一切。犹太教系列——或者叫希伯来宗教文化——就是这种教义。从犹太教派生出基督教；基督教分出罗马梵蒂冈的天主教和斯拉夫系的东正教；到七世纪，穆罕穆德吸取了犹太教、基督教的营养，创造了伊斯兰教。这些教是一个系列。它们把一切归结为一个超验的——所谓超验就是人的体验达不到——超越的、绝对的存在。它创造了宇宙，创造了一切，而它不是宇宙，它不在宇宙之中，也不在宇宙之外。它永远是神，它是最善的、最美的、全能的。由这里出发，两千多年来又发展出很多很系统的教义。

另外一类是信仰道，或者叫法。道是道家的说法，佛教叫法。何为道？何为法？佛道两家语言不同，内容有所差异，简要地说就是万事万物，包括人自己身、心的规律。法有很多内涵，有时候指事物，有时候指最深刻、最奥妙的道理。所谓万法，就是释迦牟尼因材施教，对不同的人，用不同的方法进行开示的不同说法。根据他的阐述，后人进行归纳，所讲的也就是宇宙的、社会的、人生的、人心的规律。天之道即人之德，所以信仰道或法，自然讲究修养自己的德。"道德"一词就是这么来的。

大家从昨天到今天在龙泉寺所感受到的，就是出家人和居士所领悟的"法"的外在表现，无论是过堂、用斋，还是听师傅开示，在庙里一举一动，也是万法之法，实际上里面包含的是出家人的信仰，对于法的遵循。

第三类信仰，是信仰物质，认为物质可以解决一切，"有钱能使鬼推磨"，"有了钱就有了一切"。这里所说的物质，包括具体的和抽象的利和名。名与利总是连在一起的。例如社会上所说的，"有了权就有了一切"，其实就是权与钱是贯通而一的。怎么看得出来是不是信仰物质？就看他对名与利的态度。斤斤计较、患得患失、拨弄是非、睚眦必报、拉帮结派、唯我独尊等等，细想想，莫不是物质给闹的。

在这三种信仰中，哪一种是最崇高的？我认为是第二种：对于道与法的信仰。对于物质的信仰是最平凡的，为什么？一，对物质的需求是人类和个体生存下去、繁衍下去的最基本的条件。例如我们从DVD看到龙泉寺的创业，当时条件很艰苦，生的土暖气、小煤球炉，全寺用水只有三桶加一小桶。试问，如果连个煤球都没有，连房子都没有，连四桶水都没有，师傅能生存下去吗？能有今天的龙泉寺吗？所以物质需求是不需要论证的，因而它是平凡的。二，从另外一个角度说，对物质的追求不是我们人类独有的，连最低级的细胞也懂得，更何况是山莽、丛林中的禽兽。家里养的宠物、养的猪羊鸡鸭，都想吃得好一点。如果我们只追求这些，就等于把自己降低到宠物和猪羊鸡鸭了，这不是很平凡吗？三，对物的追求都是为了个人或小群体的利益，包括家庭、亲族、小圈子；而对法和道的追求是为了"度己度人"，为了众生，为了整个世界。

但是这种"平凡"还是需要的，人类要延续下去，就需要物质，越来越好些的物质，只是除此还应该有更为高尚的追求，超越物质层面的追求。因此要爱护生命，人身难得，而且自身并不只属于自身。佛教也好，道教也好，绝对反对自杀，因为自己能够来到这个世界，是有幸的，是人类进化的结果。

人一旦追求了道和法，就会自然地产生一种最基本的品德，这就是感恩。要知道，我之为我的条件，最直观的就是父母，进而扩展到整个社会上的人，他们看似无关，其实彼此都有密切的关系。我们拿起圆珠笔来记录，这支笔背后有多少人为它付出，没有这些人我们今天用什么？大家做企业的——有的是做软件开发的，有的是做金融的，有的是做加工业的——容易理解，我们日常生活享用的任何一点东西，都是无数无名英雄的奉献。至于有人说这我是用钱买的，那是等价交换，以便继续生产，供应更多人的生活所需。没吃没喝，甚至没有草木所释放出的氧气，抱着十吨金子也是死。要感众生之恩，要感国土之恩，因为每个人都生在这块土地上；自然也要感父母之恩；同时对给予我们知识的人也要感恩，首先是我们还记得的几位老师，但是很可能在街边卖雪糕的老大娘也给过你启发，乃至车祸的肇事者和受害者都是你的老师：这个地方容易出事，要注意；酒后驾车？可别喝酒！这不是老师吗？

在佛教来说，最重要的老师创建了佛学、对众生进行教育，这位老师就是释迦牟尼。因此佛教感佛祖之恩，其实也是感所有给予我们知识和智慧的人之恩。

我拿徐总的企业作为案例来说。今天我们之所以可以做管理软件、财务软件，那是因为在 20 世纪 50 年代出现了计算机，从此多少国家（包括中国）的学者研究如何让它处理数据：从事硬件研究生产的，从事创编源代码和程序语言的，以及编写程序等技术的，我想今天世界上任何一个IT人都说不出大体多少人参与了计算机的开发。由于这些人的努力，我们今天才能编程，才能做出应用的东西。

上面这番话，就是佛教报恩思想：报父母恩，报众生恩，报净土恩，报佛祖恩。

最可怕的事是一个民族不知感恩，一个人不知感恩，那一切都将是妄为。中华民族是感恩的民族，不见得所有的民族都是知恩、感恩、报恩的。怎么说中华民族是感恩的？从前家家户户过年的时候，要拜一个牌位，上面写着"天地君亲师"。以神为信仰，因信成义，这是马丁·路德和加尔文进行改革之后所树立的基督教教义。只要我信仰上帝，我就得到救赎，做错了事去向神父（神的代表）忏悔，就会得到救赎。它根植于两千多年前一个游牧民族的先知。信仰道，信仰佛，是中华民族和印度民族在观察了天与地，反省了自己的肉与灵，体验了人和人、部落和部落、此地和彼地的关系，经过了磕磕碰碰，流血、灾难，最后得出的结论。

现在回到大家焦虑的问题。还是分儒、佛两家说。佛教里很重要的一个教义就是"空"。空并不是什么都没有。比如这包烟，说它"空"，是空什么？是指它用纸卷着烟丝，盒子外面一层玻璃纸，里面的烟草中有香料。香烟的"性"是什么？是烟丝之性、香料之性、纸张之性。也可以从辩证法说，实际上没有烟，只有卷烟纸、玻璃纸、烟草、香料、烟嘴，等等。同时，说现在桌子上有多少支烟？12支，一会儿吸得还剩5支，再吸，没有了。因此这"烟"不是永恒的，一切都是因果，一切都在流转。当然佛教哲学是博大精深的，如果要了解得更多，就需要在学诚法师那儿多领教，并且自己多思索。在现实生活中呢？佛教告诉人们不要执著，你所追求的东西在流转，你的生命也在流转，就在你执著的时候，一秒一秒，一分一分，一天一天，一年一年时光就流转了，你正在转向死亡。那怎么办呢？这是不是太消极了？不，应该抓紧现有的人生报恩。这个世界70亿人，中国13亿4千9百万人，不要说人人，只要中国有那么一批人、越来越多的人知道感恩和报恩，知道一切皆空，抓紧时间做有益于社会、有益于他人的事情，这个国家就是另外一个样子。

用儒家的观点看，人是有感情的，也是有理智的，即西方哲学所说的感性与理性。既然认识了我是从哪里来的，将来要走到哪里去问题，就要从孝做起。不管父母有多少缺点，他们的一大贡献就是生了我、教育我。再往较大范围想，他人之父母也是自己之父母，远在海地的黑人也是自己的兄弟。有人说这个不好理解，其实好理解。不管黑种人、白种人、黄种人，DNA99%以上是相同的，所差别的只有1%，有这一点相同的就是同父同母兄弟。为什么人们对那99%不怎么注意？这是因为当代技术就是为人的物质需要服务的结果。人类之父是谁？天。母是谁？地。现代科技和人文社会科学证明，如果在我们这里发生了SARS，欧洲也要出现；华尔街出了问题，我们经济也跟着倒霉。现代科技无意中证明了2500多年前我们的祖宗早已用他们的双眼、感觉、思考，意识到天下人都应该是天地之子，所以"四海之内皆兄弟"。一切都放下，一切又都"装下"——心中装着众生——就会感恩。

刚才有的朋友提到孩子的教育问题。孩子，特别是十几岁到了青春期，处于"叛逆"年代，别跟他计较，孩子就是自己的昨天，你想想自己是不是也叛逆过？过了这段就好了。是不是一定给他送到国际学校去？是不是想办法搬家，搬到一个名校旁边，是不是走门子、托人情上名校？我觉得一个根本问题是要以人为本，以孩子为本，不要把孩子培养成机器，赚钱的机器、制造产品的机器。我们的孩子虽然不懂佛法，不懂儒学，但做人的基本道理他懂。不管在什么学校，只要已经尽了他的力，OK，就应该顺其自然。因为人的成长道路是多条的，人的追求、人的信仰是多种的。如果不是以物为信仰对象，而以道和法为对象，今天我是老总，将来我的孩子是一个普通的企业职员或者公务员，那他就顶天立地了，他可能比腰缠亿万的人更高尚。说点家务事。我两个孩子都还不错，20世纪70年代末期，他们都上大学了。有一次他们周末回来，吃饭的时候我跟他们说，你们的爸爸妈妈都是普普通通的知识分子，将来不会有什么遗产给你们，已经给了你们的只有两样：第一，知道怎样做人；第二，一个好身体。你们从此就靠自己，我不会帮忙，也帮不上忙。从那时起，我就把孩子将应该来如何如何放下了，结果锻炼了孩子，有利于他们的成长。

如果深刻领会了"四海之内皆兄弟也"，大家都是天地所生，息息相关，那么和职工之间的关系就好解决了。做企业很累，诚如刚才徐总所说，身心疲惫，但是明确了自己的目标和信仰，明白了世上没有十全十美的事物，所以社会才不断进步。有的时候需要静思，对有些事情是应该淡忘的。比如同行竞争，假定我也做管理软件，少春做大了，中国半壁天下都是徐少春的，我急眼了。我们俩同学，插队时睡在一个炕上，人家怎么做到了？老这样想，不是在折磨自己吗？做多做少，尽力就好。还有应酬，干吗要应酬？这不喝下去合约就签不下来。跟政府打交道有时也得喝酒，这瓶茅台下不去，这钱不拨下来。能不能顺其自然，不拨就不拨，晚拨就晚拨？钱下不来，没法投产，那就暂时不投产。一切随缘。但是并不是要消极，应该在已有和将有的条件下尽自己最大的力量。我每次访英都住"懒汉酒店"。房间的装饰、家具都很陈旧，但房价最贵，各国元首都住在那儿。每次都是一个老汉给我开门，穿着酒店制服，非常绅士。他说他开这门 20 年了，老板不用别人，就用他，他感到非常自豪。有一个给我开车的意大利人，我问他以后打算干什么？他说就开他的车，不信让他们比比谁保养车比他好？知足常乐。在岗位上尽自己的力量，就是最好的人。

今天在中国评价一个人一种是按照官位。"许嘉璐副委员长"，是过眼烟云，我最喜欢的称呼是"许先生"，先生也就是老师。另一种评价是钱。福布斯为什么不评中华道德第一人？咱们能不能弄个斯布福道德榜？这是玩笑，实际上开始有了，例如"行王道、走正道"中国企业管理模式的颁奖。如果这个奖成了气候，我想大家日常生活所遇到的苦恼，有很多不用师傅给开示，就解决了。

今天我们一起到这儿来，发现原来在烦躁的都市中还有这么一块净土。在这里受一点启发，该放下的放下，该看淡的看淡，该尽力的尽力，就得到解脱了。身心愉快舒畅，工作效率就提高了。

讲一个不久前发生的事。20 多年前我认识了一位台湾朋友，小儿麻痹症，走路要拄双拐。他当时是台湾商务印书馆的董事长、总经理。他的身世很苦，父亲早逝，母亲好不容易把他拉扯大，后来奋斗得到这样高的职务。这次在台湾见到他，他已经拄不了拐了，要坐轮椅。他开发了一款最适合孩子和外国人学汉语的软件，把文化与创意结合起来，扔一个色子，马上电脑就会写出来色子上的汉字和拼音。他给我一本书，书中写他太太得了一种怪病，几乎死亡，却起死回生。他有这样两次经历：他父亲过世时他还小，却始终念念不忘，想再次见到他父亲。朋友送给他一本《金刚经》，他就开始念，一读上瘾了，陆续有人送他其他经书，他就不断地读。有一天忽然看到他父亲从门外走进来，上去一看，父亲消失了。

他太太病了，所有医院都治不了，108 天，他就是发心，配合着治疗，爱人终于抢救过来了。真是奇迹啊！身残心不残，最终成就了一番事业。台湾还有一位女书法家，叫詹秀荣，长得很秀气。当年父母给她介绍家世好的对象，她都看不上，就看上了家里一贫如洗的高中同学，执意要嫁给他，为此和娘家断绝了关系。命运多舛，后来她有一儿一女，小的上幼儿园，大的上小学，丈夫得了鼻咽癌，只能再活三个月。痛苦啊！儿女小，生活艰难，又要照顾丈夫，又得挣钱养家。照顾丈夫睡了觉，她实在睡不着，就练字，后来被人发现她的字有点门道，就介绍她参加书会，又有人劝她读读《金刚经》，她读了，后来干脆就写，还给丈夫念，鼓励丈夫活下去。她丈夫居然又活了 7 年，医务界说她创造了奇迹，突破了鼻咽癌死亡期的极限。是什么原因？其实就是因为有了信仰，乐观放得下，身体的积极因素被充分地调动了起来。现在她已经成了很著名的书法家。我今年在广东见到了她，也见到她那当时上幼儿园的女儿，如今已是亭亭玉立，但是一举一动都说明是传统文化培育出的东方淑女，孝而乖，举止大方得体。人生不可能全是顺利的，没有谁能一辈子不磕不碰不跌跤，跌跤挫折给自己长了知识，只要在风浪中保持自我，不失原则，我看就是伟大的。这位女士并没有多少钱，但我看她和她的女儿就是受人尊敬的人。

家里也会有矛盾，没有一个家庭不磕磕碰碰的。你们想想牙咬过自己的舌头没有？你自己的手打过自己的嘴巴没有？例如打脸上的蚊子。左腿绊过右腿没有？实际上人和人就有两种关系，一种矛盾关系，一种和合关系，全是和合不可能，就用和合克服矛盾。西方基督教不一样，它就忘了和。我处理家庭关系，老伴儿是我领导。我没有多高的境界，只是读的书多了，就受到影响。以后又接触宗教、哲学、人类学，把它汇通于心。宇宙的规律就是我自身的规律，顺其自然，该下雨下雨，该刮风刮风。

怎样学习佛法？应该说，佛法本身是科学的，是一种文化，的确非常深、高，但是我们不一定都成为佛学家，因为有一批职业的弘道者，就是出家人，出家和在家的关系就是一个专职，一个兼职。出家人想把一生奉献给佛法、普度众生，行走坐卧全都如此。居士是业余的，长期住在这里，有流动性。有这些出家人、居士给我们点拨就可以了。真正高深的问题是让学者和出家人给我们解决，他们研究透了再传播给我们。出家人本着佛陀的教导，要行方便，对企业家是这样讲法，对打工者是那样讲法，对大学生又是另外一种讲法，我想不必深究这些。我有两条建议，一条是看社会上的有关佛教的小册子，请大家要慎重选择，有的书确实说歪了；一条是不要仅局限于佛教，儒、释、道是相通的，也要理解些儒、道的知识。

改革开放三十多年，我们的企业管理前二十年可以说是照抄西方，照抄美国，还可以再缩小为照抄跨国企业。我们忽略了欧洲和东南亚的企业，似乎真理都在美国那里。现在醒悟过来了，你会发现欧洲的企业管理，例如德国，就跟美国不完全一样，而他们的管理也是有效的。现在美国的管理走到尽头了。今天人类经济上的灾难全是美国的模式造成的。模式背后是理念。要想永续发展，我们的家族企业能传三代、四代、五代不衰，就要根据我们的文化创建我们的管理模式。这条路很长。我为什么愿意跟大家合作？我觉得是时候了，中国的军队建设要走自己的路，中国的教育系统要走自己的路，中国的文化建设要走自己的路，我们的企业也应该走自己的路。怎么走？我们不能像没头苍蝇那样乱撞，那就从祖宗那里吸取营养，通过试验、探索、跌跤，创建出自己的模式。在座各位都事业有成，我要说的是，这条路可能是漫长的，发展起来是比较缓慢的，但它是扎实的，可以持久的。

在徐少春先生总结之前我回答大家两个问题：一个是身心疲惫的问题，我是怎么解决的。首先，我明确自己的生活目标。请各位朋友设想一下，我退下副委员长位置时是 70 岁，我完全可以过得很"滋润"，很逍遥。但是我现在的生活大概比我在岗位上忙碌不止一倍，我在给社会做义工。为什么？我看到大家在"焦虑卡"上所提到的种种社会现象，我也焦虑。作为中国的知识分子，我必须按照自己的良心，虽不能像范仲淹那样"先天下之忧而忧，后天下之乐而乐"，但可以先他人之忧而忧，后他人之乐而乐。因此我没有任何娱乐。坦白跟大家说，我从不看电视；没摸过高尔夫球杆，虽然我检查过十几家高尔夫球场的环保问题；没摸过网球拍；不摸扑克牌，偶尔摸摸麻将。我到外地去工作，老伴儿闲着，晚上就让身边工作人员陪她打打麻将。我过去看一看，这时候摸几分钟。累，确实很累，但却整天愉快，因为我朝着自己的目标又向前走了一小步。看到今天的文化复兴，红红火火，真舒服。这种舒服大家能感觉到。当看到某一个弱势家庭有困难，你们解囊相助，不留名，心里的味道是不是不可名状？我天天就是这种感觉。今后该怎么办？我给自己设计了一个办法，但是目前做不到，希望你们做得到。隔一段时间，比如一个季度、半年，找一个清静的地方，和一些好朋友一起吃吃农家饭、喝喝茶、聊聊天，回到自己的房间闭目养神，思考一下人生最根本的问题，包括孩子身上的毛病等等。这就是"静思"。今天的社会是一个浮躁到极点的社会。我认为，中华民族从来没有这么浮躁过，除了五代时期，除了战乱的时候。打个比方，现在全国人似乎都在 800 米赛跑。在跑的时候你想什么事了？想没想父母，想没想儿女，想没想明天的工作？没有，什么都没想。所以在嘈杂烦恼中、在快节奏中，人就没了思想，想不到明天、后天。静思的时间不用多，半年里抽出三五天、一个星期，咬咬牙，出来，几天后会觉得目神清爽，很多事情就有办法了。正因为这样，北师大人文宗教高等研究院要给大学生举办夏令营，也会为"行王道，走正道"这个观念继续举办活动。大家听听儒家、道家、佛家的报告，学学如何取静坐禅。其实三教都主张静，"宁静致远"，"淡泊明志"。只有宁静了，思维才能达远，这远不是空间，而是时间。好几位朋友在"焦虑卡"上写：我身心疲惫。千万别疲惫下去，你身体要垮了，事业就泡汤了，就对不起家庭，对不起社会。

第二个问题，有人认为中国的文化从农耕时代结束就失去了它存在的价值，仅剩下个人道德修养的价值。是不是这样？中国农耕时代至少 1 万多年。中华民族的智慧是 1 万多年，乃至此前几万年慢慢积累，到了老子、孔子结晶了的。难道上万年的智慧，又经过几千年的实践，就不如西方 250 年的文化？

在人类发展史上，首先是像山顶洞人那样靠采集、狩猎生活，后来知道把狗、猪、羊驯化可以免得冬天打不到猎物。中东地区长期过游牧生活，我们中原地区几乎没有这个阶段。农耕阶段是人和大自然、人和人、人的身和心最亲密的时候，也是今天和明天、现在和未来最协调的时候。为什么？采集、狩猎、游牧的时代，果子熟了摘下来，几个人打一头鹿，分着吃，至于鹿怎么繁殖、植物怎样成长的，并不注意。农耕则对土地要细致观察，有了虫子要研究虫子，有了草要拔草，云有什么变化就要下雨，什么时候播种看星星，所以古代的老太婆都是天文学家。原始耕作用石头、木头农具种地，一个人能种几亩地吗？不能。需要合伙儿种地、修水渠。开启山林，一个人能干吗？彼此凑在一起就打架，能和谐吗？后来有了家庭，成天打架，地岂不荒了？眼见着父亲、母亲去世了，会想到自己，自然希望儿子传承我的财产、我的为人。游牧不是这样，一家一户，逐水草而居，对自然、对他人不关心。工业化社会以千百倍的速度毁坏自然，让人远离大自然。在农耕社会所归结出的处理四种关系（心和身、人和人、人和自然、现在和未来）的经验最适合人类生存发展。游牧社会供给人们的生活物资，只有皮、骨、肉、毛、血，其他物资则掠夺农耕地区。生活最多样化的是农耕社会。工业化社会呢？提供的生活用品都标准化了，也就没有了个性和特色。就说茶吧。中国有白茶、绿茶、红茶、黑茶……；喝哪儿的茶、什么时候采摘的茶、用什么水和茶具，都有讲究，也都和人的身体有关。传到国外，做成成品，到哪个国家喝都是一个味。采集、狩猎、游牧因为落后，遏制了个性的发展，农耕社会使个性充分张扬，工业化则是消灭个性的。因此可以说，违背了农耕时代所总结人生和宇宙规律，人类就难以延续。西方在工业化过程中形成的现代的文明，对人类科学技术发展、生产率提高、人类生活水平提高立下了巨大功劳。但是，无论从自然科学和技术角度说，还是从人文社会科学角度说，文艺复兴以后形成的"绝对真理"已经走到了绝路，今后能够提供给人们的只是技术的延伸，科学上难有新的发展。

今天中国社会的浮躁，包括大家提出来的政府对民企的不公正，说老实话，很大程度上都是西方观念闹的。贫富差距、环境恶化、资源枯竭以及战争冲突，都是现代技术的产品。解决人心的问题，解决社会的问题，解决家庭的问题，靠技术是不行的。自然科学所提出和造成的问题，自然科学自身解决不了，要靠人文、社会科学去解决。我的答案就是这样，供大家参考。

（根据录音整理）

中国企业管理模式：
中国提供给世界的经验[※]

各位校友，各位嘉宾，各位朋友：

非常荣幸应邀参加长江商学院成立 10 周年的庆典。首先，请允许我对学院、对所有校友表示热烈的祝贺，对李嘉诚先生和为学院的成长辛勤工作的教授和职工表示崇高的敬意！

长江商学院在短短的十年中，所取得的巨大成就有目共睹，无需我在这里叙述。我只想说两点作为我对长江商学院的祝贺。

1. 培养中国的企业家，应该和我们经济工作整体一样，要把世界的先进经验和中国实际情况紧密结合起来。"中国实际情况"既指中国经济、资源、社会、人口、教育、科技等领域的水平，也应该指中国的文化状况，包括传统文化和当代文化现状。实际上，经济、政治、文化从来密不可分。文化永远是活生生的东西，因此它体现在街道上、家庭里和人的心里。企业家除了要面对国内外政治、经济的现状和瞬息万变的形势，在实际实施时，还要时时面对企业管理层和全体职工。在不时遇到的外部与内部的种种问题和矛盾中，无不渗透着文化的因素。人文和人心的问题，只能用文化的方法去应对。现在，国内越来越多的企业在探寻"中国企业管理模式"，有的企业提出了"走正道，行王道"的理念，并在实践中获得了很好的效果。这就是很好的探索。因此，我希望长江商学院，作为具有广泛影响的学府，能够在这方面加强研究和教学的力度，为把世界经验中国化作出更大的贡献。

2. 中国正面临着产业转型和企业技术升级与管理创新的挑战，同时

※ 2012 年 11 月 22 日在长江商学院成立 10 周年庆典上的讲话。标题为编者所加。

中国和世界的情况在十年后的今天和十年前已经有了很大变化。许多企业家面对这样的双重问题感到茫然，不知所措。长江商学院在培养中国高端企业家方面积累了相当丰富的经验，但是同时商学院又不能对中国所有企业家进行培训。因此如果可能，商学院可否加大通过主办或与他人合办论坛、研讨会、讲座等活动的力度，向企业界更多地普及已有的经验，共同探索未来之路？其实这就是教育领域常说的"开门办学"。长江商学院的大门从来是敞开的，而且形势和客观需要在逼迫我们要把们开得更大些，走出的脚步更快些。

我在企业管理和广义与狭义的经济工作方面是纯粹的外行，这两点是否有点道理？仅供参考，请予斟酌。

长江商学院成立以来的十年，恰好是中国经济快速增长的十年；十年来中国所积累的问题和矛盾，也正是长江商学院所要面对和研究的课题。党的十八大所提出的宏伟目标和经济、政治和社会管理的改革任务，以及新一届领导集体的执政风格，都给予全国人民以莫大鼓舞和信心。我相信，在这样的环境中，在我国全面建成小康社会的进程中，长江商学院一定会取得比前十年更为辉煌的成绩。

预祝十年校庆庆典圆满成功，

预祝长江商学院越办越好！

祝商学院的教授们和全体职工事事如意，身体健康！

把握机遇　挑战困难※

——谈谈文化产业之路

我想讲四个问题。

第一，六中全会的决定，给我们吹响了文化大发展、大繁荣的号角，为文化产业的勃兴提供了空前优越的条件。在当今世界上二百多个国家和地区，一千多个执政党中，还从来没有一个执政党，在它的最高权力机构例会期间，以最高的决策机构用四天的时间集中研究自己国家的文化发展。这种唯一说明什么？的确像六中全会的决定所说，中国共产党从它成立之日起，就非常注重继承中华传统文化，同时结合时代精神进行文化创新。因此，六中全会的召开，属于历史的必然，又是时代所趋。这是因为中国的最高决策机构审时度势，根据中国的发展，根据世界的形势，深深地把握了一条定律，即中国要真正成为一个强国，必须大力地铸造中国的民族之魂，那就是我们的新文化；同时，需要让世界了解中华民族，就是文化要走出去。

第二，我体会六中全会的决定，主要是说了三个点。（一）文化强国。这四个字可以有两种解读，一种是靠着文化使国家强大，一种是中国最终成为一个文化的强国。我想这两种解读意思是一样的，一个是过程，一个是结果。（二）大力发展文化产业。（三）中国的文化要走出去。下面我用最简单的语言谈谈我对这三点的体会。

文化强国，或者说打造一个文化的强国，是一个长期的、复杂的、艰难的过程。如果让全国大多数人对我们民族精神的核心取得共识，同时使它的研究与传播有广泛的范围、力度和影响，恐怕需要百年。而要使这种

※　2012年1月7日在第九届中国文化产业新年论坛开幕式上的讲话。标题为编者所加。

精神生活化，进入到所有家庭当中，让13亿人当中的绝大多数下意识地把它作为自己为人处世的理念，这个目标恐怕在一百年之上还要加上一百年。但是，如果这个民族对文化自觉了、自信了，这200年是可以缩短的。我们希望中国在最短的时间内成为一个真正的文化强国，怎么实现呢？当前最重要的问题就是解放文化生产力，因此文化产业的问题被提到日程上，也就理所当然。中国作为世界上一个大国，作为人口最多的国家，有上万年可考的文化的积淀，有3400年以上的文字的记载，作为这样一个文化古国，我们对世界人类文化未来的走向当然负有不可推卸的责任。这就是：中华民族的文化体现了时代的特色，又集中了中华民族上万年的智慧，我们要把它奉献给世界，供70亿减去14亿之后的人们参考，共同探讨人类未来应该走什么样的道路。我想，这应该成为全民族自觉的意识。

放眼全世界，今天的世界和明天的世界也急需文明的多元化，急需中华民族这一员。这不是中华民族的自我期许。西方在文艺复兴时期大量吸收了来自中国的人文主义而形成文艺复兴所提出的人文精神。这个事实已经证明，中国人的智慧是可以供全世界参考的。为此，我们应该主动让文化"走出去"。

由此就衍生我要说的第三个问题，中国的文化产业一定要兴旺，这就需要学者、企业家、乃至受众一起研究。在这里我特别加上一个和受众一起研究，因为过去的文化产品常常是学者和艺术家在自己的房间里，在自己的排练场上编造出来的，并没有广大的受众参与。在今天市场经济的条件下，在今天民主意识空前高涨的条件下，没有受众的参与，专家和艺术家的笔和演出常常对不上受众的口径，而文化产业是要讲利润、讲销售的，受众不买账，自然不可持续。我认为中华文化产业的兴旺，关键还不在于操作，从构想、规划、设计，乃至辅助工程的实施，关键在于文化的内涵得根植于本土。也不在于产品是物质的，还是影视、文字的，在于说的是中国的事，表现的是中国的土地，而中国的事、中国的人、中国的土地所包含的精神内涵是中华民族固有的。刚才叶朗先生①的讲话里两次谈到中国文化的特色，但是我们又不是照史宣科，还要广泛地吸收异质文化当中的精华。一百年来中国受尽了屈辱，但是让我们广泛地接触和吸收了

---

① 叶朗（1938—），北京大学哲学系教授、博士生导师，北京市哲学学会会长，中华美学学会副会长。

外来的文化，包括近三十年的改革开放，包括今天中国人的物质生活和文化生活，其中有很多都是异质文化的东西。今后这个门还要开得更大，走出去的人应该更多，请进来的人应该更为踊跃。抓住这两件事情，我想文化产业没有可能不兴旺。

但是，万事都是说得容易做起来难。因此，第四个问题，我想在这个开幕式上说一点可能不太合时宜的话，就是文化产业发展面临的困难。

我简单归纳为两条。

（一）既然我们的文化和文化产业要根植于本土，那就需要对中国传统文化有深刻的把握和体验。但是，我们的传统文脉断得太彻底了，断得太久了，因而，人们对中华文化的了解太浅了。文脉断了，人才没有延续下来，于是太缺了。从1906年开始，在中华大地上彻底废除了旧学，旧学改为新学堂、洋学堂，北京大学就首当其冲。而我们的洋学堂越来越远离传统，越来越按照十九世纪后半叶西方的大中小学的模式来办，学了人家的皮毛，没有学到精髓。今天所谓上学难，孩子的负担重等弊病由此而生。中国的学童们可以说没有童年，童年最宝贵的是他的童心，是他的好奇，是他的胡思乱想，说得好听一点叫奇思妙想。如果孩子从来没仰望过星空，很少接触大地、草木虫鱼，不到田野里走走，他怎么会知道一个生物怎样从种子变成美丽的花朵，结出很好的果实。这时候枯燥、呆板、疲劳的生活，就在孩子刚刚萌生遐想的时候，把它扼杀了。生字写错了，要孩子回去抄五十遍，上百遍。小手酸酸的，流着眼泪，能有美好的想象吗？当孩子驯于这种教育，形成一种生活习惯的时候，到了中学，到了大学，依然是像机器一样接受着指令，最后他自己真正成为机器，去生产物质产品或者是所谓的精神产品。

虽然洋学堂办起来了，在教育系统当中，中华传统文化逐渐地被切断了，但是在民间仍然弥漫着传统的气息，讲笑话，讲仁义礼智信。但是经济大潮一来，钱这个字比大自然的太阳还要亮，照到每个家庭的每个角落。于是，人心被撕裂，人际关系被撕裂。我们不妨看一下，就像在北京的农村，由于城市的建设，村里的房子要拆迁。"拆迁"二字让多少家庭的父子反目，兄弟阋墙，兄弟姐妹和老父老母一起走进法庭，到了调解室，吵声震耳。农村、城市的街道上所残存的一点点传统文化的精神也岌岌可危了。这个经脉续起来，和外科手术接断肢不能比，太难了，它需要心去领悟、去接受熏陶。今天产生一个问题，谁来熏陶这些心呢？

（二）四种转化困难。第一种转化难是把异质文化的精华转化为我们的东西。异质文化的精华在哪里，我们不知道，我们每年几十万的留学生生活在外国校园里，并没有接触那里人民的生活，学成归来，普遍没有把握异质文化的核心。我们对外面的了解，多于外面对中国的了解，这是事实。但是要进行文化的产业化、文化的创新了，不能只局限于形式，我们了解得还太浅。异质文化的东西化为我们的东西难，而我们的东西要化为别人可以接受的东西更难，因为我们对外国人的兴趣、他们喜闻乐见的形式不了解，或者是了解甚少。

第二种转化难在于优秀的传统文化精华与今天的时代精神接触。这种东西是理念上的、感悟上的，怎么把它物化？用物质、影视、声音的形式传达给我们，这对任何民族都是很难的。例如基督教所提倡的善、真，中国的仁、义、礼、智如何物化？

第三种转化难是已经物化的东西如何让它内化。长城、兵马俑、寺庙的建筑、马王堆出土的东西，如何让看到它的人不仅仅震撼，还能够受到自己灵魂上的启示。我认为这个东西对文化产业来说尤其重要，因为产业是要出产品的，这个探索不需要些年限吗？

第四种转化难是话语和表示形式的转化。举个极端的例子，我们博士生的论文是有格式的要求的，这种格式的论文写出来，很多外国专家看不大明白。看看国外的一些博士论文，没有选题缘由、课题意义、基本内容和我的创新点，看似松散，实则内在的逻辑性非常强，每个人有自己的个性，在论文中就体现了个性。再举一个简单的例子，我们主流报纸上的社评是很难翻译成外文的，说句不太中听的话，翻译成外文人家也不看。如果有兴趣的话可以深思一下，参考消息上所登的各国记者写的同一个事情的报道，和中国人所写的报道是不一样的。而这种东西机械地学是学不来的，就要养成习惯。你说我不，我就这么写，那可以，是你自己的自由，你就没有受众，走不出去啊，送人家的，人家往那儿一扔。包括电影、戏剧，我们不要被出去演折子戏的掌声雷动迷惑了，因为这些人没有接触中国的文化形态，猛一接触觉得新奇，假如说让他们一个星期天天看，就没人看了，因为雨过地皮湿，没有作用在他的心里，也就是物化没转为内化。

一个人和一个民族，都应该在顺利的时候多想想困难，我们把困难估计得足一些，去认真地学习、探索，增强我们的坚韧性，不怕失败，不怕道路漫长，用文化产业的这种艰难蹒跚，体现我们文化的自觉、自信和自强，中国的文化产业一定会走向辉煌，一定会成为全世界最引人注目的国别的文化产业。

（根据录音整理）

吸取意见 科学发展
资源整合 软硬兼抓[※]

我一共谈五点。第一，从文化标志城秘书处以及济宁市的报告看，应该说现在规划的要点还是实事求是的，是可行的。这其中很重要的一点，我认为是山东省从上到下，下到什么地方呢？我不敢说是村民、市民，至少乡镇街道这一层，都认真学习了中央领导的批示——有的是口头的，以及中央各部委的指导意见，我想这一点今后在文化标志城的建设过程中还要保持，因为恐怕今后还会继续有中央领导的批示指示，一定要吃透。像胡锦涛同志所说的"有重大历史意义"，这不是一般的泛泛而谈，在后面我的概括里还要说。

另外，要从这些批示指示当中，还有各部委给我们的指导意见以及实际行动当中体会，中央十分重视这个项目的进展，很典型一个例子就是世行贷款。每年世行贷款的项目是极其有限的，可是不管是财政部、发改委还是其他系统，都一致支持作为文保给我们额度不算小的一笔贷款。我也做过世行贷款的项目，我知道费用的情况。山东这个项目这么快弄下来，当然与山东的同志各方面的紧密配合、高效工作分不开，而其中很重要一点是遵守了世行烦琐的规定。别忘了如果没有中央部委的支持指点，没有世行的人对于孔孟文化在世界上意义的认识，它是不会给你贷款的，我们要通过现象看到根本的东西。

当初，我曾经向办公室提出来，我们制订规划和准确、稳妥地推进项目同时进行，现在这次他们的报告已经体现了。规划中说，今天给我们报

※ 2011 年 12 月 17 日在中华文化标志城专家咨询委员会第三次工作会议上的讲话。标题为编者所加。

告的两个项目——其实是三个，另外还有一个小项目是数字化问题，都在实际的进行着，而且这是实质性的进展。现在已经取得的进展固然有我们看到的，如三孔三孟、九龙山等等，还有一些我们看不到的，但可以从山东省的工作中体会到的，就是这四项。我认为规划编制是严谨的、科学的、规范的和民主的。做到了几个结合，不是只想到硬件的建设，是软硬件的结合，不是只想到文化的问题，还有一个可持续发展问题，给未来经济、文化产业留有余地等等，这个我不再多说了。

还有一个就是本着科学发展观，首先立足于山东的山山水水、山东的历史传承和现有的文化、文物古迹以及地下的东西，也就是山东的历史、中华民族的历史，把民生、环境保护、对人的教化都融在一起考虑，这就是以人为本的几个方面的体现。他们广泛征求意见，一直到基层，帮扶贫困村、贫困户。现在可以这样说，济宁市，特别是曲阜和邹城，恐怕也涉及泗水，文化标志城的事情人所共知、妇孺皆知，而且都在期待着。从前期待的是征用我的土地给我钱吧，现在不是，现在是一种蔚然成风的自豪的风气。而且我一再强调，今天很多专家也都在强调，我们为标志城直接做工作的同志一定要牢记，的确像有些专家说的，这是一个千年工程。建设部仇保兴副部长本身就是一个建筑学专家，他有一句话——中国的新建建筑平均寿命只有30年。当初大家以为是豆腐渣工程，其实他说的不是这个，更多的是过30年就不能要了，看不上了，丑了或者落后了，要炸了重来。他说这话是有统计的，对已经发生的事情做过统计计算的。我们这个标志城，任何一个建筑都不能是这样的工程，应该是千年工程。说这个建筑能不能存一千年，那是材料的问题，不是建筑的问题。

另外这是一个世界工程。既然要走向世界，刚才厉以宁同志再三强调走向世界，那就得给世界各国人看，从西方七国到咱们非洲弟兄。不仅仅给现代人看，还要给未来的白种人、黑种人看。经常想着这一点，我们才可以做到更为踏实。因为这个规划经过我们专家咨询委员会讨论，大家提出了很多建设性的意见，我建议散会以后由办公室及时整理，然后逐条研读，能够现在吸收的就吸收，现在不能吸收的要备案，因为它是一个动态的，我们分阶段以后也要重视。而这个在我们咨询委员会开完会以后，再根据专家的意见进行修订，就要报上来，省委批准了之后，就具有一定的法律效力。这时候这个规划要点就要成为社会评议之地，这个要允许，在一个公民的社会议论纷纷，这才好呢，该吸收的吸收，该引起我们警觉的引起我们警觉。这样这个规划要点出去以后，再配合着戴院士所说的加以形象地体现，那谁看了之后都不会说这是一个政绩工程、形象工程。实际上历史已经说明了，文化标志城从2004年开始经历了三任省委书记，这是谁的形象工程？但是网民不管这个，老百姓不管这个，要看实在的，因此要认真地修订和修改。

第二，咱们现在集30年的经验，甚至可以说集60年的经验，我们搞硬件建设，包括数字系统，其实还是过硬的。软的建设我们没有经验，原有的经验都不适用了，因此才出现了"三个代表"重要思想进校园、进课堂，就是进不了脑。大学的思想政治课基本上是不成功的，中学更是这样，这也是必然的过程。时代变了，时代变的速度总是先于我们意识思想变化的速度，意识落后于存在。六中全会有一个没写出的例子，就是我们怎样通过文化精神来打造中华民族的精神。因此在这个过程中，首当其冲的是我们山东省的同志，在专家咨询委员们的指导下，一起研究，将来重点思考这个问题。内化的东西怎么变成物化，孔子精神怎么显示，难得很。"仁"怎么显示，"礼"怎么显示，光是孔子宽袍大带在那儿站着，那只是"礼"的一根头发啊。好，我们把它物化，怎么让老百姓去内化。这和我们博物馆的建设有极其直接的关系，在这一点上我们缺乏经验，现在就要研究。这个研究不仅仅是标志城的同志，应该是团结全国的学者一起研究，当然首当其冲的是山东大学儒学高等研究院，本来建立研究院就有这个任务，也就是刚才钱先生说的普及的任务。

第三，我想说文化标志城的建设和它下面的尼山论坛、儒学高等研究院和儒学大会，现在只限于这个范围思考。实际上山东省要打造文化强省还有很多的举措，比如文博会，明年要举行全国第十届文化艺术节，山东省承办，这些大的活动我们都可以用来借势宣传。往后看，今后无论是哪一个文物还是新建的景点，对它的解说词怎么写？所以，我的意思是适时用阐述齐鲁文化的方式来宣传山东省的地上地下文物所显示的中华民族五千年的文脉。同时不要忘了毛主席在《新民主主义论》中说的，从孔夫子到孙中山都要给予很好的总结。我们这项工程实际上就是今天站在我们的水平给孔夫子做总结了。今后的日常活动、大活动都应该体现。

第四，有几条具体的线。第一条，我建议适当的时候，不一定非得专家咨询委员会开会的时候，可以在风和日丽的时候请专家咨询委员会的专家们来山东，我们再走一趟中轴线，或者是曲邹这条线。为什么？包括我

吸取意见　科学发展　资源整合　软硬兼抓

自己在内，九龙山的变化我没有看见，"三孔"的保护我没有看见。我想到那个时候鲁故城也应该动工了，让我们专家到实地感受一下。而且我还有一个希望，就是不要领着我们前呼后拥地大队走，走到哪儿转一下，说完又走，要让我们跟老百姓接触，听取老百姓的意见，听取老百姓的感受。当然，如果明年正好风和日丽的时候，咱们办公室觉得需要再开专家咨询委员会，就不要只开一天的会，你留三天行不行啊？开一天的会，剩两天咱们到济宁去，在济宁走一走、看一看，这样专家提的意见就更有针对性了，因为他脑子里有形象。

第二条，是不是现在请各位委员考虑，尤其是请省委宣传部、文化厅、文物局，还有标志城办公室考虑考虑，要不要适时增设一些委员。出于几个原因，第一个原因是有些委员由于工作忙、年龄或身体的缘故，有时候不能参加活动，但是我们的专家与会人数必须保持一定规模。第二个原因是随着我们工程的推进，事业项目的推进，又有很多新内容加进来了，那还有一些领域的专家我们要请进来。另外这个项目是山东省的，适当增加一些山东省的委员。这个只是个人建议，请大家考虑考虑。

第三条，有的专家和省里的同志有一种顾虑——这种顾虑是好顾虑——明年是中国的换届年，给过重要批示指示的领导要退了，新领导上来，会不会对文化标志城的支持力度有所变化呀，因此要抓紧时间快点干。我是这么看这个问题的，首先，是要换届了，但是我们党的所有方针政策有非常强的延续性，不会说换一届领导整个就改弦更张，不可能。其次，有六中全会的文件作为我们指导的方针和基础。那么我们反思一下，文化标志城是不是符合六中全会精神，如果不符合，违背了，早就该去掉了，那就不一定到下任领导，如果不是这样，那就不会。最后，我相信大家（包括我在内）对将来可能进入中央最高领导层的这些同志的了解，他们是和现任领导一样的重视文化建设，重视优秀传统文化和时代精神的结合，来建设我们新时期的新文化。所以，这个顾虑不要有。我为什么今天要说这些呢，我深怕有这个思想以后，在推进当中求快了，我想首先我们山东省办公室的领导要打消这个疑虑。

第五，要充分感谢山东省同志认真和有效的工作，整个班子非常团结，机构调整没有产生负面的东西，同时，工作非常踏实、扎实。最后我想代表专家委员会全体对你们表示衷心的感谢。

还有一个尼山论坛的问题说几句，也是专家们的意见，我们组委会要认真地研究吸取，也要形成这次会议的纪要。尼山论坛已经进入倒计时，很紧张了，现在就要及早确定子课题和邀请名单。那么就请各位专家如果有合适的人选不妨尽量推荐。我相信这些意见我们吸收了，比如刚才钱教授所说的，在举行博士论坛或青年论坛时，与会的专家学者在进行专题研究的同时，可以请他们来给我们学生做一场报告，这场报告就不限于与会者，济南、曲阜的都来听，这个还是可以做到的，但是要早打招呼。这里我附带说说，本来尼山论坛有一种意见，不在尼山举行，在山东大学举行。为什么在山东大学举行，这是国外国际研讨会的惯例，是在一个著名大学举行，这样大学就能充分利用研讨会的资源了，那就不是一场两场报告了。同时这些专家也想看看你的大学，看看你的社区。现在定在尼山，除了尼山上面有一个小小的孔子书院，空房子，山下八百米有一个圣源书院，也是空房子。但是后来这么考虑，就是第一届尼山论坛，尼山的名还不够响，还是在尼山举行有象征意义，等它成品牌了，就不一定在尼山了，就可以在山东大学甚至别的地方举行了。如果真的在大学举行，像钱先生说的，那真是很好，山东大学当然也非常欢迎了。后来这个方案就被暂时备案，作为以后的参考。

（根据录音整理）

吸取意见 科学发展 资源整合 软硬兼抓

知难而进　任重道远[※]

这个课题的"始作俑者"是我。我脑子里所出现的问题，可能比颜炳罡^①还要多。一堆的问题，我也理不清。问题从哪里来？是现实提出来的。我既不是搞马克思主义研究的，也不是搞儒学研究的，我是搞小学的，文字、音韵、训诂——儒学的脚底板或者是儒学的皮鞋底、基础。但我也是儒学的爱好者，对此感兴趣。再就是和大家一样，我也具有我们学人的那种天然的、本能的忧国忧民。有些人感慨于当前社会的混乱和道德的滑坡、人际关系的紧张、环境污染等等，其实这是人所共知的，包括现在街道里的老太太都有这种忧虑。而我作为一个知识分子，想的可能更多一些，从"形下"到"形上"都在思考。我说的很零碎，都是感性的，不成条理。但正是这些零碎的现实生活，反而给我很大的刺激。

记得贺麟先生对休谟的哲学批评得很厉害。但他曾经从休谟那儿得到一个启发：原来从日常生活的小问题可以生发出很大的问题，值得去研究，这就是到"形上"了。我也常常从一些具体的事情来说。比如引起我注意的是：江泽民同志、胡锦涛同志出访到美国，一定在美国的大学做一场讲演，讲的都是中华传统文化。但回来不讲了，绝对不讲。温家宝同志去讲，也是讲传统文化，回来再讲，就打折扣了，打了很大折扣。为什么？另一方面，我提出建"文化标志城"，提出搞"尼山论坛"，他们全支持，这不就自相矛盾了吗？

西方的著作以及我们学术界的著作也给我刺激，有的是强烈的刺激，

※　2011 年 12 月 18 日在"儒学与马克思主义中国化的历史进程研讨会"上的讲话。标题为编者所加。

①　颜炳罡：时任山东大学儒学研究中心副主任。（本文注释为编者所加）

有的是一般的启发。例如不久前，李光耀和郑永年谈到中国发展的内在动力问题。从他们的文章来看，都不太了解中国的学统或者中国的儒学和中国文化的学理。但是他们就敢说。一个是政要，你怎么说都行；一个是在外的学者，应更严谨些。今年 8 月 10 号，我看了包心鉴先生的一篇文章：《马克思主义中国化的基本规律和当代走向》。看完了我得出结论：它基本不涉及文化和文化的传统，基本不涉及国外如何看中国以及国外马克思主义研究的动向。

又例如原来的香港大学校长，也是我的老朋友——王赓武先生，他写了一篇《中国式道路》，发表在《南华早报》上。他提出：中国"四大历史遗产"之四是从 1911 年以前的文献中找到的启示。① 所以，我觉得无论是从舆论界，还是现实生活来说，都有一个问题。这个问题是一个理论的门槛或者叫做瓶颈——即西方的那种观点：马克思主义在中国如何本土化的问题，在理论上没有得到解决。"马克思主义中国化"，到现在提出五十多年了，是毛主席在延安提出来的，就这八个字。这个典故党内的理论家开始都不知道。后来是 1978 年，在捷克斯洛伐克的布拉格，14 国社会主义国家理论工作者的圆桌会议上，捷克的学者提出来的。那时候社会主义（包括苏联在内）都遇到了困境，于是探讨马克思主义的出路。捷克的学者提出：我们要根据捷克的情况来运用马克思主义。苏联学者作为老大哥马上当场批评说：就是应该按照苏联式的马克思主义来做。中国的同志，你们怎么看这个问题？中国的学者说了，我们提的是马克思主义基本原理与中国实际情况相结合。苏联学者说不对，你们提的是"马克思主义中国化"。中国学者说没有啊。没有？有，是毛泽东在哪个报纸上写的，收入《毛选》的时候修改了。为什么要修改？因为第三国际的压力。然后苏联说，如果马克思主义中国化，马克思主义波兰化，马克思主义捷克化，那么还有马克思主义吗？我说他们就没学过张载的东西——"理一分殊"②，明白这个道理，问题就全解决了。所以，我说僵化的、教条的马克思主义，就是二元对立论，非此即彼。而实际上，马克思主义中国

---

① 《中国式道路》原文："但确实有许多思索国家治理改革的人正转而从 1911 年以前的文献中寻找启示。其中一些著名的例子有：以人为本；追求社会和谐；敬老爱家；尊重传统。"参见 2011 年 8 月 12 日香港《南华早报》

② 道理、理论只是一个，而它的表现形式却可以多样。即后面所说的"一和多"。

化或捷克化等等，只是一个"一和多"的问题，这是历史的问题。

后来我看到赛珍珠1947年的一篇文章，她提出来：1300年前中国人把印度的佛教中国化了，因而造成中国几百年的繁荣富强。一旦中国共产党能把马克思主义中国化，中国就会成为世界头号强国。那么，种种现实的问题、舆论的问题，还有社会中的问题都促使我想到，恐怕这是一个理论的纠结，这个疙瘩要解开。谁来解开？这不是哪一个人、哪一群人面对的"问题"，最重要的还是实践。可是没有理论指导的实践就容易走弯路，容易盲目。

同时我又想，这个课题如果建议比如中南海的写作班子，中宣部的写作班子或社科院、中央党校的写作班子去弄，大概都不行。说句不客气的话，这些同志如果去研究它，整个方法和话语体系还会是原来的。再说，用"中宣文"做笔名，一出来，谁都知道你是中宣部的。党校的也不行，在《学习时报》登？党校出版社出？还是民间来做吧。这样我就开始琢磨，是不是要立这么一个课题。也许我们的研究成果能够给马克思主义的研究、儒学的研究、中国文化的发展乃至将来党内的理论研究一个参考。我不指望我们能在这里留一个药方，吃了就灵。但至少从学理上和理论与实践的结合上，能够有一个描写或叙述。这个叙述指的是叙述理论。于是我就壮着胆子和几位朋友谈，他们都赞成，说这是一个好题目，应该做。

后来，"强按着牛头要水"。首先是咱们山东大学的徐校长（徐显明）要求，后来就是要建一个儒学院。我说不要叫儒学院了，儒学院、儒学所这些东西太多了，要叫就叫一个"儒学高等研究院"。怎么建呢？要用新体制、新机制。我给描绘了一个蓝图，他回去向省委宣传部汇报了。李群部长和徐向红副部长就找我做院长。我说，对不起，"敬谢不敏"。我这么老了，事太多了。我老伴知道了这个事，本来凡是公事她都躲开的，但那天就坐在这儿，坐书桌后听你们说什么。直到提出来让我当院长，我拒绝了，她才回屋里。后来，姜异康同志和姜大明同志出面跟我说，这我就不好拒绝了。所以，我就被"强按着牛头"做了"山东大学儒学高等研究院"院长。就在这个时候，我想既然有个平台了，就在吃饭时跟徐校长、朱书记（朱正昌）说，要搞一个"儒学与马克思主义中国化的历史进程"的题目。徐校长是搞法学的，他一听，说这是个世纪课题。不仅是中国，全世界都遇到这个问题——如何解读中国、展望中国未来的问题。朱书记说这是"世界级"的问题。坏了，这一戴"高帽"就更下不来了。那么怎么办呢？于是我就去向社科基金申请，中央领导也还赞成：挺好，你搞吧。我也说了：得民间搞，你们搞不了，搞了人家不信。他们也同意。等批下来了，后来在北京召开论证会，颜炳罡高兴地告诉我：昨天批下来了，多少多少钱。坏了，睡不着觉了。难啊！就像刚才炳罡等几位同志说的一样。难在哪儿呢？大家说了很多，都是在给我们非常中肯的提醒。我想概括起来说，恐怕难在这样几个方面：

第一个难处，我们"儒学高等研究院"的教授们各有特长，但是搞儒学的不懂马克思主义——我所说的"懂"是高级的，马克思主义专家。于是我就跟北京的一些马克思主义专家交流，我也不说我搞了这个课题。一聊，发现他们不懂儒学。坏了！这个桥怎么搭啊？"现趸现卖"不成啊。这是一个难处。

第二个难处，这个课题太复杂。它首先涉及多种学科，比如史学、社会学、哲学等等。同时，有"形上"问题也有"形下"问题。如果只是搞马克思主义哲学与中国哲学之关系，这就好办了。但不是啊，搞那个课题也不会给我经费啊，他就让你搞"形上""形下"结合的。涉及领域也复杂。不仅涉及学术理论，还涉及经济、军事、社会。因为我认为马克思主义在现代化、中国化的过程当中，毛泽东的军事思想本身也是一个中国化的结果。因为他的军事思想里所体现的哲学，可以说是"矛盾论"和"实践论"的哲学，而并不是马哲的原汁原味的东西，是掺了中国的东西的，这就是发展。

第三个难处是话语体系问题，甚至我们可以提高到中国的思维模式问题。应该说，一百年来，"西学东渐"，西方的思维和工具已经浸透到今天中国的每一个学科和每一个子学科里了。那么，例如刚才大家谈到的"现代"。我曾经看过一篇文章，说此"现代"非彼"现代"。因为在西方"现代"这个词是有它的历史和地域的特殊语境的，它是对中世纪的反动，对传统的背叛；而且是吸收了中国的人本主义的——这从笛卡儿等人的论证中可以看出来；又从转译为拉丁文的阿拉伯所翻译的希腊罗马文献中，吸取了哲学的营养，形成了"民主"、"自由"、"平等"这一系列的东西。孙中山对此也有过分析。我们现在谈到的"现代"，并不是对我们自己刚刚过去的过去进行否定，也不是要反对权威——反对传统的权威。同时，从孙中山开始就反对西方的"民主""自由""平等"和法国大革命提出的口号，他要搞中国化的东西。所以我们说的"现代"，内涵

知难而进　任重道远

很简单，就是一个生产和生活的工业化的问题。可是外国人一看"现代"，脑子里就有刚刚谈到的那些预设的见解、理解或把握。这也不好办。

其实在马克思之前也有谈到正义问题的。在孔多塞①的著作里，"正义"已经被作为反面来使用了，马克思继承了这一点。因为你说你是正义的，我现在要革命，那么你的"正义"全是反面的，孔多塞也是这个意思。那我们今天如果提"正义"问题，正中人家下怀！还有说我们中国文化是早熟的。实际上马克思是站在欧洲中心论的语境下，同时是用线性发展的眼光来看待文化的。到底是我早熟还是你们晚熟啊？这个问题我们没有立足点，没有自己的话语体系。

你说难不难啊？可是我的箭都射出去了，收不回来了。同时，后来我一想，也想通了：是不是什么学科、什么课题，非要一切条件都按我们所设想的那样理想，我们才做啊？这种理想，连私人课题都不可能达到。这次校庆②的时候，我又见到丁肇中。我说，老兄，您还在那个地下钻着研究呢？他主导建正负质子对撞机，几年前就跟我说，他准备达到的目标是他预设的，能不能达到还不知道。所以，如果我们都说这个条件不行、那个条件不行，那就真的是做不成了。所以还要勇往直前。幸亏我们儒学高等研究院的同仁和我一样胆子大，也许是被我逼出来的，胆大包天了。但是不管怎么样，如果我们能够团结全国对这个课题有兴趣、同时进行过深入思考的同道，一起来反复地研讨，我想思路会慢慢儿清晰起来，研究的路径也会清晰起来，总是可以完成的。为什么？因为有的学者已经做了一个初步的探讨和叙述，比如郭齐勇，可是就嫌不够深入。你想想，三四千字的文章能够深入吗？包括刚才大家反复提到的"新儒学"这个词。我不是儒学界更不是哲学界的，说老实话，我从心里不赞成它。因为"新儒学"是西方人先提出来的，说传统儒学是古的，这个是新的，后来中国人就拿来用了。其实应该叫现代儒学研究，或者是儒学的现代形态，这都可以啊。其实"新儒学"归根到底是关怀当下的现实的，这也就是为什么陈来先生刚才整段的发言中都贯穿着一个中心：我们不是在书斋里、

---

① 孔多塞（1743—1794），法国哲学家、启蒙运动的杰出代表人物之一，有法国大革命"擎炬人"之誉。

② 指山东大学110周年校庆。

文本里。我概括一下：就是这个课题要有问题意识，我们要有问题。这个问题意识是实践给我们的，现实给我们的。我们研究时要回答现实。

这是我叙述的来龙去脉。我特别感谢山东大学儒学高等研究院的同人，大家那么热心，我真的感谢！

下面要说说我的一个设想。我们不急于开题，搭起研究的框架，一分工就开始研究了。我们先进行一系列的研讨，越研讨可能问题归拢得越清晰。比如今天各位学者所提的许多问题，有些是重叠的，有些是不同的表述，其中心意思只是一个，我们可以归纳。同时也团结了越来越多的人。我想，到一定的时候，在我们每个人脑子里大概慢慢就会有蓝本出现了。那个时候我们再来具体动手。换句话说，要让它瓜熟蒂落，先得上肥栽苗，需要几年。这个课题中央社科基金批了四年，我还可以等更长的时间，不管怎么费劲。这个问题既然是我们的拦路虎，不管搞哲学、搞马克思主义，在执政上、在社会文化建设上都是个拦路虎，我们一定要跳过去。

我建议各位帮助我们思考：这个问题怎么研究？最后我们的思想怎么呈现？在这个过程当中，既然是当代中国文化建设、道德建设、理论建设的一个结点，即使我们开十次研讨会，也未必全能解决，还需要让行里行外的人都思考这个问题。搞西哲的也可以思考，搞史学的也可以思考。因此研讨、酝酿的过程，就会在不同阶段出现越来越多的成果。这些研究成果能发表就全发表，包括会议纪要和会议的报道，让社会来检验。同时，我们是钓饵——大家对我们有意见，可以写篇文章，这不就讨论起来了吗？造成一种势，什么势？让学界都来思考这个问题。我们今天有发言，下一次会上还有新同志加入，他们的发言、他们的文章很可能就是未来我们这个课题列到纸面上的资源，或者是观点、或者是论述。所以我想，假定我们能够研讨一段时间，不仅仅引起山东、北京，还有广东、武汉都讨论起来，最后咱们再编文集的时候，那就成了二十一世纪第二个十年里中国学界的一个热点问题。即使我们的成果平平，但是能掀起热潮来，让学人都开动脑子，都考虑马克思主义中国化问题，中国文化走向的问题。六中全会上说：中国共产党自建立之日起就坚定地继承和弘扬传统文化，就能写二十一世纪第十个十年的历史。那么我想，我们成果通过总能通过吧。看到它的也可能只有三千人、四千人，但实际上我们的贡献大于付出。所以，我从胆子小、越想越觉肩头重，到现在变成了过河的卒子，只能往前拱了——带动我们研究院的人往前拱。现在不是我们能不能把它做好的问题，而是怎样做得更好的问题。

在讨论过程中，我希望能产生争辩。今天我们争辩得不够，下去还要争辩。我认为学界同人的争辩，不仅仅可以出火花，那个火花可能是非常宝贵的；而且只有在双方友好地拿少林对太极的时候，才能发现各自的弱点与不足。通过同行或跨行间的争辩，最后可能达到马克思主义研究和儒学研究二者的结合。因此，我希望参加研讨的，老、中、青都要有。但是将来课题真正落下来时，应该以中、青年为主，而且最好以中年为主。青年的学养可能还不够，但也要参与。最后成果出来以后，我希望经过几年，能有一批人就这一方面在国内和国际上都享有发言权。同时，能有一批年轻学者成长起来。

另外，我还有一个信心的来源，就是大家都提到：我们过去的一些东西，包括传统文化的东西，甚至于近代史上的一些东西，我们忘了。也可以说，当前是中华民族对自己的文化与历史失忆的时代。过去我讲到这个问题是有点忧愁的。可是后来又想到，大概人类就是这么过来的。要知道，经过唐末五代的折腾，当时的社会，要比现在混乱得多。真正的学术的地位比现在冷得多，凋敝得多。但是到了北宋，一安定下来，儒者们马上带动全社会把历史的记忆都恢复了。我们没有五代的那种荒唐了，五代时每个朝廷都是乱七八糟的。现在只是社会上部分的现象乱，社会的主体、执政还是在向前走着的。虽然也经过一些动荡，从社会面上说失忆过。但是作为民族，我们记忆犹存。我记得海德格尔还是哪个哲学家说过：真正有价值的不是记住的东西，而是失去记忆的东西。因为当你恢复记忆的时候，才发现历史的不公正，才发现宝贵的东西。这么一想，我就由悲观变乐观了。这次是我们的第一次研讨会。过了年再举行第二次，换个地方，规模还可再大一点。因为一到北京，社科院，北大、清华等高校会有更多的学者参加，那时候也欢迎大家继续为这个课题出力。我也希望借着不断的研讨，各位都有成果问世。同时，我们也有两个阵地：一个阵地是自家的《文史哲》杂志；另外一个就是《光明日报》国学版。学术研究需要有介质，要有平台，要有阵地。我相信，这个课题如果抛出去以后，还会有别的报纸和刊物愿意加入到我们的行列中来。

（根据录音整理）

保护版权　发展文化※

尊敬的历任新闻出版署署长，尊敬的各位专家、各位企业家：

首先感谢组委会邀请我参加今年的年会；第二要对在今天年会上获奖的各个单位和个人表示衷心的祝贺。

为什么感谢邀请我参加？因为中国文化事业即将迎来大发展、大繁荣的时代，在这样一个重要的时刻，一个重要的协会开一个重要的年会邀请我参加，这就意味着，大家认为社会的舆论、学者的意见对于版权保护、版权事业的发展有着重要的作用。

为什么要祝贺各位获奖者和获奖单位？因为你们在版权保护事业中给中国的文化事业作出了贡献，应该成为凡是涉及版权问题的个人与单位学习的榜样。

刚才柳斌杰署长说了很多版权的重要性，我概括一下就是，一个民族的文化前进、文化创造，必然造成文化的发展和繁荣。但是，在市场经济的今天，离开了版权的保护，创造就无从谈起。中国古代也有版权意识，那就是标出木板书是哪个作坊出的，刻工是谁。到后来形成我们通常说的"版权所有、翻印必究"。当这八个字出现的时候已经进入现代社会了。现在全世界都是市场经济，全球的市场经济就提出了经济全球化的问题，在这个时候，没有法治的保障就会扼杀创造、搅乱市场。我们既然加入WTO，那就不只是中国自己产品的保护问题，你还要尽WTO成员的义务。如果一幅画、一部动漫或者一个什么产品，花了很多钱、费了很多人工，一出来马上就被盗版，害得投资者和创造者血本无归，那谁还去创

※　2011年11月12日在"第四届中国版权年会"上的讲话。标题为编者所加。转载自《中国版权》（2012.1），原题为《在第四届中国版权年会上的讲话》。

造？这是一个很简单的道理。

除了市场经济当中的经济关系之外，还有一点，全世界都处于社会层面推进自身问题解决的阶段。社会主义本应是一个民主的社会、应该尊重每个人权利的社会，版权是个人权利的一部分，如果这个权利保护不好，对我们推进和完善社会主义民主是一个破坏。因此，无论是从法的角度，还是从经济的角度说，在社会主义新文化大发展、大繁荣逐步走来的时候，我们应该回头看看，或者是自问：在版权的保护方面我们做好准备没有？我看没有做好准备。这个责任不在现在的作者，也不在版权局。中国13亿人口，如果人民的创造力真的释放出来，按照党的十七届六中全会的精神，把文化生产力解放了的话，就靠国家版权局，靠31个省市的版权局，这点人怎么执法啊？岂不等于是拿筷子打蚊子？因此，执法体系的完善，法律法规的完善，这个方面应该做好。

更重要的是，另一方面的准备也没有做好，那就是中国人民的素质。我不是说文化素质、文化修养，也不说政治素质，而是指伦理素质。首先，中华民族历来非常重视"耻"，因此孔子说"知耻近乎勇"。当一个社会不以明火执仗为耻，不以巧取豪夺为耻，在这种环境下复制出售盗版图书、光盘，那算什么啊？人们在网上、媒体上可以看到，有些人已经对卖淫不以为耻了，连自己最起码的人身的荣和耻都开始抛弃了。我们还可以看到，由于拆迁可以得到补偿的房子和比较多的钱，于是母子反目、兄弟阋于墙，比比皆是啊。在从前，这就是耻啊。现在有些人还知道耻么？连父母亲的遗产都要抢，抢你作家的版权算什么？所以我说，我们没有做好准备，不要责怪版权局，更不要怪版权协会。中华民族的文化经过严重摧残之后，正在一个人文已经遭到破坏的基础上重建道德体系，重建一个民族的荣辱观，这要有一个过程。

当然，我们不能等着再经过几十年、上百年，以不劳而获为耻的道德体系真正建立起来的时候，版权才得到真正保护。不能这样，那怎么办？要靠法律。

当党的十七届六中全会向全民、全党吹响文化大发展、大繁荣的号角时，版权事业应该重新武装出发。当然，在版权事业当中，也是有难题的。我领会，在党的十七届六中全会总体的精神当中，有两点似乎是带有根本性的。第一点，就是社会主义新文化的建设可以大踏步向前进，这就必须解放文化生产力，改革体制本身就是中华民族自身的文化建设问题。

第二点，中国文化走出去。目前，我们还是一个文化进口国。这次第八届茅盾文学奖，不知道所评的小说等作品的销售量是多少，而《哈利·波特》在中国销售量是多少？《福尔摩斯》多种版本销售多少？我的意思是，从总体上文化的进口量远远压倒了出口量，就像是石油进口一样。从单个品种来看，也是如此。这些年我们的电影事业也在大发展，每年几百部影片，票房收入已经超过了百亿。但是令人不得不感到遗憾的是，一半的票房收入被外国大片拿走了，其实人家大片就那几部，竟然抵得过我们几百部影片的票房，这是很让人尴尬的。怎么改变呢？当然应该是按照党的十七届六中全会的精神去加强我们自身的文化建设。

外国的文化作品销到中国是好事情，可是我们走出去的少就不是好事情了。怎么走出去？如何落实走出去的战略？通过什么样的路径？我觉得需要自身的建设和走出去两者的结合。这是一个硬币的两面。你能走出去，人家愿意看了，有一定的票房价值或销售量、收视率了，这证明你已经学会了用非本民族喜闻乐见的形式和话语来表达东方文化的内容，而这样的形式和话语也不见得中国人不喜欢。外国的大片、小说之所以能够在中国畅销，就是他们的话语我们能够接受，而我们的话语、我们的表现形式则显得老套得多。

我们要寻找文化走出去的路径，就要用人家喜闻乐见的表达形式和人家听得懂而且愿意听的话语来表现中华民族的理念和我们的价值观。这方面，我们也没有做好准备，特别是人才方面没有做好准备。每年我们都有上万的海归学者回来，由他们来做行不行？说句不好听的话，也不能光指望他们。他们出国若干年，几乎全在校园里和知识分子圈里打交道，黑人的孩子喜欢看什么？社区里的儿童愿意看什么？各行各业的人语言是什么样子的？他们没有来得及了解和学习。那怎么办？我想，仍然是门户打开，借船出海。中华民族禁锢得太久，自己的禁锢例如明清的海禁；他人对我们的禁锢，就是不断的制裁、封锁。虽然现在我们每年有1400多万人出去旅游，有近10万人出去留学，我们对西方的了解，远多于西方对中国的了解。但是，我们的了解还是表层的，而文化的东西是作用于人心的，要用眼睛看，用心来接受的。到底接受什么？什么样的舞蹈、戏剧他能接受，我们的京剧、昆曲出去也是受欢迎的，那是因为他们要看新鲜，甚至有的人要看落后。看一次、两次落得了根吗？假如我们在百老汇成立一个京剧团，常年靠演出能吃得上饭吗？恐怕不行。因此，虽然是形式的问题、话语体系的问题，但是必然还涉及一个民族哲学理念、价值观、伦理观的问题。这在文化交往当中也很重要。

开始是德国，后来有法国还有美国等，这些国家的社会学、哲学、史学、法学等学科的领军人物，经过很细腻的多年研究得出了结论，那就是今天的时代应该是一个对话的时代。在我们中国人看来，他们太费劲了，要对话还要几代的哲学家、社会学家去研究。我想，我们应该理解，第一，他们生长、学习、陶冶在一个完全掌握了世界话语权的环境里，而对话意味着平等、尊重，要扭转原有的观念，难。第二，从真正的哲学传统看，要突破原来的二元对立、非白即黑、分析论、机械论的思想，杀出一条路来，走向一个多元合一的思路，在哲学、社会学上是一场革命，难。所以他们经过几十年才得到这样一个结论也就不足为怪了。而这样的结论由于经过了几十年的争论，最后得出共识，必然很深地扎根在西方，特别是德、法、美的学术土壤中。

既然我们现在面临的是网络时代，是一个微博的时代，是一个云端的时代，那就给对话提供了最快捷、最高效和没有国界、洲界的渠道与平台。于是，我们著作权的问题，就不知不觉地已经被拖入到这个时代四个特征（网络、微博、云端、对话）的环境中。这里面既有安全的问题，也有更微妙的著作权问题。我曾经请教过权威人士，微博有没有版权？微博仅仅能容纳 140 字，按道理讲，如果这 140 个字很有创意的话，也应该保护。我就想到，140 个字也能编出一个很隽永、含蓄、很有意义的笑话。中国古代很多笑话不到 100 字，有不少至今让人一看还忍俊不禁。这样的东西是不是该保护？怎么保护？这样的段子用微博发出去，可能在一小时内被转发 100 万次，怎么保护？处在云端的时代，当我家的 PC 或者是笔记本也是云端计算中的一个存储器的时候，当我所创作的东西放到云上的时候，如果爱尔兰、南非、冰岛或其他什么地方的人下载，怎么保护？我们以往还比较习惯于印刷出版物著作权的保护，近些年来，正逐步要进入电子文本的保护，可是现在时代的脚步已经跨到了微博和云端，怎么办？

因此，我有这么几点不成熟的建议：

第一，中国版权协会就当今文化产品的新形式和应有的版权保护做一次广泛持续的深入研究。我高兴地看到，今天的会议还有云计算的专题。我想今天云计算技术，从技术层面已经不是大问题。我也看到中关村等地都有这方面的企业，武汉、杭州、成都等地都有很好的技术设备。那么，是不是应该就这方面的保护提前研究呢？当然，现在研究可能还是纸上谈兵，但是该谈了。同时，建议这种研讨应该形成社会舆论，赋予新的内核，就是新时代的版权保护。宣传的时候要强调中华民族应该重视对版权的尊重，对版权的保护。有了这方面的舆论，立法机构才能够注意，才能把即将要出现的突出问题纳入到立法和修改法律的程序上来。我想，未来《著作权法》的修改，恐怕这方面应该是重点。因为在大发展、大繁荣的过程中，中华民族不是关着门去大发展、大繁荣，我们要利用新的载体、渠道、传输手段，说时迟那时快，要有紧迫感，要以此为重点，作为下一步修改《著作权法》的内容。

第二，正如刚才主持人所说的，我从 20 年前《著作权法》的审定通过到后来的修订都参加了。为了修订好《著作权法》，克服有些不同意见所形成的障碍，我先后两次带团去访问联合国世界知识产权组织总部。那时候所想到的，包括非物质文化遗产的保护，还没有和今天的电子世界、虚拟世界完全连接上。不过才短短十几年的时间，现在已经把这个新问题提到议事日程上来了。这里还有一个问题需要提示：如果在某一方面、某一点上，中华人民共和国的《著作权法》走在了世界的前头，那可就是对我们自己极大的保护。大家都知道立法顺序的重要性，在维护国人在国际上的利益方面是占有很大优势的。

第三，我们走出去，不仅仅体现在法兰克福书市上，或者是各个出版集团出访上。我建议，中国版权协会应该组织专家走出去，深入到国外发达国家，了解他们版权保护前沿的动态和思路。我记得，我和胡康生、沈仁干等同志访问联合国世界知识产权组织总部的时候，他们领导核心的九位成员都到场和我们会谈，为什么？因为当时联合国那么多的成员国（当时好像是 189 个，现在 193 个），中国是唯一一个在著作权的问题上由国家的副议长（全国人大的副委员长相当于欧美国家议会的副议长——编者注）带团去访问世界知识产权组织总部的国家。当时，我们讨论得很广泛，还就非物质文化遗产的保护问题交换了意见，与世界知识产权组织总部一拍即合。当时龙永图同志正在日内瓦会谈加入 WTO 中的知识产权问题。他见到我说，现在是舌战群儒，压力太大了。我说，你明天可以说，我们为了著作权法的修订，一位副议长专门带团访问世界知识产权组织总部，你问问他们国家有没有议长为了知识产权立法专程到世界知识产权组织访问过，而且我把会谈的结果通报给他。他说，太好了，明天我一定打胜仗。世界知识产权组织的总干事不得不承认，中国用十几年的时间走过了欧美一二百年的历程，很不简单，知识产权保护措施不够完善也是当然的。所以，我建议版权协会时刻跟踪国外的立法、司法的前沿动态，很有必要。

我前面提了三个建议，第一个，加强版权保护意识；第二个，修改《著作权法》以新的媒体、新的传输技术、新的版权外延为重点；第三个，多了解国外与国际上最前沿的动态。

此外，再提第四点建议。著作权的问题，无外乎是侵犯、保护、司法、舆论和执行。在这些方面，单单依靠政府是不行的，版权局毕竟就那么点人。正如刚才柳斌杰同志所说的，建议中国版权协会充分发挥民间团体的作用。可以探讨一下，能不能逐步赋予版权协会行业协会的职能？所谓行业协会，就不是一个学术的协会，是行业利益的代表者、维护者、服务者。版权协会可以设立法律事务所，专门维护版权的法律事务所，可以代人打版权官司，可以为政府立法进行调研和起草版权方面的法律规章。版权协会可以为维护所有者的正当权益向社会发出统一的声音，包括涉外的。这样的话，版权局就多了一个得力的助手，解决我们政府小、社会大、人手不足、干部人人都是亚健康的困境。这也有益于提高全民的著作权保护意识。刚才有的同志在发言中提到，出了版权问题，不知道找谁。如果版权协会亮出这个旗帜，权利人自然而然就要找版权协会。而且版权协会这种服务是无偿的。那么，版权协会这些人吃什么、喝什么？第一，政府买服务，由政府拨钱，这也是一种支持；第二，加入协会的团体会员缴纳会费。用这两笔收入养协会，这样协会也就增强了为所有人服务的意识。

不知道以上这四点建议是不是符合版权协会的实际，符合不符合当前版权事业的现状。这些建议只是我出于关心和焦虑坦率地说出来的。

民间收藏：藏文于民　藏史于民※

在一个民族文化复兴过程中，必然要借助于祖先给我们留下的宝贝。在某种程度上可以说，重视不重视自己的历史，重视不重视自己的传统，是一个民族文明还是野蛮的分水岭。大家都知道，欧洲中世纪时，日耳曼还被称为"蛮族"，他们攻进了罗马，毁坏了一切。当时罗马、希腊已经开始步入封建社会，而日耳曼还属于部落文化。蛮族的横扫，对历史和文化的无视，让欧洲文化几乎倒退了几百年。人类进入到现代社会，各民族就越发珍惜自己的历史。

现在中华文化正在复兴，人们正在从各个角度回味过去，从过去的积淀中吸取营养，并且去掉一些不适合今天的文化形态和内容，这就是毛泽东同志所说的"取其精华，去其糟粕"。这是一个必然的过程。

这些理念体现在哪里？我觉得收藏就好是一个缩影。在座的许多收藏家，和中国收藏家协会聚集的很多收藏家，有人收藏书画，有人收藏工艺品，光楷将军收集的是名人的签名书。真是异彩纷呈，美不胜收。数不尽的收藏种类的共性是什么？是文化，是历史！一个走向民主法治的国家，构建起市场经济体系的国家，应该和过去不一样，不能一切宝物收归国有。实际上，当文化勃兴的时候，国家是收不全、收不起的，那就应该鼓励民间收藏。现在民间收藏很火热，有人说这是藏富于民，有人说是藏宝于民，都不错，但是还不够，还应该加上我刚才所说的藏文于民、藏史于民。所以收藏家、收藏活动对于保存、继承、弘扬中华文化功不可没。收藏，是一个很高尚的事情，是为自己的家族、为整个民族，甚至可以说是

※　2011 年 4 月 19 日在"《中国收藏拍卖年鉴》暨《藏书·记事·忆人：书画专辑》首发式"上的讲话。标题为编者所加。

为人类更具体、更形象地回顾过去、走向未来提供资粮。这难道不是一件很有意义的事情吗？

不可否认，即使在社会主义的市场经济体制下，也会有很多与好事情的本质不太协调的事情出现，这是规律，不必大惊小怪。比如在收藏品拍卖过程中的炒作，形成泡沫，而不是体现收藏品艺术的、文物的真价值；又如赝品的大量出现、盗墓活动屡禁不止。这都需要通过市场管理以及真正的收藏家弘扬自己的精神，把这种精神变成比我们这个大厅的灯还要亮的光芒，这样就会让不符合文化发展规律的一些事情显得像根蜡烛，黯然失色。如果这个大厅里没有千百度的大灯，点的都是小蜡烛，那么这个大厅就不会像今天这样：大家坐在一起，心情舒畅，彼此能够看得清楚。

总之，第一祝贺《中国收藏拍卖年鉴》发布会的成功；其次我希望通过每年出一本年鉴来引导市场走向正轨，走向规范，弘扬正气，把理智正气之灯点得越来越亮，让鬼火越来越暗淡。同时，我要祝贺老朋友光楷将军的《藏书·记事·忆人：书画专辑》正式出版，也祝贺他和他夫人收藏世界名人签名书的数量越来越大。

（根据录音整理）

唤醒记忆　保持童心[※]

各位文化界的先进，各位来宾，各位媒体的朋友：

我非常高兴看到这么多的嘉宾参加《学堂故事》发布会。诚如主持人所说，十七届六中全会吹响了中国文化建设大繁荣大发展的号角。号角一响，应该是万马奔腾，《学堂故事》摄制组只是这万马中的一匹。

如何建设新世纪的文化，我们愿意再摸着石头过河。邓小平同志一句"摸着石头过河"，改变了中国的面貌和历史，也改变了世界的格局。细想起来，所谓摸着石头过河者，就是先驱。人类、中华民族，在数不清的年代里，都是在摸着石头过河，不摸着石头过河的就是永远跟在人家后面走。

我们今天对把优秀的传统文化和时代精神结合起来还缺乏经验，缺乏成功的案例。一方面我们深刻地知道，今天是在昨天的基础上过来的，明天要依赖于今天，但是我们把昨天忘记得太久了，乃至于我们不得不求助于似乎已经死亡了的历史典籍、故事。有许多中华民族的故事是深藏于亿万人民心中的，至少是深藏在我这个年龄或比我更大的人们的心中的。由于时代浪潮的冲击，这些理念和故事经过两代以后，在生活中——即在家庭和学校中——没有传下来，可是故事堆里还保留着很多精华，于是开讲，于是诵读，于是争议，于是坚持。这样，昨天的记忆又慢慢地恢复了。历史的记忆，并不是让我们记住或者仿效鸦片烟枪、三寸金莲，而是让我们记住奉行最适合人类生存、延续、进步的那些仁、义、礼、智。最近有的学者说，中国传统文化是农耕时代的文化，当中国农耕时代结束以后，这些文化就已经失效了，死亡了。恐怕他所指的是帝王制度，是

※　2012 年 12 月 10 日在电视片《学堂故事》新闻发布会上的讲话。标题为编者所加。

"男女授受不亲"（《孟子·离娄上》），是"父母在，不远游"（《论语·里仁》）这类针对、适合那个时代的关于日常生活的教诲，而没有涉及中国人尊天敬祖、忠孝和睦、推己及人、义无反顾、维护统一、热爱祖国等等可歌可泣的精神和故事。现在《学堂故事》摄制组认定了这个方向，就是用现代的技术手段和媒介唤起我们一代人的历史回忆。

时代的确变了，单纯讲述道理已经越来越失去它的效用，特别是对幼小的孩子们。如何根据今天儿童的心理状况、心理特征，用他们喜闻乐见的形式，把曾祖母留下来的乳汁点点滴滴地滋润到他们的心头？在这方面更需要摸着石头过河。我们的动漫、绘画、台词，适合不适合儿童？摄制组计划拍一百集，我希望做出最初几集以后，就在一定的范围里让观众鉴赏和评判，及时修改我们的思路、笔法，以便让后面更多的内容适合今天的孩子们。我始终认为，一个人不管他长到多大，例如像我和苏叔阳先生，70多岁的人了，实际上都还保持一点童心。只要是孩子们喜欢看的，我相信我们也喜欢看。老苏，你说是不是？

的确，在一个物欲横行、"盗""匪"猖獗的时代，应该让整个社会保持一点童心，不要太老成了，不要对名利研究得太透彻了，这样就失去了民族的朴实，失去了人的本性，也失去了中华民族的灵魂。

我衷心祝愿《学堂故事》开镜，我也由衷地感谢今天到场的嘉宾给我们加油。

预祝成功！

谢谢！

（根据录音整理）

发扬长城精神　再铸数字长城[※]

　　我怀着十分振奋的心情来参加会议。成立数字长城工程委员会本身是一件符合时代精神、符合中国未来发展，也符合长城精神、有远见的举措。我不想太抽象、枯燥地来谈我的感受，我想从我怎么当的长城学会会长说起。

　　长城学会是为了响应邓小平同志"爱我中华，修我长城"的号召而筹建的。当我还不是长城学会的成员和会长的时候，我对这八个字就反复地品味。邓小平同志完全可以用别的表述方法表达修长城的号召，例如说："修我长城是全民的事业"、"修我长城是中华民族的伟大盛举"、"人人都要关心、维护长城"等等。但是他先写的是"爱我中华"，然后是"修我长城"，这两个词组实际上是相互交融的，存在着内在的逻辑和情理上的紧密联系。因为"爱我中华"才能"修我长城"，"修我长城"就是"爱我中华"的体现。同时，用隐喻的方法表达了长城与中华是一而二，二而一的，那就是长城精神，就是中华民族的精神。当时看到邓小平同志的题词，有了自己的理解以后就过去了。后来经过了若干年，我们的前任会长，创会的会长黄华同志，已经九十岁了，他向有关部门提出要辞去长城学会会长职务，推荐我来做长城学会的会长。黄华同志作为革命的前辈、党和国家的杰出领导人，让我接下担子，我不敢接。黄华同志当面跟我讲，我觉得不好推辞，于是接任了会长。最后我之所以胆敢接任会长的职位，也是基于我对这八个字的理解。

　　为什么在这个场合说这个话呢？身处二十一世纪，世界的风云已经在不断地向人类昭示：经济不能决定人类的命运。中华民族正面临着一个艰

※　2012 年 7 月 30 日在数字长城工程委员会成立大会上的讲话。标题为编者所加。

难的选择，无比强大的力量要把中华民族拖向一个文艺复兴之后，特别是二战之后，美国所塑造的国家发展场景。可是中华民族的本性，我们的民族精神告诉我们，我们要走自己的路。今天，人类处在十字路口，中国也处在十字路口。虽然六十年来我们在走自己的路，但是由于无比强大的外力，给中国人的群体造成了另外一种理念，就是要跟着西方文化走，因此我们也存在着选择的问题。如果要坚定地走自己的路，未来的路在何方？就在脚下，就在生育我们的土地和历史中。任何一个时代都是在过去历史的基础上创新和发展，脱离开中国几千年文明的沉淀而另找通道，就像是我们在会场上掐一朵花，回去插在自己的阳台上，绝对不能成功。中国的文化，的确像俗语所说的"博大精深"，但作为物化文化，最伟大、最雄伟的就是长城。

这里我想讲一个故事。前几年我们组织了台湾的一批大学生到我们这儿来参观，其中有一个项目是登慕田峪长城。领队约定上长城多少分钟，按时回来坐车。最后学生在长城上不下来，不能按时集合开车。有的学生在长城上跪下，失声痛哭。为什么？我们生活在长城脚下，这一生不知道去过多少次长城，不以为奇。但是台湾的青年是从他们父辈的嘴里，从教科书上看到的长城，到长城之后，他们感触中华民族的沧桑、自己家人的身世以及祖先的伟大形象和神灵汇聚在一起，以至于失声痛哭，这就是感动于"长城的精神"。

刚才几位院士、专家，还有我们周友良将军都已经讲了长城的价值，也提到了我当初的题词"让雄伟的长城走向世界，把古老的长城留给子孙"。我要说为什么想让长城走向世界。固然，长城是中国的，也是人类的。有一点我想补充前几位的发言，中国修长城本身是为抵御当时北方游牧民族的入侵，因为长城的本质是谋求和平与统一。因为长城是防御工事，不是进攻工事，如果进攻可以修成屯兵的设施，它不是。为什么它还是统一的理念的体现呢？秦修了长城之后，六国的长城该拆的拆，该遗弃的遗弃，现在在山东所发现的齐长城就是它的遗迹，那就是天下一统、统一的防卫。大家都知道外国政要到北京必须做的三件事就是登长城、逛故宫、吃烤鸭。有一次我在接待议会代表团的时候问你们看了长城觉得怎么样，他们说"伟大"、"了不起"，有的甚至说"不可思议"。我说它标志着中国人民是热爱和平的，热爱统一的。我说这句话的时候，听的人点头称是。我说中国"威胁"论是你们提出的伪命题，如果今天中国人修一道长城，你们是不是说是威胁？所以让长城走向世界，除了展现中国历史的悠久、文化的深厚之外，我想应该展现我们为和平而修长城，为统一而修长城。今天就要为和平、为统一而实行数字长城工程。

我们的前辈，长城学会的创建者主要是一批老将军、老干部，当然也邀请了一批老学者。现在很多人已经离我们而去。这些老将军戎马一生，用手中的枪和身上的血捍卫真理，争取民主、自由、独立、和平。当他们年纪大了，脱下军装了，又组建长城学会，又从文化上建立钢铁长城。我们的很多老干部也是如此，要继承他们的精神。在二十一世纪，做很多事都自然不可或缺地要和现代技术相结合。时至今日，不利用现代科学技术就难以发现被我们遗忘的、被历史淹没的那些文化古迹以及文物的精神。即使发现了也难辨其真伪。而要让它们走向世界、留给子孙，也需要用现代技术给予保护，用科技的手段把我们的文化传向青少年，哺育新的一代。所以我想这个工程的启动既是长城精神的体现，也是我们老一辈将军、领导、学者精神的体现，有了它，有了现代技术，我想长城一定会插上翅膀飞向世界的各个角落。

最后我再用两个故事说明长城的确需要借助现代技术走向世界。

今年的三月份我家来了一个小客人，是英国孩子，十五岁，在读高一。在征询他打算到北京看什么的时候，他在英国回答：我只要看到长城就可以。后来，登上长城，其兴奋难以抑制，回到家向他爸爸妈妈讲述的时候，拿出的第一张照片就是在长城上的照片。

第二件事，我为了汉语普及推广，在各国办孔子学院，支持商务印书馆办的一个杂志叫《汉语世界》，创刊号封面用什么图片定不下来。一个提议是用国际影星章子怡的照片，据说在美国非常著名；一个主张是用大红灯笼；第三个主张是雪中的长城。争执不下，最后让我来拍板，我说我不能拍板，这个杂志是给国际的青年看的。这时候刚好有二十一位美国的大学生到中国来学汉语，刚下飞机，用汉语教学的术语叫零阶或零起点，也就是一句中国话不会说，一个汉字不认识。于是请这二十一个学生给这三幅图片投票，告诉他们这是什么杂志，这些图片要做封面。结果十八个人投了长城。也许用汉语说"长城"没人懂，但是，你说 GreatWall，几乎英国、美国的中学生都知道，但来过的有多少？寥寥无几。你等着人家来看吗？那好，我们把长城送出去。怎么送？唯有用现代技术，无论用虚拟的、还是三维的、还是动漫的，才能让世界知道。我相信这个工程，只要坚持下去，的确可以让我个人的理想，"让雄伟的长城走向世界，把古老的长城留给子孙"能够实现。同时，世界上独一无二的、伟大的长城，可以为人类作出最大的贡献。

当然，刚才张廷皓说，保护长城"路漫漫其修远兮"，我想接下一句话"吾将上下而求索"。"上"就是上天，用遥感等技术，"下"就是把可见可触的物数字化，然后再上天，通过天上传输，传到世界。这一切的确是路漫漫，会有很多困难，但是我相信只要我们合作的几个单位本着我们大家反复重复的理念，一定会达到我们的预期目的。何况，诚如王心源教授刚才所展示的，党中央国务院最近一再强调文化的重要意义，实际上背后有一句话，一个国家钱多倒不一定强，只有在有钱的前提下，又有了丰富的科学、让人向往的先进的文化，这个国家才是真正的强大。我们的工程就是迎着这个中央、全国重视文化的氛围，为国家的强大贡献绵薄之力。

预祝我们的工作顺利成功。

谢谢大家！

（根据录音整理）

利用空间信息技术　弘扬古老长城文化[※]

尊敬的各位来宾，女士们，先生们：

上午好！

首先我代表中国长城学会、中华炎黄文化研究会、中国文化院和数千名志愿者对第四届遥感考古国际会议（ICRSA4th）的隆重召开表示热烈的祝贺！对来自世界各地的专家学者和各位代表表示诚挚的欢迎！

各类文化和自然遗产是人类祖先和大自然的杰作，承载巨大的历史和文化价值，是全人类公认的具有突出意义和普遍价值的文物古迹及与自然景观，是了解我们居住地球的演化历史、认识人类自身进化发展、理解不同民族的习俗文化的"物证"。然而，随着时间的流逝、人类活动加剧以及全球气候变化的影响，大部分遗产都面临自然与人为的双重作用影响，使得这些宝贵的遗产在经历了漫长的时间洗礼后，都在遭受破坏或损毁，越来越严重地影响其真实性和完整性，因此利用先进技术进行监测和保护不仅使需要的，而且是十分紧迫的。空间信息技术以其独特的工作原理与方式在遗产的保护和恢复中已经发挥作用，日益成为遗产监测与保护中不可或缺的技术支撑，在遗产的遥感与探测，以及在定位、测量、展示、分析、综合和复原等各个领域或各个层次都可以得到有效应用。现在，我们将空间信息技术、遥感（RS）技术、地理信息系统（GIS）和全球定位系统（GPS）技术，结合地面传感网络技术，根据应用需要有机地组合成一体化的新型、系统的技术和方法，用以实现世界遗产地的数据获取、动态监测、管理和定位，一定会为人类文化遗产保护事业作出新的巨大的

　　※　2012 年 10 月 24 日在第四届遥感考古国际会议开幕式上的致辞。标题为编者所加。

贡献。

中国历史悠久，文化灿烂，是世界上拥有世界遗产类别最齐全的国家之一，也是世界自然与文化双遗产数量最多的国家。截至 2012 年，中国已拥有 43 项世界遗产，数量位居世界第三。在这些数量众多的各类遗产中，长城可谓是一枝奇葩，被称为世界七大奇迹之一。它始建于两千多年前的春秋战国时期，历代长城总长为五万多公里。长城是中国悠久历史的见证，代表了中华民族的沧桑和祖先的伟大形象，代表着人类祈盼安宁、促进和平交往和民族统一的美好愿望。长城精神代表着中华民族的精神。中国长城学成立于 1987 年，以研究、保护、维修、宣传长城，弘扬以长城为象征的中华民族的伟大精神并把这一伟大遗产奉献给全人类为宗旨。长城学会历来重视空间信息技术在长城保护中的应用。二十世纪八十年代，我们就采用航空遥感技术对北京地区长城现状进行了调查，查明北京地区长城的空间分布格局，定量描述了长城损坏程度，量测了长城长度，对长城保护、维修问题提出了宝贵的建议。随着空间信息技术的革新和应用范围的扩大，空间技术在长城的保护、管理和宣传中的作用日益显得重要，如激光雷达技术应用于长城研究，使得古老的长城栩栩如生、重焕活力。今年 7 月中国长城学会和国际数字地球学会中国国家委员会联合成立了"数字长城工程委员会"，其目的就是深入利用空间信息技术对长城进行全面的监测、保护和宣传，实现长城文化与空间技术的有机融合，推动发展长城保护工作，让长城插上翅膀，飞向世界各个角落。同时，我也期望，中国的和世界的空间信息技术能在实施像"数字长城"这样的应用项目过程中，得到新的启发，促进技术的发展。

金秋十月，是北京一年中最美的时间，我真诚地邀请各位与会代表，在会后实地感受中国长城的美丽风景和深厚的文化积淀，同时对长城的管理和保护工作提出宝贵的意见和建议。

预祝大会取得圆满成功！

谢谢！

为长城插上凤凰的翅膀[※]

作为长城学会的会长来参加这个会，是非常激动甚至有点亢奋的。这种激动和亢奋的来由：第一，感谢凤凰出版传媒集团。凤凰集团的成长，是我亲眼目睹、深有体会的。六中全会之后，中国的文化建设将进入一个新的阶段，凤凰打算怎么办？我经常想着。凤凰的事业蓬蓬勃勃，但是没有想到他们在古都金陵还在惦念着、眷顾着北方的长城。这是因为作为文化人、出色的文化单位，一眼就看到了中华文化的根底。第二，长城是物化的传统文化，固化了中国几千年文明的精神。凤凰投巨资成立了长城出版中心编撰《长城志》。同样感人的是参与其事的几百位不为名、不为利的专家。现在浮躁之风弥漫中华大地，为钱而拼命的躁动深深地侵蚀了中华民族的心，这个时候凤凰集团和专家们能不计名利，沉下心来研究，不仅难能可贵，而且对浮躁者也是一种对比和警示。现在凤凰又要推出《长城故事》，集凤凰集团、科影制片厂、长城学专家三方之力，要让雄伟的长城走向世界，把古老的长城留给子孙，我不能不对他们表示敬佩。

刚才主持人说，如果长城活着，它会向我们诉说很多很多故事。是的，长城的确活着，虽然它的肢体已经严重损伤。长城是有生命的，这生命就是长城的子孙心中的长城，一直延续到今天。百年来中华儿女不但"把我们的血肉铸成我们新的长城"，而且现在要把我们的精神铸成永远屹立的长城。凤凰集团、科影制片厂和专家们，就是长城生命力的体现。《长城故事》拍摄出来，又将长城的生命物化了。

※ 2012 年 1 月 8 日在《长城故事》签约仪式上的讲话。《长城故事》是由凤凰出版传媒集团与中央电视台科教节目制作中心联合拍摄大型人文纪录片。本文注释为编者所加。

刚才跟大家提到刘效礼将军①拍的《望长城》。这样一位"钢铁长城"的电影工作者，跋山涉水扛着摄影机拍躺在那里几千年的长城，为什么？我没有向刘效礼将军请教，我想从长城学会说起。

我担任长城学会的会长是"被动"的。当时黄华老前辈找到我，一定要我接过接力棒。这时我才开始了解长城学会。原来学会是应小平同志"爱我中华，修我长城"题词的号召，由一批老将军、老领导发起的。在革命军人眼里，他们自己、他们带领的队伍，就是共和国的钢铁长城；而在祖国大地上蜿蜒上万里的长城，则是人们心灵的长城。说是修长城、爱长城，其实也是在铸造人们的灵魂。我为此深受感动，所以斗胆地接过了会长的职务。这八年来，我对长城的认识越来越深刻了。我想，刘效礼将军也是出于对长城的这种认识拍长城的吧。

当人们叙说长城这古老故事的时候，当我静静地凝视长城的时候，我不像军人那样刚强，也不像学者那样冷静，有时候会眼圈发红落泪，为什么？就是因为刚才说的，在我心里长城还活着。它身上的每块石、每块砖、每抔土，都可以说出很多很多故事。特别是当我在河西走廊看到汉长城仅剩的夯土已经不多，有的地方只能隐隐看出些痕迹时，我想到当时的奴隶、俘虏和士兵在那样艰苦的环境里，从很远很远的地方取来水，把黄土一夯一夯地砸实；我想到戍边的将士在灼人烈日、刺骨严寒、飞沙走石中戍边；我想到王昌龄、岑参等历代诗人的边塞诗所讴歌的悲壮和豪气。当我在榆林看到比较完好的八百里长城时，当我到无定河边脑海里不由得跳出来"可怜无定河边骨，犹是春闺梦里人"的诗句时，我体验到了——长城没有死，它还活着。我们后人面对长城，除了一赏长城的壮观大气和长城内外壮丽的河山之外，作为文化人，还应该静静地坐在那里，面对长城，用心灵和它对话，和筑长城的人、守长城的人对话。

现在有电视、电影，有声光电技术，可以用这些作为中介，把作为物的长城内化到人们心里。张保田先生所拍的长城，应该给他结集出版。那些新旧对比的照片对于比较了解长城的人来说，一看就震撼，会浮想联翩——长城的沧桑就是祖国的沧桑，长城的挺拔就是祖国的精神，物化的土砖石已经内化为"我"的东西了。但是对广大受众而言，就需要电视

---

① 刘效礼，少将军衔，原中央电视台军事部主任。在电视纪录片制作领域取得了突出成就，拍摄了《望长城》、《毛泽东》等大量优秀电视纪录片。

的特长，动静结合、俯瞰仰视、倒叙特写、旁白音乐、蒙太奇等多种手段的使用。我相信一定会有很多人看了之后能够把长城内化到自己的心里。

长城不会说话，但在片子里我们可以提出问题、回答问题。电视片就是一种"翻译"，把无声的东西译为有声，而这种有声既是表现长城，又是代受众说出自己心里的话。

我知道要拍出人人满意的片子很难。前面已经有很多的长城片了，只有拍出新的风格、新的高度、新的震撼力，才能被国内外接受，这要比拍第一部难得多。但是我相信有凤凰集团作为后盾，有强大的拍摄和专家队伍，三合一，一定能成功。

你们在为中华民族的文化振兴注入活力！祝愿长城插上凤凰的翅膀，走向世界！衷心希望这部片子成为长城事业上的里程碑！

（根据录音整理）

爬上高山 继续冲锋[※]

许琳主任要把我的题目改成"攀登高峰"、"占领制高点"。我特意用到"爬"字，而且是"上"，上山就困难了，还要爬，是言下一段工作的艰难。"继续冲锋"而不是"继续前进"，是强调要有冲劲。冲锋是为什么？突破敌军的阵线。这个敌是我们自己，是我们自己观念的准备、知识的准备和能力的准备不足，只有冲，才能突破。"攀登高峰"俗不俗啊？本来挺好的词，用多了就没意思了。占领制高点？能不能占领不知道，制高点在哪儿不知道，都是困难。汉语国际教育和中国文化走出去是座高山，这个比喻可能更形象。

前天，民进中央举行联谊会，马箭飞主任也代表汉办去了，听了一场京戏。出场人有大家熟悉的于魁智、李胜素、管波，管波唱了一套《红娘》，又唱了一段《卖水》，用新的形式——脚都会动起来的那种形式，有音乐的伴奏，半唱半白，年轻人听了也会喜欢，唱了《卖水》的一段《报花名》。后来我站起来鼓掌的时候管波看见我了，冲我直摆手。《卖水》是刘长瑜的成名之作，我觉得昨天她唱的这段，从表现形式上和以情代声的表达上，起码不低于刘长瑜，甚至比她师傅还高。不一一说了。武戏唱的什么呢，《三家店》、《红娘》、《骂曹》、《坐宫》，文武戏都有，开场就是唱武戏。另外生旦净丑齐备，梅派、张派、麒派、程派都有代表人物出来唱。就这么一个多小时的京戏表演，你看看搭配得多好。名角、年轻的优秀演员、男演员、女演员，文戏、武戏，不同流派，给你开的菜单都是名戏啊。名戏名在哪儿呢？要唱功，这些戏最适合功夫的体现。就这样，我想到咱们改革开放初期，甚至于在文化大革命期间，京剧出去演

※ 2012 年 1 月 9 日在孔子学院总部的讲演。

什么呢？武戏《三岔口》，没有台词，三个人在黑暗中摸、打、斗，问那个是谁，那个是谁，外国人不知道，反正你们编得巧。再一个是《拾玉镯》，动作多，少男少女之间的那种从不相识到相爱，用动作就给表现出来了。而昨天我听的这出戏，全拿京剧里真要表现唱功的来演出。还有戏码的排列顺序，怎么开头，谁是大轴，谁是压轴，我看排的都是行家。

我干吗要说这个呢？咱们就要接着唱咱们的戏了，第二出戏。或者说，孔子学院这个舞台将来是一个综合文化交流的平台。综合，就不是单一，就像这出戏一样。昨天听的人都是文人，大部分是喜欢京戏的人，所以排了这些戏码。如果给小朋友演，一定会有猴戏，要看观众的口味。中央说让我们"充分发挥综合文化交流平台的作用"，我把"平台"换成"舞台"来说，谁来唱戏？中华文化唱戏。一出戏、一台节目背后还有策划人，用今天的洋话叫做舞台监督。从前，在梨园行把这个人就叫提调，一台节目总有一个总提调，昨天这台节目谁是总提调我不知道。现在孔子学院要成为一个舞台了，这个总提调是谁？就是汉办。我们需要懂戏，需要懂不同行当的戏，要了解演员。而孔子学院、孔子课堂又是在国外办的，因此需要了解观众。你把《打龙袍》或者《四郎探母》里的《坐宫》，杨延辉和铁镜公主对唱，给外国的小孩看，那不砸锅了？那么现在我们汉办整体够不够做总提调的资格，做好准备了没有？这是一个极其严峻的问题。这个总提调，要进行策划，要组织和招揽客人、观众。具体登台的是谁？分提调——385个孔子学院的中方院长。我们有多少中方院长可以策划、组织这台戏？我不太知道。我们走惯了推广汉语的路了。现在等于是我们的领域拓宽了，而这个领域又是与教授语言和文字决然不同的一个领域。孔子学院大会把30条规划都已经抛出来了，得到了各国的大学校长、外方院长以及教师、教授们的热烈欢迎。人家以为我们孔子学院总部兵强马壮，说干就干，可是你说我需要准备半年或者一年，不行啊。所以，我担心后面会像雪片一样提要求。

我在前几天和许主任、马主任等几位主任一起谈的时候提出来，四位主任都没有注意我说了三个字，"靠自己"。（许主任：我们注意了。）

那太好了，毕竟是主任啊！那天我没展开说，今天展开说。靠谁？只能靠咱们这个团队，以及未来我们团队的新成员。有人说，我们不会请专家吗？对不起，中国没有。这些专家，唱戏的懂得某派京戏，讲书画的知道书画怎么展览，讲京剧的只懂京剧，讲中医的只懂中医，说这个舞台是综合的平台，他不会干。另外，我们的专家都知道面对中国受众时怎么说、怎么演，对于外国不同的国别，不同的语种，不同的年龄，不同的界别，不同的信仰，他们不知道怎么说、怎么演。那怎么办？只能是我们自己把自己打造成一个在这个综合文化交流平台上无所不能的专家。要靠自己。

对这个我有九个字的解释。不能请，请不来，来没用。逼着我们只有一条路，"自古华山一条路"，没有退路。同时又让我想起一段事情，就是 2005 年 2 月 23 日晚 7 点半到夜里 12 点，距离这一天还有一个多月就整整七年，在国谊宾馆七楼的一间房子里，许琳主任刚从教育部出来，跑到我那里求我一件事情：周济部长让我到汉办当主任去，您能不能替我说说，别让我去。这段历史你们不知道吧？周济同志是这么说的，到汉办有很多困难，你去向许先生请教怎么做。结果她违背了部长的意志，跑来说："您给我说说，别让我去了，也就您说还管用。"我说："你找对人了。周济同志很英明地把你摆在这个位置上，你想跑，你找我，今天我用焊枪把你焊在那儿，让你跑不了了。"这才有了这七年的历史。

我当时谈了这么几件事情，可能有遗漏。第一件事情，现在到了汉语和中国文化走出去的时候了，那时候正式提出走出去。第二，要走出去，教材要改，教学要改，教法要改，HSK 要改，不知道许琳主任还记得不记得。第三，要培养出去教汉语的人，下大力气，在八个基地着重培养。一个地区建一个系。当时我的气魄小啊，也就是华东华中，还讨论了半天是华东还是华中，后来就说华东抓得特别好，就把我也套上了，我还是上海基地的主任。华南、东北、西北大学各建一个系，这个系，培养的是跨学科的人才。第四，不光是汉语走出去，只是汉语走出去是不行的，文化也要走出去。当时提出来，西方用文化对我们进行渗透，我们文化走出去就是反渗透。那天许主任很激动，不像现在动不动就记录，那天她根本没记录。我说一段，"您还是让我走吧"，我说一段，"您还是让我走吧"。幸亏我的秘书做了简单的记录。我特别指出来，要求我们的老师能对中国文化和中国当代的政治、经济乃至我们的政体讲出一二三来。第五，国别语种，要以当地为主，一国编一种教材——哪像现在，一国好几种教材，早就超额了——编制教材要组成联合专家组，以当地人为主，我们参与，我们把关。第六点谈的是，要搞国际汉语教育，思路要打开。那时候叫做"对外汉语"，意思是只研究本体不行，要研究如何对外，也就是说教材教法的问题。第七，她说我是学化学的，干了好多岗位，然后到教育部，您知道我是管财务的，好容易到加拿大当参赞，我哪懂什么汉语教学呢。我说了一句，外行领导内行是常规，但是，不能是绝对的外行，你不懂具体业务，你懂得"走出去"的规律，懂得人接受语言教学的总规律就行了。在这个时候我才说："我把你焊住。"为什么这个算一条？因为我知道当时许主任的思想状况，"我是外行"这一点是一个很重要的思想阻碍。

今天我为什么说了唱戏又说这场戏，拿我当时的思想衡量孔子学院总部，我们汉办，从45个人到现在95个编制，还有我们请来一起工作的一共一百多人，你们的辛苦从中央到高校都知道，这七年来，所做的成绩远远超出我当年的期望和设想，所以我的感慨是很深的。这点因为咱们是自己人，我就不再重复了，可以说，任务已经超额完成了。

对这个形势怎么判断呢？我认为我们已经爬到半山腰了，所以我用了"爬上高山"的说法。要到顶，越往上走越困难。毛主席说，无限风光在险峰嘛。大家团结一起像一个人一样冲了七年了，应该说，中央对汉办工作的肯定就是对我们最大的褒奖。但尤其是现在不能泄气，要继续冲锋。因为从我们自身来说，我们对综合文化交流平台有"二不"：不熟悉、不适应；"二缺"：缺调研、缺人才。难啊！但是我们有七年的经验，我相信再难，这个高山我们也一定能爬上去。由现在起，我建议总部开始着手做爬山的准备。怎么准备？我想了几条，有的地方我要展开，所以前面说的都简单一些。

首先要清楚，中央为什么要这个平台？原来的孔子学院定位是很清楚的，现在重新定位为这样一个综合文化交流平台。而且这个说法，我估计中央是经过反复斟酌的，它不是"文化综合交流平台"，而是"综合的文化交流平台"。文化综合交流平台是我们的书画、歌舞、京戏、变脸。而综合文化是经济、教育、哲学、宗教——当然宗教有的地方可以，有的地方不可以——乃至政治。包括古代的、现代的，是综合的。有了这个平台，几乎没有边界的很多行当都可以在这个舞台上唱戏。

我有一个判断，二十一世纪的第二个十年，既是我们最佳机遇期的延伸，又是我们面临着过去没有过的广泛而深刻的挑战。也可以说，如果我们不自觉，没有一个清醒的认识，那未来的十年就是有危机的十年。是危机还是机遇，一字之差，在人的大脑上，特别是在我们的领导核心力量、最高机关那里就是一念之差。换句话说，认识清楚了，对策适当了，方法得当了，危机就变成机遇，反过来机遇就变成危机。

现在中国国内的问题很多，这不用我说，报纸上天天都有，很多学者的文章也都说了。其实，你再宏观地看看，我们遇到的问题哪个国家没有遇到？美国、英国、法国、比利时、俄国、日本、印尼、菲律宾、澳大利亚，哪个国家没有遇到？有些问题它们比我们严重得多，而且至今没找到治病的药方，例如美国的经济、欧洲的经济。咱们都一样，你比我们困难，这不正是我们的机遇吗？可是，作为资本主义的本性，它可以不管老百姓的温饱，它还要对它所认定的假想敌进行遏制，甚至于要颠覆。因此我的一篇文章里说的是，现在他们用的方法是用科学技术，刚开始用最初级的产品，比如 LV，进一步是专利，再提高一步是金融，最后一招就是影视业。美国加上它的伙伴们，你看看全世界，一个梯队一个梯队是非常清楚的，前面几个解决不了了我就要动武。在今天经济全球化的环境下，你中有我，我中有你，不要以为现在只是靠着推特或者是脸书，人家的人就在我们北京，就在上海，就在广州啊。大家看看普京所遇到的困境，普京厉害，毕竟是克格勃出身的。他说："我知道外国的组织是给了钱的，有些大学生就拿了人家钱，拿人家钱也好，改善生活嘛。"所以，中国一旦有点什么事情，它介乎金融手段和航空母舰、制导导弹之间还有一招，就是颜色革命。今年所发生的事情，无论南海也好，东海也好，印度也好，大家都感觉到了，老殖民主义者搞这一套是非常有经验的，这和一百多万的八路军、新四军逐渐地战斗消灭了国民党八百万军队，战场上见不是一回事啊，这种斗争的形式我们还在学习啊。这跟我们有什么关系？这是我七年前所说的，他们对着我们进行文化渗透，我们到他那儿讲中国文化，我们反渗透。实际上用今天中央的话说，就是要释疑。实际上对有些人，特别是决策的人，我说的决策人还不是奥巴马，是奥巴马背后的老板，永远释不了疑。我们释疑只对老百姓，但是老百姓释疑了，知华了，友华了，力量大了，他做起来也难啊。

再加上，由于所有的媒体都掌握在垄断资本手里，因此整个空中的话语权都在人家手上。现在看你不顺眼，总想让你颠覆，于是把我们妖魔化。妖魔化有造谣，也有真事，放大就是了。在座有很多我们总部的年轻人都在国外待过，我们的《人民日报》第一版基本上是政论，第二版、第三版都是各地改革开放落实中央精神的报道。而西方的头版头条是什么，小悦悦怎么被碾，怎么有 18 个人麻木，陈贤妹怎么出来救，提一次就不提陈贤妹了，只提那 18 个人。铺天盖地给你报道，说中国人是冷漠无情的。哪个监狱越狱了，给你大报道。因此，外国民众所了解的中国，摆脱了裹小脚梳大辫子了，可是又进入这样一个新阶段、新形势的中国人形象。

裹小脚、穿马褂、男人梳辫子这个形象什么时候改变的？九十年代才改变的。我举两个例子。一个是我访问智利，智利表示友好，特意给我做了一个铜盘。智利出铜嘛，铜盘是很著名的手工艺品。在铜盘上，一边是中国地图，一边是智利地图。智利的图上站着一个人，穿着民族服装，中国的图上站了一个清朝装束的人，就是瓜皮小帽梳辫子，两个人隔着大洋握手，表示友好。什么时候发生的？1994 年。那么现在又变成了 13 亿人是没有信仰的、冷漠的狂暴之徒。在我和美国水晶大教堂创始人大主教罗伯特·舒勒对话的时候，他对中国是非常友好的，面对着三台摄像机实时转播，全世界 130 个电台同时收看，跟我说："我向你请教一个问题，有人说中国人没有信仰，是真的吗？"幸亏我知道，作为宗教国家的臣民，他提到信仰意味着什么？那就是当一个人没有信仰的时候，他是一个野蛮人。当一个民族没有信仰的时候，他就是一个最可怕、最可恶的民族。因此，我回答："我们绝大多数人没有皈依宗教，但是我们有另外一种信仰，这就是我们追求自身的无限无尽头的完善，信仰都这样以后，将是一个大同的世界。"他说："啊，那和我的信仰很接近，我的信仰就是一种理念，一种希望。"在那个小场合，我算给这个老头、老朋友化解了他的疑问。但是这和整个西方世界舆论的统治相比是九牛一毛啊。正因为这样，所以这次孔子学院大会，也是许主任给我下的命令，让我去讲一讲。我说："讲什么呀？讲过两次了。""你讲宗教。"我也不知道当时她怎么想的。回去一想，讲宗教，好，其实我讲的是信仰。好多咱们总部的人都在场，我的题目是《人类是同父同母的兄弟》，副标题是《我的宗教观》①，其实是我的信仰观。我想在这儿试探一下看看行不行，现在看来还可以。

因此，面对着我们目前的国际形象，面对着我们在国际上的处境，我们用文化去树中国的形象，这对化解中国的国际压力，能起到相当大的作

---

① 该文收录于《未央三集》。

爬上高山 继续冲锋

用。也别把这个作用看得多么大，问题是，现在找别的路径、平台来这么传播，还没有呐，孔子学院是唯一的舞台了。除了孔子学院的体制机制被西方主流社会接受，还有一点，文化不同于意识形态，意识形态不同于政治，这是全世界都公认的。你不能说我吃麦当劳就卖国啊。你也不能说在伦敦吃宫保鸡丁就是亲华吧，这是一种文化。但是这三者之间又有极其密切的关系，谁都离不开经济。

我在几个国家场合都讲了，中国讲"和"，这比较容易懂，其实中国还有一个核心理念，就是"中"。中国的"中"，就是不走极端。中是大多数，你无论从物质看，还是从人类的情况看，两个极端都是极少数的。喜欢战争的人恐怕是极少数的，一有战争就先自杀、以死来要求和平的也是少数的，更多的人是希望和平的。怎么达到和平？有多种多样的手段。地球有南极和北极，南极地方小，北极地方小，更大的面积是寒带、亚寒带、温带、亚温带、热带、亚热带。过去我们的思维就是两端对立，轻视了中间。但是这个给外国人讲起来比较复杂，所以我就讲"和"。从政治上说，就是要社会和谐，世界和平；从文化上说，就是我们"和"的理念；从意识形态来说，儒学、道学，这二者兼有的就是周易之学，在老百姓心中根深蒂固。

所以，如果在这个平台上我们导演、组织的这出戏唱得好，就是宣传文化，文化积累多了就是意识形态；意识形态有所改变，至少有个参照系了，就对政治产生影响了。因为中国发展到今天成为一个经济大国以后，要成为一个文化大国、文化强国，必须走出去。通过孔子学院这个平台，我们的触角伸到100多个国家，我们的老师、志愿者、中方院长加上孔子学院总部巡视，去进行各种活动，我们可以把国际上的好东西又吸收过来，丰富自己的文化。

另外，当今的世界也需要中华文化。大家都看到了，占领华尔街现在已经演变为占领运动，占领那儿占领这儿，开始提出对美国的民主制度的质疑。欧洲主权债务危机已经提出它们的金融体制不行了，腐朽了，这个制度要改变。再上一层，就是对资本主义的质疑，这一质疑就和社会主义差一层窗户纸了，你抛弃了这个，不行了，往哪儿走啊？再往前走一步，必然发生到社会主义。可是现在西方没有理论家，没有领袖，没有杰出的代表人物，所以事闹不大。这是从政治上说。

从意识形态上说，自然科学家已经感到了，西方的理念200多年来推进了人类和科学技术的发展，冷静下来一回顾，一对比，发现对人类解决自身的生存发展问题没有新的贡献。还有科学技术研究到一定程度——不是走向宗教，其实走向宗教也一样——就是停滞不前了。另外科学技术也在培养自己的掘墓人，它不是一面性，它是两面性的东西。我把这个话解释一下，怎么叫科学技术研究到一定程度就回到宗教呢？我前些年通过各种渠道了解了一下欧美的宗教信仰状况，欧洲真正有宗教信仰的人逐年下降，现在真正按时到教堂去做礼拜、弥撒、宗教仪式的都是老头老太太，包括天主教的德国，乃至像瑞士这样的小国家都是这样，大约占人口的16%。而美国从冷战时期到现在，皈依宗教的人在增多，我觉得和它的科学技术发达有直接关系。我了解过美国的天文学界，天文学界的教授们最初是无神论，后来也皈依基督教了，为什么？这是我那天讲演说的，宗教是怎么产生的？是人类对于自己解决不了的客观和主观现象的好奇、恐惧和依赖。研究黑洞学说一出来，就都研究黑洞。黑洞哪里来的？宇宙大爆炸形成的。又研究大爆炸，在地球上寻找大爆炸的遗留物。大爆炸哪里来的？原来是一个混沌的球，体积不大，但是里面的能量无限，终于有一天这个能量在小范围里炸了。这个球是哪来的？上帝造的。那只能这样了。有的天文学家认识到了，中国的道家了不起，太始之初是一种混沌，混沌不就是一个球嘛。

再说科学技术走走就不行了。最近大家看到了吧，科学家发明了现在不知道叫什么子了，新的传导技术，纳米所做的，每一点和每一点的距离只有四个纳米，能量消耗最少，传输是一样的，离中子不远了。咱们现在的电脑，汉办所用的各种电脑软件、主机板以及我们军用的一些芯片刻度是16纳米，这已经很先进了。现在据台湾人跟我说，在中国台湾和韩国的保险柜里已经存了6纳米技术了。每条线只是头发的万分之一粗细，速度可以提快多少倍。这个促使科学家想了，要这么快干什么？难道将来还做零点几微米的吗？所以，迷这个的科学家是不断奋斗的，可是整个科学界在反思啊。

再比如西医，现在谁都离不开西医。西医在二十世纪有一个质的飞跃和进步，是什么进步了？不是对人体认识进步了，不是对病理了解进步了，是西医的工具，声光电技术进步了而已。也出现问题了，什么问题？乱安支架。在中国就更厉害了，成了创收的一个手段。进口的支架成本3000多块钱，你装一个少则几万，多则十几万。国产的2000多块钱，卖给老百姓 4 万多。你的心脏不好，装支架，忽略了装支架的危险是千分之一。在我身边，我知道的有好几位上了手术台就没有下来。这还不算，还配着 CT。可以说说内幕，一位工程院院士跟我和几个朋友说，后来他在别的场合做报告时也说，建议大家不做 PeCT——两毫米的癌肿块都能发现。癌症有相当的比例是可以自愈的，正常人也带着。癌症照出来后，死的人有 50% 是吓死的，30% 是治死的。最近这个案子，就是丰胸啊，现在通缉还找不到呢。科学技术乱了人的伦理，试管婴儿、代孕……这是什么技术？就是声光电技术的发达。胚胎可以成长为一个人，这自古就知道，没有什么难的，只不过换到试管里去了。因此，美国的最高医学机构，我忘了原名是什么，最初说中医是不科学的，前年改口说，到现在我们美国的科学对中医有些解释不了。中医科学院院长曹洪欣从去年秋天到中央党校学习，纪律很严，不能请假，美国医学会请他去做报告，他请假，中组部一看，说这个得去。这是中国的中医第一次在这个学会上演讲，于是特批了他假，礼拜五晚上走，礼拜二回来，做了报告就回来，而且只准这一次假，以后再不许请了，就因为这个会太重要了。奥地利的卫生部长来中国谈合作，不进卫生部，直奔中医科学院。现在中国和美国医学合作最大的一个项目，两亿多美元，是美国和中医科学院签的合同，而不是医学科学院。当然，还有很长很长的路要走。从一些国家的政要，从总统、总理、副总理到议长，纷纷到中国来看病。一位政要原定访华三天，延长到第四天，就是等曹洪欣来给他看病。他们有的是秘密地来，外交部接待一下，也不报道，看了病就飞回去。这是一面镜子，说明世界需要中医。它反映了中国人对人体的认识，整体论，有机论，而不是机械论。在西方苦苦思索未来路在哪儿的时候，中国的文化可以给世界一个参考。

也许人家说，许先生，这是你的一相情愿啊，人家才看不起咱们。但是我们的祖先曾经有过成功的经验，这就是利玛窦，还有其他传教士，四百年前就把中国的《论语》和《老子》翻译成拉丁文传到西方。这个时候正是欧洲躁动的时候，那时候还没有美国呢。中世纪宗教的统治太黑暗了，阻碍了经济和生产力的发展。西方的知识分子和部分宗教界人士就寻找出路，也就在这个时候，他们发现，在阿拉伯世界一大批的书籍里有古希腊罗马的科学著作的译本，而在欧洲早已经不见了，连纸片都已经看不见了。于是把阿拉伯文回译到拉丁文。在这之前，已经经过了几百年的希伯来文化，犹太教、基督教从希腊罗马的哲学里吸取营养，等到大家看了这些东西之后才发现，原来柏拉图、亚里士多德，以及柏拉图所记载的苏格拉底的一些观点，他们的最高追求就是人类的和平和美好生活，讲究道德，信仰神，只是一种理念，并不是什么都由教会来统治。有了哲学的武器了，目标是什么呢？作为中世纪的反动，应该提出一种什么理念呢？还没有。这些启蒙思想家看了《论语》和《老子》，哎呀，原来在东方还有远远超过我们的智慧。这话谁说的？笛卡儿。于是就把中国文化当中的以人为本、人文主义吸收了，和希腊罗马的哲学结合，这才有了文艺复兴，有了文艺复兴才有后面的工业化。所以，我有一次在和美国朋友谈哲学的时候，我说了这样一句话，我说欧洲人是忘恩负义的，你们有着200多年的辉煌，咱们也得承认这200多年给人类作出了极大的贡献，可你思想的来源，一是中国，二是阿拉伯，你却打击阿拉伯，妖魔化中国。谈到文艺复兴，我准备和杜维明合作编一本书，把当时中国的东西怎么传到欧洲以及欧洲的反应从各个思想家的书上摘下来。咱们400多年前的祖宗靠着洋教士过去了，给西方作了贡献，影响了全球这400年的进程。现在又到了一个循环，难道我们不要再一次更全面、系统、润物细无声地把我们的文化介绍出去吗？我们不是强加于人，我很赞成汤因比的话，只靠中国的文化救不了世界，而只靠西方文化，人类就毁灭了，恐怕应该是西方外向的、激烈的、有活力和中国的相对保守的——"保守"这个词我不太赞成，可能是翻译的问题——稳定的文化结合，给人类创造新世纪的新文化。他说这话的时候，中国正在天下大乱呢，他的书出版是在1972年，书上还有红卫兵的照片啊，但是他认为这是一个小的乱。

要扯远点的话，还可以再举一个例子。美国作家赛珍珠1947年的一篇文章，说1000多年前中国人把印度的佛教中国化了，于是造就了几百年的辉煌强盛，将来中国共产党人如果把马克思主义中国化了，那中国将是世界上最强盛的国家。1947年啊，一个作家啊。为什么呢？第一，她看到了毛主席在1941年的一篇文章，在延安登的，首先提出马克思主义中国化——后来迫于第三国际的压力，改为马克思主义基本原理和中国实际情况相结合，这给了她启发。第二，她少年时期在上海和江苏度过，她爸爸给她请了一位老先生，给这个小姑娘讲《老子》、《庄子》，所以她有体会。因此，人类未来的路不能按西方的路一条道走到黑；中国人这么多年（特别是近一百年）自觉地有意识地吸收外来文化，而像我们这样敞开胸怀吸收外来文化的国家并不多，我们这种胸怀本身就是一种文化。我们自己的文化也有很多弱点，我们是边走边扔，边扔边生，因为随着时代前进总有不适应的东西。要把我们的胸怀、哲学理念和我们的伦理介绍出去。

前年中学生的汉语桥决赛我去了，外国孩子只在重庆的市民家住了两天，后来我在大会上提出要延长。认识和结识了中国的爸爸妈妈姐姐，然后他们就要到各个县里面去考察了。天气一变，中国的妈妈给他发短信或者妹妹给他打电话说，天气变了，注意身体。他在台上说，我从我自己亲生的爸爸妈妈那都没有体会过这种温暖。当时在台上拥抱的情景是很感人的。拿这个作例子说，中国确实有一些人性所需要的东西，我们要介绍出去。为什么要建立这个平台？概括起来是两句话：中国需要，世界需要。

世界的事情你管得着吗？中央说了，我们要做一个负责任的大国。从这个角度说，让我们充分发挥综合文化交流平台的作用，是一项空前的、伟大的、光荣的历史使命和政治任务。

我觉得在我的晚年能参与这件事情，真是自己一生的幸运。我希望所有的年轻人都能意识到，能用我们的辛苦和眼泪给国家和人类作出贡献，等老了的时候，看到中国文化已经在各大洲成为很多人的基本常识，走到哪儿都不陌生，能跟很多人用汉语或者用外语谈中华文化，这个时候你应该感到欣慰，可以对儿孙说，当年我就是在起步的时候爬这座山的，现在你们站在山顶上了。

当然不只是我们，我认为中国走向世界，中国文化走向世界是每个中国人的责任，当然更是现在年青一代的责任。许主任领着大家走过了七年艰辛的路，给大家打造了这么一个平台。我也跟许主任说过，未来的五年到十年我们唱独角戏，但是我相信到二十一世纪第三个十年的时候，还会有新的平台。中国人的创造性很强。我希望我们大家学习中央的文件，统一认识，写简报的时候别搞那一套：第一，充分认识到这件事情的伟大和重大意义，最后，还要继续深刻领会……说这个干什么？我常说四句话，只说真话，不说假话，少说套话，真话不全说。必要的套话还要说，写文章就要有点套话，"在中央的坚强领导下，在您的重要批示指引下"也得说。真话不全说，要看时间地点对象，以取得最佳效果为准。真话说早了，人家没领会呢，说晚了，马后炮。到关键时刻一说就管用了。我做过一个比喻，家里有一只公鸡领着叫早，将明未明五更后，"咯咯咯"，起来了，好鸡。太阳老高了，才"咯咯咯"，那就养你个废物，可以宰了吃了。黎明的时候不叫，大中午冲着门"咯咯咯"，正好要上集，带到集市卖了去。我也经常犯错误，经常把话说早了，就像公鸡半夜叫。

当然，我也是从不自觉到自觉的。你想，我帮了周济部长的忙，把许主任焊在这儿了，我以为没我的事了，哎唷，哪知道从此就黏上了，我也就跌跌撞撞跟着走了七年。但是我不能只是空想，我必须做实事，这个大家都知道。我首先在 2006 年招了 47 个硕士生，完全创新的模式。这样我就有发言权了，我们的缺点你们要注意，我们的成功请你参考。所以，为什么要有这个平台？大家要以宏观的眼光、世界的眼光、中国处境的眼光和中国未来的眼光来看，没它不行。中央还是英明啊，国家事情这么多，文化走出去，看到孔子学院在那儿闪闪发亮，有时候下点沙尘暴给盖过，但是又亮了，再深入了解的确是好东西，是一个好的平台。

好，既然是综合文化交流平台，那什么是文化呢？现在到处都是文化，家具是文化，服饰是文化，装修是文化，饺子文化，筷子文化，什么都是文化。人类的生活就在文化之中，文化就在我们身上，就在我们家里，就在我们办公室，就在我们心中。因此，它没边没沿，不好把握。所以，我能领会法国的中国年让宣武区的老太太去扭秧歌，让大兴县的高跷队去踩高跷，这就是文化，非物质文化。

我希望我们汉办的全体同志能对中国的文化和中国的当下说出个一、二、三来。一是什么，摸得着、看得见、能感受到的文化，就是刚才我说的种种文化，也可以简单归结为围绕着衣食住行的文化。你看我们许主任，虽然这么累，但穿着总那么得体，这就是一种文化。我今天到孔子学院总部来，是咱们自己的地方，所以我穿着灯芯绒的牛仔裤就来了，这就是文化。在我的文章里称它为文化的表层。表层是变化很快的，甚至是来回变的。女孩子的衣服，肥了瘦，瘦了肥，长了短，短了长，领子高了，领子低了，不要领子了，耸肩的又平下来了。谁知道旗袍又回归啊！文化大革命结束时，我冬天穿的棉衣是白老师疼我，给我在外面做的，对襟的唐装，里面是丝绵。以后改革开放经济大潮了，我又得穿西装了。哪想到这个世纪唐装又上身了。所以我前前后后做了很多唐装。上河南祭黄帝时发给我一件唐装，只穿了半天，因为那个色不能走在大街上，走在大街上成傻子了，我做的唐装是哪儿都能穿的。麦当劳是一种文化，兰州拉面也是一种文化。这次去台湾，我跟全团的人说，你们出去的时候，别的都可以不吃，台湾的牛肉面一定要吃。台湾几千家牛肉面馆，每一家味道都不一样。我们去参观故宫博物院，轻车熟路往那儿一坐，吃饭，上来这个菜那个菜的，我就跟馆长说，能不能撤掉，给我一碗牛肉面就行了。故宫博物院的牛肉面不错，这是一种文化。那牛肉面，说老实话，比大陆的好吃。住的文化，从前我们住四合院，四个简易房，一个大杂院，现在全上楼了，这也是一种文化。但这种文化是很容易变的。

比较稳固的文化是中层的，风俗礼仪、宗教艺术、法律制度。风俗的力量就是习惯的力量，所以风俗习惯常常连在一起。列宁说过，习惯的力量是一个极其可怕、巨大的力量。现在到了微电子时代了，结婚的仪式又都回来了，不过把四人大轿换成了四轮的宝马嘛，迎亲的时候女婿也是派红包啊，跟过去一样，但是也有个别的迈火盆、坐轿子，那就是图个热闹、图个新鲜。丧葬的礼又来了，从前烧纸人纸马，现在烧纸电视、纸手机、纸小姐，（笑）你别笑，真的，说怕他爸爸在底下寂寞，给烧了两个纸小姐，回到家让他妈一耳刮子："你送俩小姐，把我放哪儿啊？"那些东西是表层的，是变的。中层的就更体现人的生活、生存的方式。

说到这儿，我想起一个问题来，法律我们现在都学的西方，但走着走着，就走出中国特色了。比如说现在我们的法庭有一个调解功能，就是说有人起诉了，这事如果能调解成功，就不用打官司，你撤诉吧。行，于是由法官加律师加调解员一起调解，最后调解成功了。这个在国外是没有的，这是中国化了。

我每年要给国防大学的防务学院授课，防务学院是培训外国军官的，这是国际交流计划，各国都有。听我课的是西方七国加上发展中国家的军人，一般都是校级军官，也有将级军官。每年做什么报告？中国的民主，中国的政治制度与中华传统文化。我讲的大体内容是，政治制度是文化，是中层文化，是比较稳固的，但是是可动摇的。今天谁都知道，我们有一个根本政治制度和二点五个基本政治制度，根本政治制度是人民代表大会制度，两个基本政治制度一个是民族区域自治制度，一个是政治协商制度，那零点五就是基层群众自治制度，现在城市的居委会和农村的村委会都支起来了，但是还没有正式铺开，所以还没有正式归入基本政治制度，所以我说是零点五。再一个是一党执政，多党参政。我给外国人讲："这几条是被你们称为独裁的，但是没有一样是共产党的发明，这个账别算在共产党头上。"

首先说一党执政，多党参政，发明人是孙中山。在孙中山的《国父全集》中说，我们要学习欧美的物质和技术，他们的政治没得可学，我们中国有自己完整的的政治哲学。美国的三权分立，两院制度，还有共和党和民主党，是独立战争时一个一个联邦加入分权的结果。中国一向是大一统，根据这个国情，中国历来都不希望政坛上整天你争我吵。所以，一党专制，一党执政，就是我国民党执政。谁来参政呢？共产党。但是他不敢这么说，所以让共产党人以个人身份加入国民党，毛主席和周恩来都在他那儿领过薪水，领薪水的条还在国民党的党史馆收藏着。

民族区域自治制度也是孙中山的发明，他说要搞五族共和，要搞民族自治。但是他的自治有两点，一个是只提到汉满蒙回藏。为什么？他说这个话是在 1924 年，那个时候西南西北的很多少数民族连民族的名字都没有。建国以后，好像在 1951 年，那时候多穷啊，百废待举，云南还没有通火车呢，中央组织了民族干部、民族学家、人类学家、语言学家、历史学家和苏联专家，把苏联的民族学引进来，坐汽车到云南，爬山越岭，一个寨子一个寨子地访问，了解他们的语言、风俗和神话传说，最后鉴定了54 个少数民族。剩下一个是台湾来的高山族，因为把人都赶到高山上去了，所以叫高山族。其实我 1994 年第一次去台湾，是有七个民族，像阿美、邹族，到了上个世纪末鉴定为九个，我今年去台湾已经变成十一个了，有人说是十三个，正在鉴定。所以当时说是 54 个民族，加高山族是55 个，加汉族是 56 个。

其次，孙中山毕竟是资产阶级政治家，所以他提出民族自治、五族共和，目标是什么？汉族同化少数民族。我们不这么提，所以少数民族受各种优惠，包括计划生育的优惠。我做过一段民族的工作，和民委配合，这我了解得比较清楚。人数较少的民族人口增长的速度几倍于全国人均增长的速度，像赫哲族这些东北的少数民族，原来只剩下八百多人，现在都几千人了。所以我们是继承又发展的，因为毕竟无产阶级所实行的民族自治制度是真诚的民族政策，这一套我们是从苏联学来的，又不同于苏联。苏联如果当年照中国这么干，不至于 15 个加盟共和国全跑了，它是大俄罗斯主义。我们不是这样的，这些年犯大汉族主义错误的干部有多少受处分撤职的，就是不许。但是还有很多问题。

政治协商制度，至少共产党的发明权是一半。1945 年毛主席到重庆和蒋介石会谈，最后决定开一个会议共商国是，请各个党派和社会贤达参加。快开会了，这个会没有名字，毛主席也想，周总理也想，这个时候国民党一个少将跑来找到周总理说，叫政治协商会议行不行啊？周总理说挺好，马上向毛主席请示，毛主席觉得可行，看看蒋先生有什么意见，蒋介石也觉得可以，这样召开了政治协商会议，签了"双十协定"。后面的历史大家都知道了，一边签"双十协定"，一边用美国的飞机把国民党军队运到各个解放区去准备进攻，所以会议结束不久就打起来了，这个政治协商会议就没有落实。三年后，解放军已经到了长江边上，毛主席认为必胜——真是战略家和政治家——于是1948年4月30号学习苏联在报纸上和电台上公布了"五一口号"，"五一口号"就是施政纲领和奋斗目标。口号公布以后，现在的八个民主党派就纷纷发表通电表示支持和拥护，和国民党决裂，倒向这边了。于是在初冬从西柏坡进北平之前，毛主席就请各个民主党派的负责人到西柏坡一叙。当时我们创会的中国民主促进会主席是马叙伦先生，因为在李公朴和闻一多被暗杀，马先生出去纪念李公朴和闻一多的时候不带钥匙，然后在大会上做讲演，他说我知道在座的有特务，今天我马叙伦没带钥匙，根本没打算回去，有本事你朝我开枪。他真上了黑名单，我们内线知道了，周总理就安排郭沫若、马叙伦、叶圣陶这批人借道香港离开。"五一口号"公布的时候，香港知道得晚，知道以后，马叙伦先生就甩开特务，化装，大家聚在一起商量写通电。现在八个民主党派排队，第一是民革，第二是民盟，第三民建，第四民进，第五九三，怎么排的，是按发通电的时间。所以，我开个玩笑，我说马先生那时候要第一个发通电，我就排在何鲁丽之前了。当时他去不了西柏坡，谁参加呢？雷洁琼和她的先生严景耀当时在燕京大学做教授，燕京大学已经解放了，德胜门那儿还是傅作义的军队，于是解放军战士护送两位，曲曲弯弯曲曲弯弯到了西柏坡。我的老师陆宗达先生也是这样的人物，走到河北省宝坻，在街上遇见了一个学生，是国民党特务，坏了，赶快请示，原路返回，不然我们陆宗达先生不定是哪个党的领袖啊。

去商量什么？胜利在望，咱们把政治协商会议恢复起来，商量建立新中国。毛主席、周总理和雷洁琼他们谈了一晚上，毛主席说这回好，这次我们开政治协商会议反动派都出去了，全是民主人士和社会贤达。所以1949年就开始筹备政治协商会议，这时候马叙伦他们这一批也从东北来了。在我年轻的时候称政治协商会议为"新政协"，这个词已经是历史，进博物馆了。为什么是新政协？就是针对着重庆的老政协说的。定国歌、国旗，一切权力归政治协商会议。但是政治协商会议的《共同纲领》是临时宪法。其中有一条，在全国解放后实行全国普选，产生全国人民代表大会，人民代表大会成立以后，政治协商会议就把这个权力移交给全国人民代表大会，政治协商会议就成为一个咨询机构。1954 年，除了剿匪地区——江西还在剿匪——全国都解放了，正式开的全国人民代表大会。

人民代表大会也是孙中山的发明。1924 年在广州开的全国国民代表大会，当时他们只占了东南一隅，怎么开全国的大会？没法普选。因此，国大代表都是各界协商推荐的，新政协也是这样。我们把"国"字改成"人"了。所以现在有些政协委员就觉得不过瘾。我们都讨论半天，就是讨论、提意见，不像人大，一举手通过了，一举手没通过。他不知道这是1945 年到现在的传统，也有快 70 年了。

人民代表大会制度，一党执政，多党参政，民族区域自治制度，政治协商制度全都是孙中山的发明。孙中山的东西哪来的？几千年的文化。他认准了。西周不行了，迁到今天的洛阳一代，所谓东迁。《左传》上写："周之东迁，晋郑焉依。"就是我受西戎的压迫，我不行了，王朝权威性也下降了，就向东迁，靠着晋国和郑国。郑国就是现在的新郑市。为什么叫做共和？就是这位周王不是说"杨某某你去打那儿"、"马某某你拿多少钱来"，不是这样的，是各个诸侯到他那儿开御前会议，他不过就是主持人而已，协商。这个制度一直到明代。不像戏上说的，皇上往这儿一坐，"推出去斩了"，不是这样的，是大家讨论，最后皇上拍板，交给宰相去办，或者交给六部去办。这个要看了唐代的史书，看了李世民和魏徵的东西就明白了。这种协商制度是有效的，能避免犯错误。

所以我给外国人讲，我们不是只靠选票吃饭，我们是选票加协商。可以说孙中山集几千年帝王制度经验教训于一身，创建了几个制度，然后共产党学来。所以毛主席那个宣传部副部长没白当，他这套都懂——到西柏坡哪能一拍脑袋就想出这一套，正打着仗呢——就照着这套做，这 60 年的经验证明是适合中国的。但是要不断完善，不断改进，什么制度都没有十全十美的。

我这么讲的时候，外国人没话说呀。发展中国家的军人说："现在我才懂你们中国的政治制度，如果我们实行你们的制度，我们国家就好办了。"我到非洲访问，有一个非洲大国的总理、外交部长、议长，先后三次跟我说了同样的话，每次谈我都宣传这套，谈参扔一边去。谈完了他都跟我说："如果我们实行你们的制度，我们国家能够解决一半问题，但是我们现在已经学习了美国的这套制度，像一服毒药吞进去了，现在很难改变。"

智利的副议长访华，我接待。在无锡，我留出半天来安排他们上街买东西。他回来跟我说："中国真是安全呀，我每次到议会上班，身上备两支枪，一支短枪，一支冲锋枪，汽车出来每天要改变路线。像许先生你，可以在大街上摇摇摆摆地走，非常安全啊。"送他们走的时候，夫妇俩和我拥抱，这个夫人是一个纯美化的人，是拿着美国律师执照的人，说了一句话："原来我以为一切美好的东西都在美国，我这次访问之后发现中国一切都是美好的。"我说："我们并不都美好，我们还有很多毛病，我们要不断地改善。"那时候还没有"与时俱进"这个词，没学会呢。

这是中层，我只说这个最极端的政治制度，我们要不要在孔子学院平台介绍？我很客观，就是这么回事，我不是说我这个最好，你那个不行，人家要了解啊！说到宗教，我希望我们汉办的小伙和姑娘们别怕宗教，需要了解宗教，宗教是文化。当然你到了美国的孔子学院恐怕不能讲宗教，但是到东南亚就可以讲，例如到了泰国你讲南传佛教和北传佛教之间的友谊、共同点，他们很欢迎。现在还有很多人，包括做宗教工作的同志，一谈到宗教都害怕，好像宗教都要搞颠覆似的，都要搞事件似的。哪儿是？搞事件的全是地下宗教，是你们不管的那摊，你管的那摊都老实着呢。不是说被管着老实，是现在主事的这批和尚、道士、阿訇、主教都是在新中国成长起来的，知识面也很丰富，也是沐改革开放之恩成长起来的，所以爱国、爱教、爱党。我有很多和尚和道士朋友，我不还是留着头发呢嘛，他们知道我是无神论者，但是和我可以无障碍地交流。

中层文化相对稳固，但是也在变化，特别是表层文化如果变了，慢慢要渗透到中层。例如，从前我们结婚的时候，能做身衣服，做两床被子，买几包糖就很好了，家里有条件的请亲戚朋友吃顿饭。后来"文化大革命"中讲"三大件"，自行车、手表和缝纫机。现在变成什么了？宁可坐在宝马车上哭，也不坐在自行车后面笑。这是什么？表层的东西渗透到中层了，渗透久了就要影响底下的东西了。

最底层是什么东西呢？是一个民族的价值观、伦理观、宇宙观和审美观。这"四观"合起来基本上就是现在哲学的内容，这是一个民族最核心的。所谓文化是民族之根、民族之魂主要指这个。当然，上头两层也有关系。比如，我们如果到泰国，免不了到南传佛教庙里去，也有汉传佛教的，曼谷附近就有。作为名胜，作为景点去看看，一进去看，当地的信众冲你合十，就沟通了。基督教、天主教，如果它不中国化，照它原来的哲学理念，它是二元对立的。二元对立，斗争是绝对的，二元是不能互相转化的。原理来自哪里？原理来自神创造了一切，包括我们人类，神永远是神，不会变成我，我修行再好，我再虔诚，我成不了那个神，绝对是二元对立。人犯罪怎么办，惩罚，把犹太人弄得家破人亡，上埃及做几百年的奴隶去，它是这种办法。这个通过宗教、通过哲学就渗透到西方人的普遍的观念里。

举个简单例子，我小时候家里穷，但门外只要有要饭的乞丐一喊，"行行好吧，老爷太太，赏口饭吃吧。"我母亲就掰半个窝头或者是盛碗稀饭让我端出去，要饭的对我说"谢谢少爷"。我都不知道怎么回答，那时我很小啊。当时礼仪到什么程度，门都是敞开的，乞丐绝不迈进你的门槛一步，叫半天没有人理他，他就走了，搁到现在他能进你屋里。我回去母亲就念叨："天下苦人太多，我们哪怕给一点点，也是积德。"今天有很多慈善家也是这种观念。所谓积德不是要报应，是慢慢地积累了德，你就高尚了，做高尚的人是光荣的，是幸福的，哪怕自己吃糠咽菜。不是以钱论人，以德论人啊。

西方比尔·盖茨拿出一百亿来成立基金，说捐了，而且许诺将来死了以后"裸捐"。他几个孩子只给几千万美元。大家说你看我们的企业家就没有像他这样的，我说当然，他捐出来好，但是你发现没有，他的基金会董事长是他老婆，钱还是他的，从这个口袋拿到那个口袋成立基金会，拿基金会再去经营，赚了钱去捐，所以一百亿，你看他捐了多少，最大的一笔是1.2亿。他赚了钱再去捐，养着一大批人，他老婆在那里领工资。将来他死了，裸捐是捐给基金会，也不是到街头散钱去。还有，他是什么观念呢？按照基督教新教教义，也就是英国的清教徒提倡的，人活着要拼命地工作，生活要勤俭，不择手段地赚钱，这就是救赎，是信仰的体现，是上帝的意志。当你即将离开人世的时候，你要把你赚的钱反馈给社会，这又是一次救赎，你就可以回到上帝的身边。刚才提到的清教徒为英王室所不容、遭受迫害，他们失业了，没办法，就乘"五月花"号到了美国的东海岸，赶巧碰上一批火鸡，没得吃，就杀了火鸡吃，感恩节就是这么来的。感印第安人和当地火鸡之恩，可是你感人家恩就别杀人家啊。不，每到这个时候就吃它，这就是西方哲学。要是我们，就放生。比尔·盖茨就是垄断，不择手段地赚钱。后来死了的那位乔布斯———一会儿再说乔布斯，我对他不敬——他的创新理念是好的，但是都看不透他背后的文化的东西。因此，他们是赎罪，我们是积德，他们是原罪赎罪，罪哪来的？人性恶。怎么个人性恶？亚当夏娃就犯了天条了，所以他的子孙们全有罪。你这个遗传不能遗传这么多年吧？所以慈善事业的出发点是不一样的。当我们社会把德视为垃圾，把钱奉为至尊的时候，自然做慈善事业的少了。但一旦这个恢复了，从前修桥、补路、盖学校、舍粥，处处都有啊。我曾经在德胜门里住过，每到冬天，北边有一个庙，我想去那里看，家里不让去看，就是慈善家捐钱给庙里，然后熬若干的粥，那粥不是一般的粥，是挺好的粥，稠极了。穷人从我门口过，拿着盆子、碗去取粥，这是很普遍的事情。我相信中国人的善良会回归的。

如果要变了，也渗透到这个底层了。例如现在社会上什么是人的价值，那就是做亿万富翁，最好在福布斯排行榜上能排第几名。我遇到过这样的，跟我说，许先生，其实我要排福布斯我能排到五十名之内。我没客气，我说求这个干什么，你赤条条来，赤条条去，就是第一名又如何，金融危机一来你跌到100名去。所以概括起来说，表层是这个，中层是这个，底层是这个。如果我们孔子学院的平台去给人家大讲我们的宇宙观、我们的价值观，不行啊，你这是给人洗脑了。我就讲衣食住行和艺术的文化，久了，他们了解了，自然要渗透到底层。

因此我和几个主任谈的时候说，我们出去不谈意识形态，但全是意识形态。你的雨下了，必须要润进去，那就是形式问题了，是话语转化的问题了。话说回来，我们交朋友，男女孩之间交朋友，同性之间交朋友，为什么有的人好得真是不得了，也可能结成伴侣，也可能一辈子就是好朋友，有些人为什么交着交着就不交了？咱们常说人品问题、格调问题，其实用哲学来看就是价值观和伦理观的问题。至于他喜欢吃甜的，我喜欢吃辣的，这种衣食住行就不是大的问题。我一个学生，云南师范大学的一个教授，娶了一个回族，想吃猪肉的时候出来吃，完了他刷牙再回去，互相非常尊重。关键就是底下的"四观"。我也劝没有男朋友和女朋友的孩子们，你们选人别挑模样，别挑家产，就看他的"四观"。其实西方也追求这个真正的美。《巴黎圣母院》不就写的这个吗？最丑的人实际上心灵最美。这是我要说的：关键在于我们对中华文化的核心理念能够有深入的了解，然后用这个观点再看我们的风俗礼仪、宗教艺术、法律制度，你就豁然而解。再看看我们的表层，你也比别人理解得深一层。

因此，在 400 个美国教师和教育官员访问时，许主任给的题目，让我讲文化。我就想，你讲我们的价值观老美哪懂啊，讲"天人合一"不行，非得把人讲困了不可，得调动他们的积极性啊。我就讲衣食住行，比如说四合院，为什么从前住四合院，这四合院大门一关是个小国家，皇上住哪儿，皇后住哪儿，正房老头老太太，一家和和美美，为什么和美，除了道德的熏陶之外还是有矛盾的，妯娌之间和兄弟之间，都由老太太在那儿仲裁呢，有矛盾就化解了。这本身就是和，一个四合院一个四合院地组成一群四合院，是一个小社区。也就是说我们讲同、讲和的时候，我们不排斥异，每家有自己的生活方式，但是和睦相处。更大的家族是多少跨院，一个跨院一房，合起来是一个大家族。四合院是这么来的。现在倒好，哥哥在广州，弟弟在西安，妹妹留在母亲身边。说是在母亲身边，一拆迁，爹妈在 28 楼，你在邻居的小区 15 楼。电讯发达了，随时打电话问妈你们怎么样，你们吃什么，今天晚上我不能回去了。可人和人是要见面的，这是亲情啊！附带说一句，为什么说电子通讯发达了，人和人远了，就是这个道理。

我又讲到吃菜。我故意问，大家喜欢不喜欢吃中国菜。大伙儿嚷嚷喜欢。然后我亮出来北京烤鸭，吃过没有？有的说吃过，有的说没吃过。我说你们爱吃中国菜，为什么中国菜好吃？因为我们在厨师的灶台旁边至少有十个佐料碗，做任何菜是这个加一点，那个加一点，酸甜苦辣咸五味调和最好吃。我说你们吃鱼，刺倒是给剔了，这是海鱼好剔，鲫鱼没法剔，然后上来问你用什么调料，带点酸的，带点咸的，三种你挑一个，还不行，拿着小瓶盐、胡椒粉往上加，不然五味不调和。为什么五味调和？中国人处处讲和。所以，关键在于我们讲得人头脑清醒。我是讲吃喝拉撒，实际上我不是讲吃喝拉撒，关键是把握住中华民族的文化理念。

第三个问题就是怎么做准备。我们怎样有计划地去做提调、做导演？我希望汉办所有年轻人都要成长起来，能做到这个工作，这样才能指导遍布全世界的孔子学院真正成为一个综合文化交流的平台。这的确难，我一想到未来的事头都大了。肯尼亚孔子学院要求讲文化，谁能去讲？你脑子里就需要有一批名单。而这不是说谁在儒学研究方面有成就，光这个不行，得善于转化为人能接受的语言去讲。肯尼亚那个地方有基督教、伊斯兰教，讲的时候应该注意什么，都得清楚。当然前方可以给我们信息，提醒我们注意这个注意那个，时间一久，我们也就成专家了。计划怎么制订啊？必须是有计划地走出去，当然不排除随机的。

第四点，要思考怎么样能够让各国参与孔子学院活动的人，通过这个平台逐步地、全面地、准确地、深入地认知中国。而这些人又不是学者。学者好办，我们培养汉学家，那真正是知华派。所以，所有的计划，所有的活动，所有的派出，所有请进来让他看懂你，都要围绕这个目的，形式又是娱乐的、喜闻乐见的。我老头子反正没辙，你们都聪明，比我棒。

做这事的人实际上应该比我们通常所说的导演要高明。因为一台戏，一部电影和电视剧，它是在屋里研究，反正中国市场大，四流、五流、六流的歌星也都穿金戴银的，到酒吧一扭，就来钱了，因为市场大，哼哼唧唧谁也没有听明白，反正挺红。我们出去没有这个环境啊，好就是好，不好就是不好，观众听就是听，不听就走了，别像有些电影，零上座率啊！因此我们要比导演高明，我们了解观众，了解观众的需求，了解观众的兴趣，了解观众的接受程度。《金陵十三钗》票价又涨了，它不管你，是，十三亿人有一亿人看就不得了，实际上没有那么多人看，再加上炒作。可你到外国那儿能炒作吗？所以要比导演还高明，我用了这个词，"提调"，模糊词语也是很恰当的。

第五点，就是要思考怎么让自己成为专家。这个专家是文化走出去的专家，当然最好趁着你们还年轻。不过我发现你们没有业余时间。将来会改善的，现在正在争取增加编制。如果大家有点业余时间，能学一门，哪怕一门理论分支，我保证你一生受用，离开汉办都有用。如果我只是学这个专业的，将来路是很短的——我不说"窄"——是很短的。更重要的是，我知道文化应该怎么走出去。将来事业扩大了，事业拓展了，也可能工作需要就请你到文化部当国际交流司司长，中国太需要这方面的人了，现在的外宣不太成功就证明我们没有真正懂得文化走出去的专家。可惜没这个专业，没有教授和博导，但是在工作上我是一把好手。这样，让汉办成为中华文化走出去的第一个最大、最好的航空港。

我说了这么半天，其实概括起来，就是首先汉办所有的同志要真正做到文化自觉。何为文化自觉？这个词第一个提出的是费孝老，我不知道，后来是他的秘书也是他的女婿张荣华跟我说的。所以，这个发明权是费孝老的，我大概是在中国第二个说的。但是我对文化自觉的界定和老先生有差别，他说的文化自觉就是了解自己文化的状况，从古到今的状况，我的文化自觉是指对整个文化的规律有所了解，不仅是对中华民族文化大体的路径、规律要有所把握，同时要能预见或者预测到中华文化未来的走向。而且，所谓文化自觉并不等于十三亿四千九百万人都达到这个水平，一个民族文化自觉不自觉，关键看执政者和社会精英，只要这两部分人自觉了，就代表这个民族自觉了，这个民族就会朝着自觉的方向走下去。因为这两种人是带领社会前进的。

因此，不要把文化自觉看得很深。周易专家、墨子专家未必就达到了文化自觉，因为所见者窄。为什么今天看来墨子也是百家争鸣时代重要的一家，而且接近百姓？为什么司马迁说，游侠盖出于墨家之流？为什么后来墨家就没了，连《墨子》都没了？是到了明清之际，人们从《道藏》里——就是道家经典的汇总——发现了《墨子》。可是断简残编，已经不可读了。于是清朝大家孙诒让进行整理、考证，现在《墨子》才可读。为什么墨子当时提出了几何学、逻辑学、光学的种种原理，社会没有继承？因为这些只靠墨学的功底就解决不了了，需要文化自觉，需要知识面很广。所以，我说的文化自觉不在于他的职务，他的头衔是什么博导，而在于刚才我说的那几项。做这个工作必须是自觉者，不是自觉者不行。自觉了，你就对中华文化了解了，了解了你就有信心了。第一，知道它的好处在哪儿，在知道它的好处的时候必须对比，和国外其他宗教比较，就知道明清之际为什么衰落，也知道未来怎么复兴，所以这个时候我们该做什么，就有自信心了。只有有了自信心，中国有更多的人，包括各大学的老师、专家和我们派出的老师、志愿者，以及相关部门都明白这个道理了，你才能做到自强。这自强需要花工夫，多少工夫？我几年前说过一句话，现在我还坚持我的观点，我们的强，自强是一种意志，真正做到中国的文化强了，需要一百年。但是可以说我们汉办这支队伍是先行者，所以我用了一个词，"冲锋"。许主任让我改，我不改。冲锋什么意思？是先头部队啊，就是所谓先驱啊。我们打过去了，后头大队伍就跟上来了，总得有人冲在前面啊。

最后一个问题，我们怎么能够做到对文化有更多了解呢？我又说出一个不情之要求了，读书。所以我对许主任是有意见的，把你们使得太苦了。但是，我从来没给她提过意见，她苦不苦啊？形势逼得她没办法啊。一颗红星在那儿闪的，有时候却让灰尘给盖住了。现在还好，党中央给它擦亮了，就有可能改善你们的工作环境。大家的确需要吃粮草，继续补充了。

我给我的学生说过这个话，大学是职业培训，给你的仅仅是就业所需要的最基本的东西。从前我还说到研究生才是真正的研究，现在我放弃了，连博士生都是职业培训了。别太看重那个东西，关键是肚子里的货。另外一点，人的成长的实质是靠自学，回顾我这一生，就是体现老百姓说的话，师傅领进门，修行在个人。告诉你路径在这儿，把颐和园门给你打开了，告诉你这是颐和园，里面有谐趣园，有十七孔桥，有排云阁等等，去自己摸索吧。所以，不管学什么的，我建议读书。（许主任：请开个书单。）

我刚要说，我就知道许主任的思路是开个书单吧。我开个书单，孩子们看着就要睡着了。现在我们文化复兴真是难啊，没有太多适合我们读的东西，因为我们的学者基本在象牙塔尖里。有人说你就说象牙塔吧，还用个尖。我说象牙塔各层还有窗户呢，透过窗户看看今天阴天还是下雨，底下农贸市场人声嘈杂，这么多人买东西……塔尖连窗户都没有。所以我也一直强调，关注当下，做公共知识分子。公共知识分子是西方术语，就是不仅仅关心自己业务方面，还得时刻关心到国计民生、国家命运。

我对知识分子界定三条，第一条，要有知识，要有学问，不然怎么叫知识分子呢。第二条，要用自己的知识为社会服务。第三条，要超出自己的知识范围，关注国家，关注百姓，尽量为国家、为百姓服务。所以我不太喜欢有些朋友见面的时候说："哎呀，老许，我就知道干什么干什么，别的我真不懂。"这是现实，很老实。但是我认为三条缺一条都不是完整的真正意义上的知识分子。后来大概是从20世纪末开始在西方流行这个说法，最初从德国出来的，叫做公共知识分子，也就是你要为公众服务，那就比我表述得更简洁了。

所以我说我们要成为专家，读书不是让大家成为某一专业的著名的专家学者，如果出现几个更好嘛。有一个硕士生问我读什么书，我说读《论语》、《孟子》去，现在她把《论语》《孟子》《大学》《中庸》全都背下来了。但是对在座各位我不能这么要求，先看介绍。我觉得第一步，袁行霈的《中华文明史》可以看一看。这个书的特点是就事论事，也就是说，中华文化有什么，里脊肉、糖、花生米、辣椒、油给你摆了，他没有给你炒成宫保肉丁。或者打个比喻，是给了我们很多钱，这个钱可不是我们的人民币硬币，是制钱，里面有个孔。古人也很聪明，拿个红绳一串，提起来就能上路。这个绳哪儿找去？我不是在推销我的著作，但是我考虑考虑，文字浅近、能起到一点作用的就是我的《未央集》，《未央续集》和《未央三集》。《未央集》是前年 12 月 26 号印出来的，《未央续集》和《未央三集》是最近出版的。虽然是论文集，但是如果有心人看了我的论文，看了我的讲话，会体会到这一点：怎么把握中华文化？文化有它自己的发生、成长、强盛、衰落、灭亡的规律。我们自己要搞文化的修养，也有一个规律。这是第一，要有一条主线。

同时还有复线。你光读儒学，不读道学，不读佛学，你对儒学就是只在颐和园里走，什么也没看见，没体会到颐和园建筑艺术的真正美妙。你读了佛学、道学、儒学，如果不去读《圣经》、《古兰经》，不读西方的神学著作，你对儒释道认识得还是浅。看了西方的宗教经典和神学著作，如果不读希腊的哲学著作和近代德国的康德、黑格尔、海德格尔、伽达默尔、哈贝马斯，仍然不能吃透。但这样一读，大家就成了某一门类的专家了。我觉得不要这样，还是把握文化如何走出去就行了。这些书读完了，不妨再读一些经典。那个时候，许主任您就另请高明吧，因为那个时候我可能就不是感冒了，是爬不上楼了。

规律还有一条，是不能急躁，不能拔苗助长。它有一个外在变内在的过程，转化过程不仅仅是文化的规律，也是人心里的规律。但是我希望2012 年到 2013 年，用两年时间，至少我们一百多人，人人能对中华古代文化和当今文化说出个一二三来。不然，综合文化平台一搭起来，都要搭你的车，别人跟你谈的时候振振有词，说自己多好多好，而你不明就里，没有刚才我说的那些准备，花了几十万美元去了，却使孔子学院脸上不好看。还有请某位专家，要把他的书调出来，看看适合不适合出去讲。这些都需要我们有一定的底蕴。有一个标记能检验我们，就是一旦汉办的编制增加了，就会有新的成员加入我们这支队伍，这时候老同志和新来的一聊，他们会觉得"你怎么知道这么多啊，这些我还真不会。"行了，差距出来了，就说明我们已经变成了文化自觉者。通过自觉，你跟他谈的时候，是一种自信的说法，他也就变成自信者。自信者多了，我们就自强了。以上是说文化走出去。

文化走出去和文化自强是中华文化发展必不可少的外在条件，所以我就给记述人文宗教高等研究院的一本书起名，八个字："固本强身，走向世界"。必须固本，就是把握好中华民族最根本的东西；强身，是让我们的文化做强，这才能走出去，这需要有一个过程。

（根据录音整理）

反思 前瞻 调整 努力
迎接汉语国际教育的新阶段[※]

今天我要正式宣布：汉语国际教育的第一阶段基本结束了；由现在开始，第二阶段开始了。这将是一个攻坚的阶段，也是汉语国际教育在促进世界和平、促进各国人民之间交流中发挥更大作用的阶段。

第一个问题：回顾七年来北师大所有从事汉语国际教育的老师们和同学们所创造的成绩。

我不想用具体数字，包括培养的人数、编写的教材、发表的论文等来说明。我分这么几个方面说：

一，我们不仅仅加强、提高了常规教学，而且进行了稳妥的、渐进的、大胆的教学和管理的改革，取得了明显的成效。这种改革如果提高到观念上来说，也就是介乎形而上和形而下来说，主要有：

1. 把对外汉语教学真正改变为汉语国际教育；

2. 老师们关注的核心、学生们学习的核心，从语言本体转向语言应用；

3. 比较彻底地把对外汉语教学从作为给学校创收的一个手段变成了帮助北京师范大学走向国际化的一个管道和平台。这种转变，不是枝叶的转变，是根本的转变。

刚才张和生老师说，我们在教学科研总体评价上排在全国前三名，而在研究生教育上，排在全国第一名。这只是一年的名次先后，名次是动态的、不稳定的。要知道，第一名和第二名之间、前三名和第四名之间并没有鸿沟，没有巨大的落差。如果没有刚才所说的观念的根本转变，就不可

　　※　在北京师范大学汉语文化学院 2012 新年联欢会上的讲话。标题为编者所加。

能有这个成绩；如果我们在观念上稍有疏失，我们可能就不是前三名、甚至第一名了。

二，在汉语国际教育方面取得了巨大的成绩。这体现在教学质量稳步上升。老师们领着同学们一起有了诸多探索和创造，同时对于汉语国际教育这样一个说新不新，说旧不旧，实际上又是创新的事业，不仅有了充分的实践，而且在理论上也在稳步提高。应该说，在这个新的领域里我们目前暂时也处在全国的最前列。

这七年来，我们为国家汉办、为全国的汉语国际教育作出了应有的贡献。汉语国际教育以及和外国大学合办孔子学院，本来应该成为北京师范大学走向国际化的突破口和窗口，只是在这一点上，我们还需要加强，做得还不够。在最近举行的世界孔子学院大会上，许多外国大学——包括常春藤大学的校长和外方院长说：我们把办孔子学院作为我们学校走向国际化的重要的一步。本已国际化的他们尚且如此，何况北京师范大学！

现在国内一共 200 多所大学参与建设孔子学院，全球一共建设了 358 所孔子学院和 503 所孔子课堂。虽然已有 81 所院校培养汉语国际教育硕士，但是毋庸讳言，还有一些学校没有意识到它的意义，仍然把它当成是筹措资金的渠道，还没有意识到这是汉办、教育部给它提供的一个国际化的平台。趁着这个时候，我们汉院、基地和中心应该明确形势①，加倍努力，补我们的不足，为我们可爱的母校作出新的贡献。

三，全院师生的精神面貌有了很大改变。虽然此前老师们也很辛苦，也在努力地钻研，但是总体精神面貌方面今天的确有了明显变化。可能是旁观者清吧，我虽然很少到学院来，很少接触更多的老师，可是在偶尔的接触当中，在我们的研讨会、世界汉语教学学会等场合，我深深感到我们的精神面貌真的发生了巨大的变化。

举一个不知是否恰当的例子。2010 年的暑假，全校几十个学院，大概全体没有休息一天的只有汉语文化学院和人文宗教高等研究院。如果没有刚才所说的精神面貌，没有事业心在支撑，没有一个超越个人利益、学院利益、学校利益的眼光和胸怀，绝不可能这样。在暑期的培训班上，还有老师现场晕倒——劳累过度所致。所以我经常向张和生院长、朱瑞平院

---

① "基地"指"北京师范大学汉语国际推广新师资培养基地"；"中心"指"北京汉语国际推广中心"（独立法人）。

长说：要嘱咐老师们，大家太辛苦了，要注意身体。虽然我后一句话是空的——任务压着，怎么"注意"？——但是这句话发自肺腑。所以，要在这儿用简短的讲话全面地概括我们学院这七年来的变化和成绩并非易事，我就作这三个方面的概括。

第二个问题：关于汉语国际教育进入了第二阶段的判断。

第一阶段的任务是什么？一，把对外汉语教学转变为汉语国际教育。这句话的背后有着很多很多内容，包括教学主战场从国内转向世界，教学对象从请来的成年人——我主要指的是留学生（他们带着某种明确的目的和兴趣来学习汉语），转向从五六岁的孩子到九十岁的老人，多元需求、多种兴趣，接受多种形式的汉语教学。说起来似乎只是课堂的转移和扩大，但是这给教学内容、方法、工具以及评估都带来了必须要实现的革命性的改革。

二，要在全世界布点。布点的主动权并不在中国人手里。每一所学院都是对方向汉办提出申请，并且在中国选择了合作的大学。当双方达成协议了——汉办审核的条件合格了才去建。从孔子学院分布的密度可以看出来不同国家对汉语的需求，最热的、建得最多的是美国。我想这不是偶然的。因为中国和美国的关系是世界上国与国之间最重要的关系。美国各界重视、珍惜和中国的关系，同样，中国也非常重视、爱护和美国的关系，自然在美国就会建得多了，这就像在中国几亿人学习英语不是偶然的一样。

三，布点之后要探索外国朋友需要什么。原来我们是"坐贾"，外国留学生来，已经准备了教材、大纲，一茬一茬讲下去。那时教材、教法也在不断改进，是在讲的过程当中根据现实需要和国际学术研究的进展做调整。现在我们是"行商"——"客户"分散在五大洲，多国的本土语言、历史、文化、习俗千差万别。教什么？怎么教？都带来了无数新的挑战。作为北师大汉院、基地和中心，我们怎样培养通用式的人才，这是一个很难解决的课题，是以前没有遇到过的，于是思考、探索开始了。恐怕只有直面这些问题，才能够使我们所培养的教育硕士最大限度地走向各个国家，使所有出去的同学在那里都能站稳脚跟。

以前我向企业家讲过一个故事，关于瑞士军刀的。大家都知道，瑞士军刀是世界名牌，许多国家军队必备品。我到瑞士了解到，这个厂不过一千多人，百年老店。老板自豪地说：我们从建厂之日直到今天有一点值得骄傲的是，从没有一把军刀返修和退货。2005 年到今天过了七年，作为院长我在这里可以自豪地说：我们所派出的志愿者和老师也没有一个"返修"和"退货"，未来一定也将成为世界名牌。（掌声）这就是变化，这就是第一阶段的任务。

现在，第二阶段来了。第二阶段的实质是什么？这是个新问题，对我来说也是新问题，还没有来得及深入思考，因为我们实在太忙了。一个人在 100 米、200 米、800 米比赛中是思考不了问题的，需要坐下来、静下来、冷下来才能思考。

下面谈谈我对第二阶段的初步想法。

第二阶段就是从单纯的汉语教学变为全面的文化交流的阶段。

语言是媒介，当学生一句汉语不懂的时候，如何能了解中华文化？汉语国际推广虽然不会改名字，但是的的确确要把单纯的汉语教学向文化的全面交流转化。这个转化的理论基础是：

1. 语言文字是文化的最重要的载体

到目前为止，互联网、微博急速发展，空中、光纤上所流动的信息，大多数仍然是语言和文字。它和别的载体不同之处是，通过语言文字可以直接把不同文明的内涵接收过来，或者内化为自己的文化。但是，既然语言是文化的载体，或者说是一座 Bridge，上面总要有人走，有车走；又如汉语是一个列车或者卡车，车厢里总要坐人装货。我们不能只提供卡车，车上装什么我不管，或只是建设互联网，在天上、水下、以及空中传输的东西不负责提供。现在各国了解中国的最好窗口就是孔子学院，孔子学院不能宣布：我只教语言，想了解中华文化？我不负责。何况真要把汉语教好、学好，不了解一些中华文化是不行的。由此就有了第二个理论基础。

2. 汉语和文字是一种特殊的文化载体

特殊在哪里呢？对比一下，举办个画展，演出一场歌舞，唱几出京戏的折子戏，外国朋友可能看得如醉如痴。但是这幅画或这个剧、歌、舞表现了中国人什么样的价值观、宇宙观、审美观，很难知道，而语言就可以做到最充分的表达。我们对 7 岁的孩子能不能讲"我爱小白兔子"一句中，"我"是主语，"是"是判断词，做谓语，"小白兔子"是宾语，在这宾语当中"子"是词尾，"小"是形容词，是定语？对 90 岁的老人能这样讲吗？对下了课就要急急忙忙赶往公司的 CEO 能这样讲吗？都不能。他们要求在有限的时间里能学会和中国人交流，了解中国人的思想观念。

例如人们常举的例子，中国人一见面说："你哪儿去？"这是问候，并没想知道对方上哪里去；或者说："吃了没有？"也是问候。外国人或者感到奇怪，或者觉得在打探他的隐私。从文化角度看，这句话是一个特殊的文化表达，这个"特殊"就在于承载着的文化内容，"意在言外"，而不是表面的意思。至于汉字字形可以直接和意义挂上钩、词汇构成中体现的联想/关联思维模式，等等，无不是文化问题。

在今年孔子学院大会的闭幕式上，我应邀向与会中外嘉宾做一场讲演，题目是"人类是同父同母的兄弟"，副标题是："我的宗教观"①。讲演中我用了一个词："同胞"。这个词涉及一个非常重要的、先进的哲学观念。"胞"是胎儿在母体中包在他身上的一层膜，即"衣胞"。所谓"同胞"，是说一个国家所有的人就像是同一个妈妈生的孩子。这个观点发展到宋代，一位重要的哲学家张载——又叫张横渠，因为他是陕西宝鸡横渠镇的人——用了一个词叫"民胞物与"，意思是：全天下的人都是兄弟；世上万物，日夜星辰、山川草木、花鸟虫鱼，都是我的朋友。如果我们发出"tóng bāo wù yǔ"的声音，或用拼音写出来，就显示不出它的确切含义。所以，汉语和汉字是在特殊的文化载体中的一个特殊的系统和品种。特殊表现在哪里？形、音、义，词的组合，都包含着丰富的文化内容。老师如果没有讲过这类内容，或无法深入而又浅出地向学生传达，学生只能是了解日常用语，不能深入地了解中华文化。这是第二个理论依据。

3. 正是因为这样，所以如果我们只是把语言和汉字表面的东西机械地传达给学生，学生机械地学到了、记住了，实际上我们在一定程度上背离了语言文字的本质功能。语言的本质功能是用来交际的，它承载着民族的深刻的历史和文化内涵。在孔子学院大会闭幕式上，我正是因为利用了这一点，所以虽然在场的绝大多数人不会说汉语，可是通过同声传译，他们都懂了。

语言是座桥，这个桥需要人去搭建，而文化其实是彼此心灵之间相通的一条公开的"暗道"。当点破遮在上面的一层薄膜，暗道就显露出来了，不同民族、不同文明的人，心和心马上就可以沟通。第二阶段就应该把"点破"的功夫做好。

第二阶段开始了，是不是我的独断？有什么外部标志没有？作为学

---

① 该文收录于《未央三集》。

者，不需要标志，应该见微知著，不仅仅了解当前，而且努力预测未来。如果一定找个标志，那么第一个就是2011年孔子学院大会。这次大会有它既定的主题，但是无形中各国学者以及各国的教育官员议论纷纷的、反映最强烈的，是文化交流问题。同时在我巡视各国孔子学院的时候，无论是当地的政要、教育官员还是承办孔子学院的教授以及外方教师，在几年里不知道多少次，用不同的语言对我说：许教授，坦率地说，我们办孔子学院的目的不是只学语言，我们是想了解中华文化，语言只是我们了解中华文化的门径和工具。同时，根据志愿者和外派老师反馈回来的信息，几乎没有一个人在那里只教语言和文字，都在介绍中华文化。不介绍不行，学生要求，家长要求，校长要求，乃至社区要求。

这里附带说说，很多世界著名的大学把孔子学院作为他们这所大学创新、实现既定的走进社区目标的第一个有效的平台。社区的人要到孔子学院来，孔子学院的老师要走进社区。到社区那里讲什么？"给我们讲讲中国的节日吧"，"给我讲讲中国的宗教吧"，"讲讲中国的信仰吧"。如果这个时候我们的志愿者和老师说：对不起，我是学语言学的，我不会。那将是一种什么样的场面？

孔子学院的事业要靠政府支持，更需要社会各界的支持，不仅仅是物质和财政的支持，还有文化事业、经济学领域等支持。我说孔子学院大会是个标志，就是因为在这个舞台上的1100位外方校长和学者议论的，已经预示着现在的急迫需求，也就是我们未来的走向。

汉语国际教育进入第二阶段，势所必然。如果一个事业就像我们走一条很长的路而不分阶段的话——也就是中国人所说的"一条道走到黑"的话——那么事业就没有发展。做什么事情都有个阶段性。作为汉语国际教育进入第二个阶段，具体地说，是哪些形势促使的呢？

第一，国际形势的需要。

今天是一个全人类反思的时代。为什么反思？因为这个世界是一个乱糟糟的世界，是一个现实和二百多年来西方工业化过程中所形成的西方传统受到置疑，受到解构、批判的时代。这个时代美国人在反思，英国人在反思，法国人在反思，非洲在反思，中国也在反思，质疑自文艺复兴后工业化过程中科学技术的发展给人类带来的后果。过去只看到成绩：速度提高了，质量提高了，生活提高了。现在反思——它的负面呢？环境污染了，资源要枯竭了，世情淡漠了，人与人之间的对立更加严重了。而新兴国家普遍反思的是：自己的民族传统丢弃了。

中国人在反思什么呢？百年来我们怎么走过来的？所以今年纪念辛亥百年出现热潮也不是偶然的。百年前我们积弱积贫，被外国的鸦片和枪炮打开了国门，于是认为自己的一切都是坏的，不然我们为什么这么不堪一击啊？于是误以为西方的一切都是好的，从学校的建立、学科的分类到衣食住行等等乃至伦理道德，一味地学习西方。"全盘西化"曾经是非常响亮、非常时髦、被人羡慕的口号。现实启发了我们，原来西方的月亮是圆的，中国的月亮也不是扁的；西方的文化有很多的营养，但是也有过量的激素；中国的文化是好的，里面也有渣子，过去我们只看到渣子，没有看到好的一面。中国人反思的结论是应该回到古老传统中去汲取精华。

西方是怎么反思传统的？现在，柏拉图、亚里士多德等等又成为哲学家、社会学家、历史学家关注的热点。与此同时，西方的一些思想家，包括文、史、哲、社会以及心理学界，从 20 世纪六七十年代开始，把脸调向东方，重拾起对东方的关心，发现笛卡儿说得对：东方、中国有超越我们的智慧。国际的需要这是事实。一元文化的声音慢慢地在减弱，虽然抱这个想法的人还有，而且他们手里有实权、有金融、有武装；但是在民众中、在学界、在未来的世界中，需要多元文化，需要多元共处、互相学习和吸收，来创造人类未来新的文化，这个声音现在已经成为主流。

在我们反思的背后有一个宝库，这就是我们古老的文化。客人说："我们想来这里看一看"，我们说："没有什么可看。""你们库里有。""我不知道啊。请进吧"，进来之后客人问："这是什么？""我不懂。"作为中华文化的继承人、中国文化的守护者，我们的志愿者和老师是不是就开始不胜任了？

作为一个国家，和外面联络的首先是政府以及政府所辖的机构，包括军队。但是那都是官方的，老百姓之间的交流靠谁呢？西方早就醒悟了，因此英国成立了文化委员会，法国成立了法语联盟，德国成立了歌德学院，西班牙成立了塞万提斯学院。这四大中心的任务就是在政府的支持下进行不同国别之间、人民之间的交流，特别是青年的交流。我们汉语国际推广、国际教育本来想达到的就是促进这样的交流。七年走下来，人家期望我们办成歌德学院那样介绍本国文化的机构。不仅仅歌德学院这样想，德国的民众、政要、教授也这样想。因为各国都通过一定的渠道、平台把自己的文化介绍给世界，世界文化的多元性才能呈现出来。文化与文化之间对话就意味着不打架，促进感情和心灵的交融，这样世界的战争危险才能减弱。

第二，中国需要。

中国的改革开放要持续下去，仍然是"请进来"、"走出去"两条路。到了外面才发现，原来由于长期的半殖民地地位，被人看不起，这种对中国定位的思想也在遗传；再加上有些外国政客对中国的扭曲，他们掌握了话语权，也造成了民众的误解。

中国需要让世界正确地、全面地、深入地了解。孔子学院这个平台应该客观地介绍中国的昨天和今天，减少误解。目的是什么？交朋友，让我们携手打造一个和谐的世界。

第三，当今不同文化之间交流形势的需要。

政府间的交流，无需我多说。学者之间的交流，现在热点是经济学、社会学等多种学科，甚至于马克思主义学说都交流得非常频繁、非常良好。实际上，现在无数门类的学术，中外交流非常热络、频繁，但是这只是少数人之间的交流。各国领导人都意识到这方面的不足，奥巴马总统曾在访华的时候提出过公共外交。所谓"公共外交"就是社会的、民众的外交。这一观念源自德国当今最著名的哲学家哈贝马斯的"公共交往"理论。大概因为奥巴马是总统，谈的都是外交，于是用"公共外交"这么个词。公共交往问题成为西方哲学界讨论的一个热点。其实还是称"公共交往"好，一提外交就又带政府色彩了。公共外交之热在我身上也有所反映。去年，我已记不清参与了几场国际间的公共交往，今年我必须参加的已经有七八场。今年国际活动特别多，可能和今年是联合国定 5 月 21 日为"世界文明对话日"十周年有关。这是好事情，说明主张对话、反对打仗的人越来越多。

我们从事汉语国际教育的老师、同学，对于这样一个世界走向多元化过程中出现的多元文化交流，能置身事外吗？能说我只教汉语吗？恐怕不行吧？公共交往谁都有责任，谁都有义务参与、"给力"。

我们要做好相应的准备。我们汉院、基地和中心做好了没有？准备什么？就是要补自己的不足。要抓紧准备。

第一个准备——人才。

人到用时方恨少。我们急需能够适应新形势的中方院长，这个院长不一定是学语言文字的，但应该是别的学科的专家。当然目的国的语言一定要精通。善于组织教学是必备的，但不限于汉语教学。现在各国要了解中国的过去，更要了解中国的现在，人文社会科学怎么样，老百姓怎样生活，信仰什么，遵循什么样的道德，等等。课程怎么安排，汉语课程和文化内容怎样结合？这是颇需点本事的。中方院长应该是一个活动组织家、公关专家。例如就我所巡查过的孔子学院，有的就举办过国际高端的哲学与经济论坛，中方的院长需要知道国内谁在这方面造诣高，谁能够到国际场合去交流。学语言的如果对哲学、经济学一点都不了解，就难以发挥作用。还要有百折不挠的韧性，想方设法把好的教授请去，对与会的国际学者也都要设法有所了解。要协助外方把论坛组织好。有的中方院长就能够把国内文艺团体或书法家、画家组织起来到那里办展览。这些都不是在国内时已经具备的，也不是课堂上能够学到的。

我的期望是，几年后能出现一批职业的中方院长，可以在几个国家做几任民间的"大使"。

要看到我们现在所受到的局限。这些局限不是老师和同学自己造成的，而是我们大学和院系以及学科的设立，百分之百地照抄文艺复兴以来西方的观念所造成的。不久前罗伯特·贝拉先生来这里讲演，我在宴请他的时候向他提出一个问题：一百年来中国人抄你们的东西，把研究自然科学的方法移植到研究人文社会科学，我认为我们走错路了。人文社会科学研究的对象和自然科学研究的对象不一样，所以方法应该不一样。我请教你：我的观点对不对？他说："That's right。"我们的学科建设、课程设置，就是按西方自然科学和技术的方法移植的，造成了我们只知道一个狭窄的范围，专家专家，就是"专"知道这一点。而信息和交通发达的社会，既需要专家也要通家，也就是"一专多能"，特别是在应用层面，必须是通家。因此，我们个人的知识结构和汉院的人才结构必须开始慢慢进行调整。

第二个准备——思想观念要转变。

分两段说。第一段，正确地、全面地认清形势。要有自己的判断，包括我今天所描绘的形势，可以不完全相信，要自己观察、思考。第二段，认清了形势之后要明责任。我们固然允许认为这些与我无关，我还是只在原来领域里努力。这当然是可以的。但就一个学院整体来说不行。因而必须在人才引进和培养方面进行统筹。明责任，首先是汉院的责任，每个老师在其中的定位。我们需要一批专家，只研究一个较窄方面的问题。正如我在《文史哲》上发表的一篇文章——《小学与经学》所说，只知道一个字一个字地解释古书，需要；只会不同版本的校勘，也需要。没有这些打基础怎么行呢？但是如果我们整个学科的专家都这样就是问题了。"萝卜白菜各有所爱"，擅长什么做什么，互相尊重。但是今天来看，我们遇到的困境主要是绝大多数人只"专"而不"通"。长此下去是要被边缘化的。前三名、第一名，瞬间就会被挤到后边去了。

对于所有的老师和同学，关于思想观念方面我就想明确这几点。此事与人人有关：不是让每个老师改变专业，一把年纪还要学新的学问？不是这个意思，但要关心，要关注，要"站脚助威"，特别是年轻老师，要积极参与。当然，"我就带好孩子，我就教那几节课，挣点钱，我也不想升职"，这也得包容，也允许。但是不客气地说，这是要被学术和教学催促鞭挞的。因为知识拓展、观念改变会带来知识结构的改变，为此当然要付出辛苦。知识结构改变自然带来教学的改变，这是一种循环上升的过程、互相促进的过程。即使安于现状，也要学习，也要探索。学院对不同爱好、不同专长、不同自我要求的老师要同样尊重，但是我们的整体应该成为中国走向世界、中华文化走向世界、中国的语言走向世界的中流砥柱和骨干。如果这样的话，当各位到了我这个年龄的时候回首往事，会觉得自己的一生过得很精彩，没有浪费年华，我们不仅仅给汉院作了贡献，给师大作了贡献，给国家作了贡献，其实也为世界和平作出了贡献。

第三个准备——要落实，要有措施。

下面讲的是我现在想到的几点具体措施。

第一，需要学校给予支持，帮助我们引进人才。

第二，要培养人才。

我从 2000 年接任汉语文化学院院长，当时我向校领导提出，我不是挂名的，但人财物我不管。当时咱们学院的名字有几个供选择：仍然叫"汉语学院"，或叫"汉语和文化学院"、"文化汉语学院"，还有"语言文化学院"。最后是我定的，叫"汉语文化学院"。正是因为是这样定的，所以在成立大会之后，我就做了学院的第一场学术报告"中华文化源流概述"①。我当时就说：我们不只有汉语，我们也应该有文化。我那个讲演讲了几千年，其中任何一个时间段，任何一个问题，谁有兴趣的话都可

---

① 该文收录于《未央三集》。

以沿着走下去。十年来，我也记不清给我们汉院做了多少场关于文化的报告。我高兴地看到，汉院有的老师开始对这方面有了兴趣钻研，已经给培训班开课了。但是我觉得参与的教师数量、研究的深度和广度都还需要拓展，希望学院在培养这方面人才上再多下些力气。

第三，要学会综合利用。

综合利用什么呢？利用北师大这么丰厚的资源。师大上知天文，下知地理，文史哲、法教心、数理化等等都有。怎么样整合全校的力量，一起帮助汉院改善知识结构，改善对外派教师和志愿者的培养。孔子学院这个平台真好啊，我想不出北师大的哪个学科不能借助这个平台走向国际。关键是设计，关键是眼光，关键知道人家之所需。

第四，争取外援。

从经济上——钱不够外来凑——到请专家，都需要外援。我总希望有这么一天，汉院或者基地能够请几位书画家到北师大办的六所孔子学院巡讲，为什么中国画这样画，为什么画上要题词题诗，为什么还要盖上图章？我还想请一些艺术家、非物质文化遗产传人出去讲讲，为什么一个红绳绕来绕去叫"中国结"？中国结的特色在哪儿？皮影、民乐等等都可以边讲边演。我相信，这些宣讲一定大受欢迎。

齐聚儒释道重镇　关注国际汉语教师培养培训※

尊敬的朱静芝省长，尊敬的各位领导：

时隔两年，我们又在古都西安举行年会。我为什么通过理事的讨论来落实我的想法，到西安来开会？其实，我内心是有这样几点想法的。

第一，我希望来自全国各地和世界各国的会员理事来看一看中国欠发达地区的情况。西安虽然文化底蕴深厚，但是经济和东部相比一直有巨大的差距。我常对外国朋友说，你们不要只看北京、上海、广州，我们还有许多欠发达地区，因为很多外国朋友说你们不是发展中国家，你们的上海比纽约还漂亮，我说，那只是一面。只有看过了发达地区，再看看欠发达地区，才可以对中国的全貌有所了解。

第二，来看看西北地区的经济、社会的发展状况。这个状况里包含了什么？我后面要谈到。

第三，当前世界经济仍然处在衰退之中，但是中国的西部却逆势而上，陕西省就是其中重要的省份之一。我们在会议室里开会，不可能对陕西的经济建设和社会发展有深切地了解，但是我们在这里接触的每一个陕西人，他的面庞、他的举止都可以透露出陕西人的精神风貌，当一片愁云飘浮在北美和欧洲上空的时候，来看看黄土高原的上空和人们的心情，我想这会对我们有所启示。

第四，陕西省是中华文化的摇篮，也是中国传统文化积淀最为丰厚的省份之一。孔子学院应世界的形势发展、应各国人民的要求而生，我们做了那么多艰苦的、复杂的、多元的工作，其实它的核心目标就是推动世界

※　2012 年 8 月 16 日在"第十一届国际汉语教学研讨会开幕式"上的致辞。标题为整理者所加。

文化的多样性和不同文明的对话。而陕西省既是丝绸之路的起点，更是中外文化的交融点。陕西在文化、经济、政治方面与异质文化交流具有更为丰富的经验。例如，中国文化的三大支柱，儒学、佛教与道教，我们都可以从这里找到它的根源和演变轨迹。

儒学，定形于春秋时期，代表人物是孔子，孔子最重要的主张之一就是"克己复礼"。他所说的"礼"就是周公在陕西所制定的"礼"。因此，当他晚年的时候，感到自己已经衰老了，曾经感叹到"甚矣吾衰也"（我已经衰老得很厉害了），"久矣吾不复梦见周公"（我已经很长时间没有梦到周公了），以此说明自己衰老了，也说明在那个时期，推行周礼困难重重。后代最著名的儒学繁盛时期是宋代，有"关闽洛濂"四派，"洛"是程颐、程颢，"闽"是朱熹，"濂"是周敦颐，"关"是在西安西部通往宝鸡路上的横渠镇的一位儒学家叫做张载，号横渠，读书人几乎没有不知道的"为天地立心，为生民立命，为往圣继绝学，为万世开太平"这样一个人生最高境界的格言就是张载提出的，现在他讲学的学堂、他的故居仍在。

佛学，走丝绸之路从新疆传到中原之地，也是先在西安停留再走向中原的。最著名的唐僧玄奘正是从这里出发，历经 17 年带回大量的佛经，成为当时古印度首屈一指的高僧，然后就在现在西安的几个庙中开设义理翻译的场所。我们走在高速公路上看到的一个方形的大雁塔，就是他译经的场所。佛教传到中国以后，经过六、七百年的流传和与中华文化的磨合，到了唐代进入了最鼎盛时期，形成了八宗，也就是佛教当中的八个学派，其中有七宗的祖庭就在陕西。玄奘就是一个汉语国际推广的志愿者，被世界称为最早的、贡献最大的旅行家、翻译家、学者和宗教家，至今他所生活工作过的寺院都在。

道教，都说老子西出函谷，然后被关尹留下来，关尹用很便宜的代价招待他吃很粗糙的饭，让他把他的学说写下来，这就是后来五千言的《道德经》。传说中老子写《道德经》的地方就在西安市的楼观台。

影响了中国 2000 多年的文明发展的儒释道都是以西安为重镇。当时的西安至少有十几种外国语言和汉语交流，以翻译为职业的人很多，有特定的地方作为国际贸易区域。今天我们说上街买"东西"，为什么不说上街买"南北"？"东西"怎么就代表物、商品？作为语言学家，我找不到根源。但是据陕西人传说，西安这里立了东市和西市，只要到东市和西市就是买东西去了。买的什么东西？就是当时的 LV，各国的名品。中国传统当中那种开放、包容、与不同文化交融的智慧首先来自长安，来自西安。因此，我们在这里举行会议和世界汉语教学学会的历史职责有一种隐喻式的暗合。

各位专家、各位代表，这次会议按照理事会的研究确定为两项内容。第一项是就国际汉语教师的培养与培训如何创新发展进行研讨，第二项是学会和理事会的换届工作。这两项似乎不搭界的内容，实际上内含着一致性，都是为了支持和协助孔子学院总部，按照既定规划在下一个阶段把国际汉语教育和教师的培训做得更好。

时间进入二十一世纪的第二个十年了，在经过了七年多的奋斗之后，孔子学院的发展状况有点像是我们吃西餐。一开始中国人对西餐不太能接受，但是当法国牛排传到中国以后，人们觉着别有风味又富有营养，于是吃的人多了。吃的人多了以后，北京的西餐厅就应接不暇了，就要求设第二家、第三家，乃至北京饭店等都要做牛排。但是法式牛排吃惯了，发现它和我们的饮食习惯有所不应，于是中国人就开始把法式牛排、俄式牛排等综合起来，加上中国元素形成了具有中国特色的牛排，吃的人更多了，于是这个行业就发达了。发达之后又出现了问题，厨师跟不上了。孔子学院就是如此。七年多前，首尔孔子学院第一个签字，马里兰大学孔子学院第一个揭牌，谁也没有料到七年时间里孔子学院会遍布世界。就在受到一片鼓舞和喜悦的同时，我们逐渐感觉到了，一家牛排店是不行的，一种风格的牛排是不行的，于是在继续支持各国建立孔子学院的同时我们在思考，怎么把每一所孔子学院都办好？这时候要解决原料的问题，要有最好的牛，要有最好的调料，可是归根结底发现关键的关键是厨师。对孔子学院来说，就是教师。这就是为什么这次会议确定以教师的培养、培训为主题来研讨的原因。

世界汉语教学学会是一个很好的平台，这个平台是一种助力，我认为在今天千头万绪的工作中，应该把教师培养、培训以及管理放到一个突出的位置。在研讨的时候我还会就这个问题再多谈谈自己的想法。我们设立了七个专题，这七个专题几乎都是围绕教师的，甚至我极言之，我们的规划制定得再好，各国朋友的需求再强烈，如果我们没有足够数量的、高质量的中国派出的和各国本土的教师，那么孔子学院就不可持续发展的。这种形势的出现，虽然开玩笑说以牛排作比喻，但是它的确是一个严肃的课题。首先，今天的世界是一个混乱的世界，是一个弄得人们不知东西南北的世界，这个时候最需要的是什么？需要的是我前面所说到的世界文明的多样性以及不同文明的对话，正是这种形势推动了世界各国人民对汉语和中华文化的需求。拿 2012 年的情况与 2004 年的情况相比，2012 年各国对汉语和中国文化了解的要求，不仅仅在范围上有所扩大，量上有所增加，而且在质上也要求得更高了。这就是挑战，这就是机遇，这就是压力，这也是动力。我相信在这方面无需多说了，世界汉语教学学会的各位会员在一线的实践当中已经强烈地感受到了这种压力和挑战。但是，我相信在孔子学院总部的指导下，在学会全体会员的努力下，在全体理事的团结、奋斗、协作下，我们的学会一定不会辜负世界各国人民的希望，不会落后于孔子学院的整体战略部署与前进步伐。

（根据录音整理）

国际汉语教师培养培训与中华传统语言文化※

　　这次会议以教师的培养和培训为主题，前面冠上"创新"与"发展"，很贴切、很符合当前形势的。国际汉语教育要可持续发展，关键的关键是教师，这也是我们当前最薄弱的一环。一个教学过程是很复杂的，有管理的问题，有教材的问题，有环境的问题，还有学习者的心理以及教师的素养等问题。在种种的问题中，教师是关键，这不仅仅是在国际汉语教育领域，在各国的整体教育过程中，在所有要把自己的所知传达给更多人的工作中都是共同的。我们的国际汉语教育又有它的特殊性。从我们的教师构成上说，我们的教师大体分三大类：第一类是由中国派出的志愿者和教师；这类教师中包括了第二类，就是以后会慢慢增加的专职教师；第三类是各国本土的教师。

　　这三类教师各有长短，不都是本土教师好，因为本土教师对中国语言的语感和对中华文化的感悟与中国的教师有一定的差距。也不都是中国派出的教师好，因为对所在国我们不了解，没有在西方生活几十年，没有走出大学校区，没有到过商店里、教堂里、各种 Party 上，甚至于小巷里，我们不了解那些地方的生活情趣、格调以及人们的复杂心理。所以我们要想到教师的构成和差异，在设计本土教师和中国教师培养方案的时候，注意如何取其长，补其短。

　　接下来就自然有一个问题，怎么来培养和培训？

　　前年我们的年会上虽然讨论的是教材问题，但也有很多老师提出了教

　　※　2012 年 8 月 17 日在"第十一届国际汉语教学研讨会闭幕式"上的讲话。标题为整理者所加。

师培训的问题，今年则是集中讨论教师了，大家的论文的确各有千秋，都是来自第一线实践当中的体会。看了提要以后我的想法是，教师的培训首先应该注意培养他的责任感和对自己教学内容的热爱。把汉语、中国文化作为自己讲授的内容，自然也是谋得职位和晋升职位的工具，这是可以理解的，也是必然的。但是仅仅做到这一点是不行的，应该通过学习、教学逐渐加深对汉语的理解，觉得汉语的确有它的绝妙之处。

各国的语言都有自己的优点、美妙之处，这些优点、美妙之处是不一样的。我们既然教汉语，就应该深入体会汉语潜在的绝妙之处。在今年8月"汉语桥"世界大学生中文比赛决赛的晚上，一个乌克兰女孩儿激动极了，获奖以后就喊了一句"我爱中国"，博得了全场的掌声。等我讲话的时候，我说你这句话深深地打动了我，你的祖国我也去过，几位获奖选手的祖国我都去过，我去了之后的感受是，我也爱你们的祖国。如果一个人既深深爱着自己的祖国，也爱别的国家，这样的人多了，世界上就没有了战争和屠杀。但是这种爱不是抽象的爱，应该是具体的爱。爱最主要的是爱人和爱与人有关的一切东西，例如风俗习惯、宗教信仰等，其中就有语言。

在培养、培训的时候，我们应该勇敢地迎接当前形势对我们的要求与挑战。我在理事会上也谈到了，现在世界的形势对汉语的教学的确提出了前所未有的要求，但是我们平时谈论得更多的是所需教师之量。例如昨天许琳主任就说了，印度一张口向中国要一万名教师，泰国一张口要一万名教师，这反映了客观的需求。但是我们还应该看到，今天和未来各国对学习汉语和中国文化的要求还有个质的问题，也就是对教师及其教学的效果要求越来越高。

为什么会出现这样的情况？我想这和世界的经济、政治、文化形势有关。在今天，经济全球化已经基本上实现了，势不可挡，谁和经济全球化唱反调，对着干，那谁的经济就要受到巨大的损失。例如拒绝加入WTO，拒绝和别国进行贸易，那你闭关自守吧；或者加入了WTO，时不时挥舞贸易保护主义的大棒，实行非全球化的举措，那也要吃亏。全球化是历史之必然，但是当世界上只有经济的全球化而没有文化的多元化，那世界将极其不安宁，就会只剩下霸权，剩下仇恨。因此，世界文化的多样性也是历史的必然、历史留下的遗产。文化本来就是多元的，印度的歌舞跟我们中国的不一样，日本的浮世绘和中国的绘画不一样，如果不注意文化多样性，在经济全球化下，这些东西就都会被抹成空白，大家都变成一个样子，这些现象在地球的有些地方已经出现了。

对于个人来说，如果我们只知道本国的情况或者周边的情况，没有世界眼光，那么我们的知识将变得狭窄，胸怀也不可能包容他人，包容世界。所以，我们考虑这个问题（教师的培养、培训）不能不把世界现在对语言文化的需求和历史的走向联系起来。语言的交流不是单向的，中国几亿人在学英语，而且在中国教英语的90%是本土教师。与一元化博弈，需要中国的语言和文化"走出去"，促进多元化。塞万提斯学院、歌德学院、英国文化委员会、法语联盟都是如此。

语言是人特有的，语言反映了一个人的学识与素质。所谓"文化"就是"人化"。如果我们的志愿者和教师，尤其是将来的专职教师，既有对自己祖国语言文化的热爱，也有对目的国语言文化的了解，也赞赏人家的美妙之处，同时把在经济全球化情况下要促进文化的多样性和不同文明的对话作为自己的职责，我想志愿者和教师会很快提高自己的水平，会全身心地把它当成终生的事业来做。

拿这样的想法来看看我们今天的志愿者与教师，我们没有做好准备，尤其是文化。我们常说中华文化博大精深、源远流长。但小孩子们从小学到高中都被应试压着，喘不过气来，学得最多的是那些课本，课本以外的知识很少知道。平时就是学校——家门、家门——学校，不知道社会上的事，更不知道中华文化怎么好，中华文化都包含什么，因为没有时间和空间让他们获得应有的知识和熏陶。上了大学，分了外文系、中文系、传媒系等科系，又上了专业硕士，就那么两三年时间，以现在这种培养模式、培养体制，还有多少时间看书？有多少时间背着双肩包翻山越岭去访问名胜古迹，去到老百姓当中了解老百姓心中的文化？那我们怎么给他知识呢？只能是择要，择要似乎容易，其实难矣哉！如果哪位会员和理事考考我，用十句话概括中华文化，我会不顾我的腰疼马上逃跑——我答不上来。择要、提要对历史现象来说是极其困难的，需要极高的学养和胆识，我们现在这个社会缺少这样的人。

国外的朋友会请教师给社区和大学做关于中华文化的报告，不仅是这样，就是进行语言教学也需要文化，语言和文化不可分。既然我们说中华文化博大精深、源远流长，那么它的表现形式和它最终的载体——语言难道不是博大精深、源远流长吗？可是现在我们从高中到大学，到研究生，给孩子们更多的是主语、谓语、宾语，主谓结构、偏正结构，本义、引申义、假借义，对于语言的奥妙却没有解释出来。

我这里举个例子，就说"文化"。我在国外巡查孔子学院的时候，看到我们的志愿者、教师教外国孩子写"文"这个字。如果学生知道"文"的初义就是人的纹身（这从甲骨文、金文可以看得出来），那就明白了，就可以印证我所说的文化就是人化。大猩猩、猴子不懂得剃掉自己的毛，能够用东西刺身的时候，或者为了图腾的崇拜，或者为了恐吓野兽的侵袭，他就是人了，所以"文"是人与兽区分的一个标记。何为"化"？左边一个人，右边类似"匕"的形体，其实也是一个"人"，不过这个"人"在古文字里是颠倒过来的，头冲下。一个正常的人是头冲上脚冲下的，出现另一种情况头冲下脚冲上，我们可以认为是从左变到右；也可以说从右变到左了，因为婴儿出来的时候是头冲下，真正成人头冲上。这意味着什么？就是"化"，"化"就是"变"，反映了中国的哲学思维。也有人说"化"的右边是个死人，表示人活着和死去。这可以做多种解释，不然就只剩下"文"了。我们的志愿者、教师在那儿讲：小朋友跟我一起说，"wén"，一点一横一撇一捺，写得好写得好。我们的志愿者、教师心里只有一杯水，现在需要把这杯水给外国孩子们，再多点就没了。如果外国孩子有好奇心：为什么这个"文"上面有一点？恐怕我们的志愿者、教师能答上来的不多。

再比如，我在德国的一个学校里看到，在澳大利亚也看到，我们的志愿者、教师教老人们写"福"字，把它倒过来贴上——福（倒）到了。什么是福？如果讲成"幸福"，"福气"就不好解释了。"福"最早的意思是齐备，什么都有了就是"福气"。当然，在农耕社会早期这个字指的主要是生活资料，"福"字的右边就是个小粮仓，因此就了解中国民俗了。假定一个普通人家，老夫妇都健康，儿女都好学，到成婚年龄已经娶了媳妇，嫁了人的有了第三代，邻居会说你真有福气。他并没有亿万身家、高楼大厦，但什么都齐备了就是"福"。因此从前结婚的时候，新人所盖的被褥要找北京话叫"全活人"的人做，其实就是有福的人给做。请个大娘做，要她的丈夫还在，有儿有女，不愁吃不愁穿，家庭和睦，因为要把她的福气缝进去，将来新人也沾了福气。中国人祈求的不过如此。当然现在变了，恨不得人人都有几十亿家产，弄得神魂颠倒、社会不宁。

那"禄"呢？现在都讲，"禄"就是薪水，做高官，拿高薪，其实原意根本不是这么回事。禄就是福，福就是禄，后代把福、禄、寿用三个老头作为形象，把"福"和"禄"分开了。在古代说"福"不说"禄"，说"禄"不说"福"，有可能它们词的源头只有一个，后来语音分化了。因此逐鹿中原，虽然现在用的是梅花鹿的鹿，其实是假借字，逐鹿就是逐禄，就是逐福，谁占领了中原谁有福，一解就通。

不久前我给博士生讲到了爱情的"爱"字。中国的"爱"是有特色的，中国的"爱"根据语境所确定的意义，是指对一个事物的感情说不清道不明的感觉。一个东西离得远，或者有一些云雾遮挡，你看不清，也叫爱。在座的未婚和没有恋爱过程的人不多，让我们回忆一下自己年轻的时候，和你的另一半，感情浓时就迸发了那种爱。你今天回想，请用几个词组或几句话给我讲讲，什么感觉？你说得清吗？说不出来那什么意思，但是心有灵犀一点通，你对她的爱，她马上感受到了，她对你的情你也懂，这时候火花出来了，出来就结合。

再比如，这次到陕西来，陕西就是周代的故地以及后来秦代的故地，作为姓的"周"、小船的"舟"、苏州的"州"，这三个字其实是一个意思。什么是"周"？周就是圆的，比如"圆周率"。划船的舟呢？我们现在远离大自然，老待在楼里体会不到了，舟的本形也是圆的，不信把一只船放到河里，别拴上，让它自动地漂，它漂的轨迹是圆的。如果不划，船就自己转，因为船的两边受力再精确也没有绝对一样的，受力不同，一边力大一边力小就转过来了。苏州的州，何谓"州"呢？水中的土地就是州，也就是岛。水中的岛，大家看看最近的南沙、西沙，报纸上常有航空拍摄，露出一点点底下的珊瑚礁，照片的水痕全是圆的。崇明岛不是规则的圆，但迎向水的一面和背向水的一面一定不是尖的，为什么？水冲的。水要让它减少对自己的阻力，就把它冲圆了，水沙的沉淀按照流体力学就形成圆。通过这三个字就能让学生体会到，中国人给一个事物命名是带联想的，命名的时候是抓它的本质属性，不是要给它科学的界定或用确定的语言进行描绘。小学生、中学生不用这样讲，但到了大学他开始进行理性思维的时候就可以通过语言的讲授让他对中国人的思维模式有所领悟。

当然，要我们的志愿者、教师都具备对中华文化和语言的深刻领悟和全面把握很难很难，我们现在所呈现的尴尬局面是历史的产物。如果中国的教育体制、教育理念不进行巨大的改革，中国派出的志愿者和教师将永远不会有杰出的人才。事物是复杂的，不能只要求我们这支队伍造就出什么样的杰出人才。我们这里有穆斯林，请允许我用一个改装过的中国俗话：

国际汉语教师培养培训与中华传统语言文化

"没吃过羊肉，也要见过羊跑"。现在学生们可怜的是，连羊是什么都不知道，更不要说看羊跑。因此，人才、教师、培养教师的教师太少了，诚如有朋友在发言里说的，培养厨师的大厨师太稀缺了。

但是时间是最好的课堂，实践是最好的老师。如果有对这份事业的热爱，又有对目的国和自己祖国语言文化的热爱，锲而不舍，又有老师点拨，我相信我们的志愿者队伍、外派教师队伍、本土教师队伍一定能更好地向全世界传播中国的语言和文化。

（根据录音整理）

两岸文化合作与交流论说

携手建设　为两岸为世界作贡献[※]

　　各位朋友，各位同仁：

　　大家元宵节好！

　　在中华民族刚刚欢度了上元的时刻，两岸合作编纂中华语文工具书成果发布、"中华语文知识库"网站开通，不啻为两岸语文学界献给中华民族的迎春礼物，这是近年来两岸加强交流，共同构建和谐海峡、繁荣海峡的又一成果。这也预示着两岸在经贸往来通畅、兴旺、互惠、稳定并不断深化的同时，即将出现文教交流合作的更大热潮。当前，全世界都在关注龙年里龙的传人将如何应对复杂动荡的世界局势，如何集中精力建设自己的物质家园和精神家园，如何处理两岸事务、促进两岸更加繁荣。此时，《两岸常用词典》、"中华语文知识库"等一系列成果，或许会从文教这个特殊角落给两岸人民和世界一个美妙的回答：中华民族有智慧、有能力把两岸共同关心的事情办好。

　　我猜想，所有亲自参加这一合作项目的两岸朋友都会觉得今年的上元格外有意义，的确是"上"而"元"了。请允许我以一个语言文字工作者的身份对朋友们表示衷心的感谢和祝福！

　　各位朋友，各位同仁：

　　之所以说两岸合作编纂中华语文工具书是文教交流的一个特殊角落，是因为工具书人人须臾不可离，而从事其事的只能是极少数辛勤耕耘的专家，一般人实在不易知其艰难。因为人人、时时需要，所以是两岸交流的必备之物；因为不易知其难，就更不知在隔绝几十年后两岸联手编纂之

2012 年 2 月 8 日在两岸合作编纂中华语文工具书成果发布会上的讲话。标题为编者所加。

难。是的，这不是一件轻松的事。但是两岸学者精诚协力，经过700多天奋力拼搏，取得了突破性的进展和成果。这700多天，是双方深度交流、相互学习、增进感情的难忘过程。两岸的语汇和字体有一定差异，这是现实存在，双方也有这样说、那样说，这样写、那样写的理据；但是参与其事者以对两岸人民负责、对子孙后代负责的态度兢兢业业，彼此无障碍地时时沟通，所以才能在这样短的时间里，如期地交出了很好的答卷。

各位朋友，各位同仁：

汉语和汉字是中华民族的伟大创造，是中华全体儿女共同继承的民族遗产。珍惜汉语和汉字，就是珍惜自己辉煌的历史，就是珍惜优良的传统，就是珍惜会比我们更加高明的子孙。

语言和文字，在历史长河中时时演变，因为它们是直接反映和记录人们生活、交流思想感情的工具。生活时时在变，语言和文字自然也要变。两岸语言文字的差异，就是分头演变之果，是特定历史环境使然，其实也是对汉语汉字的传承和丰富，都应该得到尊重、珍惜。中华语文知识库还在建设之中，而两岸的语言和文字之间还有很多差异需要我们认真研究。我们有充分的理由相信，只要秉承在这次实践中充满着的珍惜、尊重、真诚、友爱的精神，就没有什么问题可以拦阻我们的合作和交流，没有什么问题我们不能解决。

汉语，特别是汉字，也为俗称"汉字文化圈"的人们所共有共用。进入21世纪以来，汉语汉字的传播范围又超过了"汉字文化圈"。两岸语文的差异，也给中华民族之外越来越多的人带来了不便。先为这一差异搭建起沟通相异而使之相通的桥梁，当然应由两岸学者承担。因此，中华语文工具书和"中华语文知识库"也是献给汉字文化圈中的人们的一份礼物。我想这一独特的知识库也会受到各国关心、喜爱汉语汉字的人们的欢迎。

汉语和汉字有着难以说尽的优长之处。这是有着诸多研究和理论支撑的。但近百年来，汉语汉字蒙受了不明之冤，汉语被称作落后的语言，说汉字表意是笼统的、模糊的，汉语汉字不能精确地表达复杂的思想，等等。了解汉语汉字之可贵的确不易，不生活在汉语汉字的环境里，不入汉语文之门，对于成长在富有形态变化的语言和拼音文字社会中的学者，自然容易滋生"唯我独优"的判断。可以说，体会汉语汉字的美妙是要与了解中华民族思维习惯和独有的哲学联系在一起的。

现在情况有了变化。随着汉语汉字热在世界上的兴起，越来越多的人喜爱上了汉语汉字，甚至惊叹于汉语汉字之深邃奥妙、富于哲理、艺术美观等独到之处，羡慕甚至惊异中华民族在长达数千年治乱、分合的曲折发展史中竟然一直坚守着并不断完善着自己文字的特色，记述着错综复杂的深刻的史实和思想，为人类保存了多元文化中宝贵的一元。当前的无数事实证明，中华文化这一元，汉语汉字这一元，在全人类纷纷自我反思、努力构筑多元文化世界的过程中，将会愈益显示出中华民族的这一坚守就是对人类文化、人类未来的巨大贡献。

未来的路途还很漫长。向世界介绍汉语汉字，让各国人民能够通过汉语汉字了解中华民族的眼光和胸襟，是我们义不容辞的义务。在未来的时日里，以沟通两岸文化为初衷的"中华文化知识库"，必将为中华民族走向世界、为世界的和谐与和平作出我们所料想不到的贡献。因此，朋友们，同人们，大家任重而道远。让我们在两岸关系不断迈出新步伐、开创新局面的未来岁月里，持续地充实完善"中华文化知识库"，让它逐渐成为两岸人民和世界从中获益最多的中华语文知识库。

祝大家顺利、成功！

用真诚与热情搭建两岸青年
互动交流的平台※

郑又平①：所有来自台湾"2012 纵横北京"的同学们，大家早上好！我们今天非常荣幸来到人民大会堂，要听一位 13 亿人口中顶级的精英、顶级的大师，给大家开示。今天在座的全国人大前副委员长许嘉璐许老师，他的抬头多到我没有办法一个一个细述，但我可以告诉各位，他所投入心力的领域从教育到文字，到社会福利，到各种公共政策领域，他涉猎极广，而且我觉得许先生的道德风范确实值得大家学习。他这些年来除了参与国家的大政策和公共事务之外，还投身于一项非常有意义的工作，在昨天、前天的媒体上相当广泛地被报道，就是海峡两岸共同编撰大辞典这个工作。我记得许先生跟我和周董事长②提到的时候，我们两个心里在想这是几乎没有可能的事情，因为是太庞大的工程。许先生就有能力在海峡两岸集结许多的文字专家共同来完成这项伟大的工作，这对我们海峡两岸的文化交流传承是具有重大意义的。

除此之外，在他众多的工作里面有一个很值得大家称道的，就是全中国大陆在世界各地有数以百计的孔子学院。孔子学院传递中华文化到世界各地，许先生就是孔子学院最重要的推手之一，所以他的办公室就设立在汉办，汉办是推动孔子学院最重要的机构。

我觉得更重要的是他好学的精神值得我们去努力学习。我曾经听许老

※ 2012 年 2 月 9 日会见台湾"2012 纵横北京"访问团的座谈。标题为编者所加。

① 郑又平，台北大学教授、中央电视台特约政治评论员。时为访问团领队。本文注释为编者所加。

② 周荃，台湾财团法人贤德惜福文教基金会董事，访问团领队。

师的亲人和朋友告诉我说，他这么繁忙的公务，每天回到家还坚持要再读一两个小时的书。而且很多大陆的教授跟我讲，他读书有过目不忘和速读的功力。其实他读的书非常庞杂，你们等一下会有机会亲自向许老师提问，现在我们用热烈的掌声欢迎许老师！

许嘉璐：郑老师这一番话说完以后，我不敢说话了。我是老师，不是大师，我觉得"老"比"大"还值钱。我从事教师这个事业到今年是53年，除了有一两年我离开了讲坛，因为当时太忙了，那就是我在做国家语言文字工作委员会主任的时候，这个领域当时是百废待兴，需要我奔跑，做各种事情，我就停下来了，除此以外我没离开过讲坛。所以听说同学们来，我非常高兴。因为即使是在北京师范大学以及我兼职的大学，我和同学们见面常常是我在讲台上，他们在讲台下。这次咱们都坐在平地上，而且我能在大门口看到你们一个个生疏而又熟悉的面庞，的确是非常高兴。无论是从老师的角度，从北京人的角度，还是从台湾党政军学商各界精英朋友的角度，我都要对你们表示热烈的欢迎！

我想说得简单一点，然后同学们提问题。来北京几天了，可能有些收获，有些困惑，有些各式各样的想法，都可以提出来。每次见台湾同学的时候我都说，你们可以提任何问题，在我这里没有一个范围，你愿意把自己的感情生活告诉我，我也愿意听。可惜没有下雪，我很希望能下一场很大的雪，来减缓春天的各种传染疾病，也使春天的草木更加旺盛。今年的气候有点反常，温室效应，雨和雪都下在南方了。但它总有回来的时候，我想今年你们见不到雪，明年或者哪一年来的时候一定可以痛痛快快地在雪里欢跳。

刚才郑老师说了我两件事情，一件事情是编《两岸通用辞典》，从前天开始，《中华语文知识库》两岸同时登云、上云[①]了。这件事情其实开端于1997年。1997年我做国家语言文字工作委员会主任，统管大陆各个方面的语言文字以及计算机里所用的语言文字的开发，利用计算机自动地处理我们汉语汉字。所谓自动处理，并不是我们击键就跳出字，用拼音或五笔，而是文本输进去之后它能自动处理摘要，最高级的就是人机对话；

---

① 登云、上云：指两岸合作建设的"中华语文知识库"同步上线，使用最新云端技术，让全世界都能分享，成为网络云世界中首部经过专家审查的在线版两岸词库。

次一等的就是中外的对译、翻译，输进一个文本让它翻译成英语、德语、法语。这是一个遥远的目标，非常艰难的工程。我在那里工作，要编辞典需要我的同意，当时一批语言大学和其他大学的教授就和台湾的教授合作，要合编一个《两岸通用辞典》，我认为这是一件非常好的事情，也是一个继续，我参与了论证，当然就同意他们编了。马英九先生提出来要编通用辞典，正中下怀。因为当时是纯民间的资金力量编的，第一，规模有限，第二，已经过了这么多年，语言都变化了。可是他不知道我有那本书，于是我就拜托台湾的朋友带回去一本给马先生，告诉他，90年代有一本，现在编新的。所以后来马先生有一次谈话，说我们"重编"，这个重编等于是again，就是根据我那本书说的。这次规模比较大，大陆出的这本250万字，6月份就印出来，现在已经在印刷厂校对了，台湾的本子已经出来了。我觉得语言文字本身是民族文化的一个组成部分，而且是文化最重要的载体。尽管现在互联网这么发达，但是在互联网上流转的信息仍然有90%以上要靠文字。所以，做这件事情，刚才郑老师说两岸的学者努力做400天，这其实不是从零做起，两岸都有自己的知识库、资料库，从这里面提取，但一定要斟酌，一定要解释得非常确切，也很费力的。大陆这边集中了长期从事辞典学、语言学研究实践的教授，有很多都是退休多年被请来的。

为了能够完成这个目标，实行了"三同"的办法。三个共同，什么同呢？同吃、同住、同工作。离开家，集中起来，住在一起。可是如果住酒店开销太大了，所以住得很简陋。70、80岁的老头子，我的师兄都在里边，400天，终于完成了，《中华语文知识库》也上云了，这的确是两岸值得庆幸的事情。在发布会上我作了一个简短的致词，我说工具书、知识库是今天的人们须臾不可离的。我们经常要翻查纸质的、电脑上的或者手机上的字典，但没有多少人知道编这个东西的辛苦，只有极少数的专家知道。我没有做多少工作，我是大陆的首席顾问，顾一下、问一下就行了，是我那些朋友们、学长们的辛苦。为什么能做这么快，为什么能够同吃、同住、同劳动？我想就是因为这部辞典是为两岸人民加强交流、增进了解而编的，这个力量是不可思议的、不可言说的，只有用心体会。

第二件事情是孔子学院。其实我就是一个帮手——与其说推手不如说帮手——做了一些事情。现在是在五大洲105个国家建了358家孔子学院和503间孔子课堂，孔子学院是在大学，孔子课堂是在中小学，加在一起是 800 多间。就像郑老师所说的，世界需要汉语，需要了解中国，通过这种方式来满足各国学生、家长、市民的需求。

汉语、汉字大家用惯了，不觉得，而把汉语、汉字放到世界的语言文字这个领域里来对比的话，我们有很多独到的、别的语言文字不具备的优长之处，而别的语言文字又有它自己的优长之处。例如刚才我所说的翻译，现在拉丁语系内部之间的翻译已经解决得比较好，因为它都是同一个母语，祖语是拉丁语，有很多词都是相同的，只不过格的变化有所不同，发音有所不同等。比如英语表示多数的"＋s"，这是它的一个标记，见到它就找对应。汉语不是，拼音、文字，词和词之间是有距离的，是有隔断的，这对搞计算机的人来说是标记。我们汉语、汉字词和字之间成等距离，没有词尾、冠词这类的东西，非常难。所以拼音文字的互译现在研究得比较好，但中英对译的译准率不到 50%，这是我们的短处。

但我们又有很大的长处，无论在语言中还是在文字上，里头饱含了中华民族的哲理。今天我们不是上课，不能跟大家交流这个。当世界各国需要汉语，我们去给他教汉语、教汉字，把某个字解通了，往往他们比我们更敏感，说"这个太美妙了"！汉字有艺术性。

800 多家孔子学院和孔子课堂有一个前提，即不是中国大陆要去建，是对方要求建，我们还要审查你够不够资格，有没有场地，有没有老师，有多少学生。还有一个条件，请他在大陆找一间大学，两家合作一起建。现在我们有意放慢批准的速度，因为要培养的老师跟不上。现在排队要求建孔子学院的各国大学还有约 200 家。

我去年 12 月又到了台北，我特别跟政务委员和华语教育的领军人物进行了非常务实、深入的交流。我有一个理念，汉语、汉字是中华民族儿女的共同遗产，是我们共同的祖先给我们的。今天世界希望学习汉语，整个汉字文化圈都应该有这个义务，我们两岸是中华民族的子孙，理应联起手来共同满足世界这个需求。

现在大陆每年向世界各地派出的老师和志愿者是 8000 人，还不能满足需求，单一个美国就要求一万人，泰国要求一万人，哪有那么多人？我在世界上巡查过几十所孔子学院，我有些学生也在那边教书。我有个想法，在座的同学们和还没有来的同学们，如果有机会，不妨把去做几年志愿者或教师，作为你们取得社会经验，在异国他乡进行历练、磨砺的一段经历。这段经历对人的锤炼是不可思议、不可言说的，各方面能力都增长了，包括组织能力、公关能力。在世界孔子学院、孔子课堂的志愿者和老师的经历中有很多非常有意思、给人生以启迪的故事，我今天来不及跟大家说了。

我只是借着刚才郑老师说的，把我在做的两件事情给大家介绍一下，这两件事情都是关系中华民族文化复兴的。中华民族不仅仅是要把自己的家园建设好，我指的家园是两个家园，物质的家园和精神的家园，而且应该把祖先留给我们的智慧和遗产，把我们自己所创造的精神财富也奉献给世界。中华民族现在绝不只是台湾面对大陆、大陆面对台湾，而是我们共同面对整个世界。当前全世界乱纷纷的，各个民族都在反思，我们也要反思。中华民族反思的结果是觉得我们老祖先留下来的一些东西是适合人类生存和发展的，所以，尽管我刚才向大家报告了，我今年75岁，可是我仍然乐此不疲，就是因为这几项工作太有意义了。

刚才这段开场白算是自我介绍，我也算是在给中华民族的文化走向世界招兵买马。我估计大家这几天可能见闻很多，也可能还存在一些问题，我愿意就我所知来跟大家交流。如果我不知道，我没想过，我就坦率说这个我不知道，决不是因为它敏感，不好说。做教师就是这样，"知之为知之，不知为不知，是知也"（《论语·为政》）。

台湾学生提问主要内容如下：

提问1：您对大陆使用简体字有什么看法？

提问2：我的朋友在人民大学读语言所，在课堂上总被老师纠正台湾发音。我想问，未来孔子学院越做越大，势必有很多港澳台老师一起加入，口音如何解决？

提问3：大陆的军方医院很多，我在台湾学医，能到这些医院工作吗？外资医院在大陆是否水土不服？

提问4：请问大陆教育政策制定的过程是怎样的？

提问5：大陆怎样培养外交人才？

提问6：请问您对农民工子女教育的看法？

提问7：我询问过北京的出租车司机，他们说目前北京的人口2100万，出租车有8、9万辆，大约200多人用一辆出租车。现在北京快速的经济发展必然会推动出租车的需求，现在出租车是否不够？

提问8：北京市的城乡都有一些空气污染，大陆为空气质量提高所做的努力我们都可以看到，其他方面的环保措施还有哪些？

提问 9：现在全球面临的一个主要问题是人口老龄化，请问大陆目前是否有必要提前发展新型养老院和养老机构，或提高相关的医疗服务等？

提问 10：我是在台北大学学习建筑的，现在北京在发展经济，那么城市的规划是否需要我们这样的人？

许嘉璐：我估计 79 位同学会有 79×2 的问题，是不是这样？你将来把问题都发到周老师或郑老师的邮箱里，他们可以转给我，然后我通过 E-mail 发给大家。不过我有言在先，现在在我的邮箱里还有 106 封未读邮件，就是老欠债，还了"旧债"又来"新债"。乃至我的一个在福建师范大学做副教授的学生，提交了编写一套书的计划，让我来给他提些建议，放在那儿一个星期了我都没有回答，所以回答你们可能慢一些。

我感觉台湾的同学提这些问题已经显示出来台湾同学的专业敏感性和投入，几乎都和自己所学的专业有直接或间接的关系，而这些问题几乎也都是大陆的敏感问题，我所说的"敏感"是指大家都关注，有不同意见，不是政治敏感。说明同学们在思考很多事情。

1. 关于简体字

经过一个字一个字地研究和统计发现，简体字当中的 75% 来自于 1935 年国民政府颁布的简化字表。可是由于当时国民党的元老坚决反对，所以到第二年，就由行政院终止了。这个很奇怪，教育部颁布的法律由上面强制停止使用。可就中间一年的光景，就传播开了。所以现在同学们手写字的时候、马先生写信的时候常常用的一些简体字，像台湾的"台"，台湾的"湾"都是 1935 年的，到现在过了多长时间了？80 年了。大陆的简体字有 75% 来源于这个。还有百分之十几是历代碑刻，王羲之等人写字时用的字体。还有百分之几是民间流传的，老百姓就这样用。只有个别几个字是当时的语言学家、文字学家创造的。

大陆 1955 年就推行了简体字，到现在也是 60 多年了。用了 60 多年之后发现，第一，比较捷便。从前是识字容易，后来就变成书写便捷。但后来又对这些字有意见，像反对的"反"和不仅仅的"仅"，如果写快了容易混同。还有如果建设的"设"写简体，写草了就和没有的"没"混同。或者用 iPhone 手写的话，写草了它会误会的，因为一个字一个字跳出来，没有上下文的制约。

现在大约 55 岁以下的人获得的文化知识，不管他是初中、高中、大学还是研究所，都是简体字培训的。而台湾一直在用的字体，在台湾叫正体，我们叫繁体，一直传承下来。关于这个问题，我相信中华民族有智慧使我们慢慢走向文字的统一。多年前，我在国家语言文字工作委员会的时候，就拿出钱来供两岸四地的学者每年聚会，每年研讨。现在还面临一个问题，就是信息化的问题，考虑计算机的问题，考虑打印的问题，所以这很复杂，要谁来改变都很困难。这里面我想强调，我们不要夸大正体字和简体字之间交流上的困难。实际上大陆初中和高中的孩子差不多都认识繁体字，只是写有点困难，想不起笔划。买光碟，复制一张歌词，台湾的全是繁体字，哼哼哼哼他也会了，周杰伦的"傑"字他都会了。还有看小说，琼瑶阿姨的小说。我相信台湾的同学看简体字慢慢也是这样，上下文一起看就认识了。我是小学五年级偷偷地背着家长读的《水浒传》，当时都是线装、竖排，都是繁体字，很多字我都不认识，有上下文，就明白了。现在计算机的自动简繁转化，还有十几个字容易出现错误，比如"里程"的"里"，"十五里路"的"里"，与"里外"的"里"；"后天"的"后"和"皇后"的"后"。现在我也在组织人做一个用智能的方法保证百分之百准确转换的研究。所以简体字和繁体字之间的交流虽然存在着不方便，但不要把它夸大。

其实这是超意识形态的、超政治的，不要把它泛政治化。为什么这么说？因为1935年提出简化字表就是老蒋先生执政的时候，他到台湾以后，50年代也提出要用简化字，而且已经由国语推广委员会制订方案，但没想到大陆1955年就颁布了。他和毛泽东是同一个逻辑，"凡是敌人反对的我们就拥护，凡是敌人拥护的我们就反对"，大陆既然做了，我们就一声令下"停止"。哎呀，孩子们，说到这里我感慨，这我都经历过，现在看到海峡两岸这样热络，"三通"、ECFA①，你们来，我去，这是打从心底高兴，这才是中华民族应有的，过去的就过去了。

话说回来，小蒋先生执政的时候又提出汉字简化，而且国语推广委员会也动了，有文件在。比较了解这件事情的是台师大退休教授李鍌，他亲身经历了简化方案的制订。后来也是由于政治的问题，停下来了。我为什么说这是超意识形态的、超政治的，就是因为两岸的领导人都想到一起了。现在马先生提出来，写正体还是写简体问题不大，只要能交

---

① 《海峡两岸经济合作框架协议》（英文为 Economic Cooperation Framework Agreement，简称 ECFA；台湾方面的繁体版本称为《海峡两岸经济合作架构协议》）。

流就好。我的一个观点是，语言文字是天天在变的，只不过变得细微，我们不察觉。假定我有一个弟弟，他不在北京生活，在我的老家生活，我相信我们两个坐在一起，我们的口音都有不同，因为它在变。我们两岸隔绝了 60 年，语言和文字分别变了，中国的方言就是这么出来的。闽南话保留了很多晋代以前的语音，广东话保留了很多唐代的语音，上海话保留了很多元代以前的语音。例如广东话说"饮茶"，闽南话说"jiadai"，吃茶是"dai"，是汉代的音，但是只保留了声母"d"，其实应该念"du"或者"da"。直到唐代这个"饮"还是"yim"。为什么这么变？一个人跑到福建去了，交通不便，从福建到北京赶考要走一年，于是他语音自身有变化，有些丢掉了，有些发展了。北方就变化得更快，我不多说了。所以，两岸各自变化，可是这种变化本身是汉语、汉字的发展与丰富。所以两岸，我们这些做子孙的，都在丰富发展，我想这些都应该值得我们珍惜。

马先生建议编通用辞典的初衷也是这个。他们举了一个例子，前天台湾媒体报道了，台湾叫软体，我们叫软件，我相信大陆用电脑的人从来不去查什么叫软体，一看说是电脑软体，他马上明白是软件。有的是要解释的，大陆叫菠萝，台湾叫凤梨，一开始不明白，后来一看，"哦，就是菠萝啊"。菠萝是音译，凤梨是我们民族的词，更好一些。虽然有些简体字要反思，但是有人说正体就是完整体现了造字的理念，这是外行话。今天的楷体已经严重损失了造字的理念依据，看不出来了。比如说凡是有关肢体的字，左边都是肉月，小孩子哪知道代表肉，你还得给它们恢复小篆、甲骨，这才是体现肢体。但是又坏了，跟月亮的月又混了。文字从古到今是两个趋向，一个是繁化，越写越繁；一个是简化。而主体趋势是趋简，因为人类是懒惰的。不仅人类，动物都想经济。回去做个实验：你拿个球一丢，你那个宠物是走直线的，不会球走曲线它也走曲线，两点之间直线最短，动物也懂。我们两个人说话能简单就简单。我想既然大势是如此，大家有不同的看法，有不同的习惯，这个东西不能强迫，它是习惯。那就两岸的兄弟坐下来好好研究，"不仅"的"仅"能不能恢复，我老写混；我"许"字那个言字能不能简化？因为涉及老百姓天天不可离的东西，所以不能少数专家说了算，要广泛征求民意。别急，我想能解决。

2. 关于语音

发音的问题也是如此，台湾的有些读音是按照陆德明所作的《经典释文》反切留下来的。我小时候大陆也是这样，比如"游说"，这种不同音是为了区别词义的，"说话"的"说"和"游说"的"说"不一样，今天不是讲训诂学，要讲训诂学，这个"说"还能说出很多。"说话"的"说"和"上税"的"税"是同一个源头，和"脱衣服"的"脱"也是同一个源头。这涉及的就是训诂学了，我们打住，不说了。

我觉得有些词保留读书音是有好处的，有些不必要，这是个人见解。惭愧，最近国家语委设立了一个语音审定委员会，让我当主任，不敢当，因为这很费时间，每一个字要查好多文件。还要给我总顾问，总顾问就是总不顾不问，这简单。现在大陆也重视了。审定主要是考虑两个元素，一个是反切系统，就是古代用两个字来标志这个音；一个是民间系统。就斟酌取哪个弃哪个，这个方面我想作为总顾问我会提出来，希望能和台湾的国语推广委员会沟通，大家在一起研讨，听听台湾朋友的意见。

保留一点差异也没有大碍。例如北京人说话和我老家的人说话——我是江苏淮安人——我插入一段话，淮安是苏北进步最快的城市，是周恩来的家乡、韩信的家乡、梁红玉的家乡、关天培的家乡、吴承恩的家乡，文化底蕴很深。将来你们不要老在北京，什么时候到我家乡去，我也飞过去，我带着同学们去看，好玩呐！韩信曾经受过漂母的一碗饭，他发誓说等我发达了一定报答你。这句话被漂母骂了一顿：谁图你那个报答？我不过看你八尺汉子没饭吃可怜你。就这句话体现了中华民族的感恩思想，我帮你不求回报，而韩信要感恩，后来就给漂母立了一个祠堂叫"漂母祠"，一直保留到现在。韩信在淮安受胯下之辱，旁边有座桥，后来老百姓命名"胯下桥"，至今仍在。我们家乡的菜最好吃，欢迎大家秋天来，我让大家每天都吃大闸蟹。

发音不一样，广东即使都学普通话、都学国语，也有差别，但不妨碍交流。我们这么说，英语都是牛津音，到美国就吃不开，就得学地道美国音。印度发音呢？菲律宾发音呢？都有差异。这就是和而不同。大家能沟通，但保留差异。完全一致了，不可能，即使完全一致了，明天也会变化。这个也要双方加强交流。

3. 关于医院

医院的问题我不太了解，在台湾如果你医学院毕业之后要进大陆军医院可不可以，我想障碍不在于大陆，而在于台湾的军方。到现在林毅夫还是通缉对象，打台球的那位差点受惩罚，还得回去服兵役。实际上在我们的军方医院里，香港人乃至外国人都有。但是我觉得这都是暂时的，不要紧。我估计你读完博士这里就会欢迎你来，我相信慢慢会缓解。

周荃：我打一个岔，2007 年我和郑老师特别来拜访许先生，当时台湾有许许多多的医生，都是主任级、院长级的医师，说到大陆来考照，但考不过，因为台湾的医师都是学英文的，大陆所有的课本都把它翻译成中文，还有许许多多其他方面不能协调，所以在大陆考，再厉害的医生也考不上。怎么办？许先生帮我们到处去游说，结果是台湾的医生，如果有五年专科医师证的话，可以直接换照，不用考照。这是许先生给我们的协助，那时候在台湾的医界引起很大的反响。谢谢！

许嘉璐：我要谢谢大家，本来就应该如此。我补充一下周老师讲的。最主要的困难在哪里呢？比方说，有人已经做了二十年全科医生，很有名了，考执照要考医学院一年级的东西，他早忘了。你现在让诺贝尔奖金获得者做高中物理一年级的题，他未必能做得出来，这有点难为医生。

对外资医院我们还是比较慎重。因为什么？最主要的不是怕人，是过去都认为医学是纯自然科学，其实不是，它和天文、地理、人体的民族差异都有关系。外资医院进来按照西方人的体质给我们开药，常常是不合适的。但是外资医院已经有了，今后恐怕会有一个"水土要服"的问题。现在大陆不断地强调，我们的改革无止境，开放要持续，还要进一步地扩大。春节期间，温家宝总理在大会堂致新年致辞，再次强调这个问题，我想这些领域会慢慢有所改变。

4. 关于教育政策

教育政策的决策过程是最麻烦的事情，我也很头痛。制定的过程基本上是这样的，要立一个法，首先全国人大代表提提案，这个提案里要对这个法进行初步的论证。如果经过专门部门的审核，觉得这个可以立案，就提交委员长会议。我们决定之后就要委托民间机构，包括大学，分步起草。起草的过程当中开无数的调查会，下去无数次了解情况，要去村村寨寨听取老师和专家的意见，汇总起来就形成若干法律的提案。这些提案再汇总，再去讨论，再下去调查。

我举个最简单的法律的例子，《国旗法》，简单吧？参与讨论的有几十万人。一部法律的出台平均要 7 年半，从立案到通过，都要征求不同的意见。发展改革纲要也是这样。首先要组成一个庞大的专家队伍，几百人，专家提意见，然后开各种各样的调查征求意见会。教育部的人就拿着起草方案再到山东省、河南省等开各种专门会，听意见，再返回来研究。

因为它是政府行为，所以最后要报国务院，国务院在中南海里还要开多少座谈会，最后归纳而成。用大陆的话说就叫"几上几下"。

大体说清了这个过程，可是没解决我头痛的问题，就是现在大陆的学校系统，把学生培养成应试的机器。也就是下一级学校讲的内容，对学生的训练都是瞄准考上一级的，小学到初中，你们叫国中，然后瞄着高中，高中研究清华、北大的题。这种现状难以改变。它不单纯是教师问题，也不单纯是校长问题，家长望子成龙，今年又是龙年，这些龙仔、龙宝宝出来更是这样。这样下去把我们的孩子就培养成眼高手低的人，学历高、能力差，同时他的个性没有得到充分的发展，创造力就不行。

同学问的是教育政策制定过程，后面的尾巴是我添的，借这个机会发发感慨。政策定得挺好，可是到执行的时候很困难。例如我们规定，中学生四点以前要离校，要清校，回去你可以踢踢足球，玩一玩，哪知道出学校门就进了补习学校门，一样啊。这个问题很难，但是我们都注意到了，正在逐步地解决。恐怕大学的考试是个"指挥棒"，你要什么样的人才，高中就瞄准这个跟着变。高中一变，初中也要变，恐怕是这样。这个到底怎么办？我们在探索。例如直招生等等，像北大有直招生、保送生，这都是探索，不是结论，也希望你们将来可以参与这个讨论。好在博客、微博都很发达，你可以发。

5. 关于外交人才的培养

培养外交人才的学校大概分了这么几类，第一个就是外交学院，外交部直接办的，另外就是外国语大学或学院，有几个重点，例如北京大学西语系、东语系，北京外国语大学，南京外国语大学等等，这往往是学生进入外交系统比较多的院校。北京大学、南京大学、外国语大学本科毕业之后，如果你想做外交官，就得考外交官研究所，我们叫研究班，或者到外交学院去读硕士和博士。

但是他们只学外语，对目的国也有一些了解，而对自己的文化却没有深究。外交官是政府的代表，外语只是个工具，人和人的交流最根本的是文化的交流、心的交流，你需要对目的国的文化、本国的文化有广泛的了解。现在有所改变，我提过意见之后在增加这方面的课程。

例如我到非洲去出访，我在和对方的政要谈中华文化、非洲的文化时，我需要把中国的文化说成最最通俗的普通话他才能翻译，如果用的是古文他不会翻译。我谈非洲，用的是人类学的一些名词，不行，我必须要说成最普通的俗语他才能翻译。这个桥梁就是一个摇摇晃晃的、蹩脚的、很窄的桥梁。外交官第一应该外语好，第二应该了解两边的文化，第三应该在他读研究所的阶段到使馆去，到驻外机构去，在那个环境里锤炼，这些都在慢慢地推行。

6. 关于农民工子女教育问题

现在据调查，全大陆农民工留守儿童有 5800 万，在外打工的农民有两亿多，这是个大的社会问题。部分有能力的城市已经让他们带来的子女在这里受教育，完全和城市孩子一样待遇，但不是所有城市都能施行。为什么？在大陆，所有的义务教育费用由国家承担。这个钱按照学生的比例已经拨给他们家乡，他离开家乡到城市了，城市没有准备他们的钱。北京的朝阳区曾经计划对在朝阳区的农民子女全都进行免费教育，算了一下，要建二十几所学校，请教师等所有费用是朝阳区一年的全部经济收入，那就不要做别的了。城市的教育资源是比较好的，北京市刚一说准备这样施行，马上北京站就发现了一个人带四个孩子来，自己妹妹的、弟弟的孩子都跟来了。所以这个事情一定要解决，但一下解决还不太可能。

还有一个问题，两夫妇到东部打工的，留下女儿和儿子交给爷爷奶奶、外公外婆看了。法律上爷爷、奶奶或者外公、外婆就是监护人，他到这儿来读书，谁监护？出了人身安全、疾病等谁来负责？这涉及法律的问题、财政的问题和人口流动的问题。而这个问题如果不解决，不仅仅使我们进城做工人的农民心里不安心，造成个人家庭感情的失落、缺失，而且对孩子的成长不利。谁都知道，爷爷奶奶带孙子就容易娇惯，从小父爱母爱对孩子心灵的陶冶和爷爷奶奶是不一样的。所以这是社会的大问题，各个部门都在苦苦思索怎么办？只能实验。首先要保证安全，其次要受到良好的教育，最后是和父母团聚。而城市还面临着一个问题，农民工可以有集体的房子住，如果太太、孩子都来了，房子怎么办？我们城乡结合部不能形成像印度、巴基斯坦、印尼那样的贫民窟，那样太不公平了，可是只有问号没有句号，大家都在苦苦思索。

7. 关于环保问题

环保是个大问题。我只说一点，为了保证这个，北京和北京的周边停了几万家工厂。但是北京几千万常住人口，500 万辆车，欧 III、欧 IV①

---

① 欧盟制定的欧洲汽车废气排放的限量值标准，是大多数国家和地区执行的参照标准。

的限制可以减少排放，不是不排放，聚少成多也不得了。还有北京在承受着——特别是春天和冬天——从中亚、新疆、蒙古扬起的沙尘。这些沙尘是在几千米高，甚至在平流层吹过来的。所以环保的问题是世界性的问题，而不是一个城市独自能解决的问题。北京在努力争取蓝天能多一些。

大家特别有意见的是，奥运会的时候非常好，奥运会以后有退步。我认为这要分开看，第一，老天有眼，开奥运会那些天先是下雨，以后就大晴天，没有风，空气是清洁的；第二，可能在这方面有关部门有所放松。当前有一个问题，遍布北京各区城乡的都是工地，工地现在都罩着一层塑料，这些东西有一半能起作用，有一半是给人看的。八级大风一来连它都吹走了，你想土能不扬上来吗？所以这不解决根本问题。北京市民很有意见，但是也束手无策。

水的问题要解决，就是南水北调。北京控制水质的标准比较高，只是局部地区的水管老化，水管老化以后微生物要渗进去。

8. 关于出租车

出租车也是社会问题。这里有个问题，私家车多了，本地人坐出租车的人少了，所以出租车常常是赚你们的钱，包括来大陆出差人的钱。目前有一个影响出租车发展的是黑出租车，没有执照，降低费用拉人，这个政府正在有力地制止。制止也是为了他们自身的安全，有的黑出租车就遇到了劫匪，知道你是黑的，你不敢声张。你们提的这个问题我会转达给北京市领导。

9. 关于人口老龄化

人口老龄化现在已经预做准备。但人们的收入还不高，不同的收入阶层进不同的养老机构。同时我觉得大陆要学习台湾的志工文化，最好的是慈济医院，也就是说我们为老人家服务的人应该充满了感恩和大爱。这一点我们还差得很远。我相信这两条具备了，一是志工，一是为老人家服务的，不管是做医疗器械的、药品的，还是医护人员，都能够把这种感恩和大爱放在心里，我不怕我老了以后没有人管。

10. 关于城市规划和人才引进

在北京，城市规划领域力量比较集中的是清华大学，主要是建筑学、土木、工程设计这样的专业，南方就是东南大学和同济大学，这是最有名的。实际上无论是规划还是施工设计，大陆都急需高水平的人才，向各个行业都敞开，希望台湾的同学毕业以后能到大陆来求职。在大家所说的这么多行当里，我觉得两个可能更急迫，同时酬薪会更好，一是建筑，二是医学。

大陆很多行业还有非常大的空间，吸引力还是很大的。现在就缺乏一个中介机构，台湾设几个到大陆求职的中介机构，这边也设立几个，比如北京一个，上海一个，广东一个，重庆再来一个。这些中介机构开出我需要人才的名单，开出不同行业需要什么样的专业修养。大陆现在有人才交流会。你们需不需要？如果需要，我将来建议设立几个这样的机构。（同学：需要）我建议这些中介机构做免费的公益服务，抵制住那些挂着牌子来赚台生钱，两头通吃不守规矩的人。这样我想也许过一段时间，我们在路上碰见了，你会说，我现在在中国建筑设计院工作了。

总而言之，台湾的未来在新生代，大陆的未来在新生代。可能我们的前辈有生死怨结，但我相信如果他们今天还在，也会握手，因为时代不一样了。何况我是他们的下辈，你们又是我们的下辈，两岸没有任何理由产生这种冲突。我总有民族的情怀，但我不是狭隘的民粹主义或者民族主义，因为中华民族是个文化概念而不是种族概念。作为中华民族的子孙，总想中华民族慢慢地富起来，强起来。而且作为和平的民族，提倡和平，杜绝血的冲突，与世界上各民族一起平静、和谐地生活。在这种前提下，海峡两岸的青年应该及早地手拉手、拥抱，我指的是女孩子和女孩子拥抱，男孩子和男孩子拥抱，那种心灵的拥抱。所以陆生登台了。我相信"立法院"会再有一个规定，陆生登台以后，我们可以择优在台湾就业。这一面已经把门打开，欢迎大家来，有困难我们帮助协调解决，先搭起桥来，先把"婚介所"建起来。来一次是不够的，我到现在还没有读懂中华大地这么广袤的土地，我希望你们有机会多来。

还有一个遗憾，我个人的遗憾，我是从事人文社会科学研究的，这方面的孩子少了一点，台北大学中国文学系有，希望以后有更多这方面的孩子再跟我做深度交流，而且我那里有研究院，欢迎你们来读硕、来读博。我抛出一个吸引人的条件，你们来读硕、读博，一切费用由我承担，包括学费和生活费。我是在为中华民族培养人才，为人类和平的世界培养它的催生者，所以我们应该学"楚人失之、楚人得之"①。还不够，是"天下失之，天下得之"，要打破地域、国家这种狭隘观念。也许我有点迂腐，

---

① 典出《孔子家语·好生》。

但是是真诚的，我就视台湾的学生和大陆的学生一样，都是我们这一辈人的孩子。

下面就该你们参观了，我别耽误你们时间，在这里参观没有特殊的什么不可以拍照的地方，随便拍照、录影。祝你们明天旅途愉快！然后想着北京，再来北京。

周荃： 想着北京，想着许先生。在这里说明一下，刚刚许老师特别谈到医疗体系的时候，我本来想再发问，但后来我打住了，因为你们的问题都还没有回答完呢。我和郑老师有机会参加许老师所主办的两岸文化论坛和有关教育的会议，亲自聆听受教，我感受非常深刻。特别是有一次《联合报》① 的社长张作锦先生、台湾有名的作家曹右方女士、《翻滚吧！男孩》的导演林育贤等不同领域的人都在问许老师问题，一个小时过了，第二个小时过了，第三个小时过了，根本问不完，问不完最重要的原因是他也答得让大家一直一直追问。所以我知道今天时间是不够的。今天我们带了一个小礼物，由我们的同学代表讲几句话，然后把小礼物送给许老师。

同学代表： 老师您好，我是台湾师范大学的学生。老师今天跟我们的谈话让我们有愉悦轻松之感，因为正如老师之言，语言文字是我们文化重要的载体，这几天同学们参观了许多人文建筑，历史悠久和文化内涵丰富的建筑都让我们赞叹，可是我们又不能将它带回台湾。许老师今天的一席谈话对于文化、社会以及国家各个方面的见解与分享，我觉得是我们这一行北京之旅最珍贵的资产，可以带回台湾。

（根据录音整理）

① 台湾《联合报》。

继承汉字文化　传播汉字艺术[※]

尊敬的刘兆玄先生^①和嫂夫人，尊敬的各位领导、海峡两岸的艺术家们：

非常高兴再一次参加两岸汉字艺术节！我亲自见证了三届的汉字艺术节。的确，汉字艺术节像前面几位所期望的那样越办越好，影响越来越大。好在什么地方？好在我们的交流越来越深化，好在海峡两岸的汉字艺术家们友谊越来越深，好在我们汉字艺术节的知名度越来越高、参与者越来越多。

通过这三届的汉字艺术节，我们应该感谢大陆和台湾所有支持、帮助和参与举办汉字艺术节的朋友们。我想说，我们还应该或者说首先应该感谢我们的祖先，是特别睿智的他们创造了汉字。就在汉字从金文隶变到楷书的过程中，汉字曾经面临着两条路的选择。一条路，坚持以表意为主，以六书为造字和用字原则。另一条路是形声字的出现，引导着人们注重用音来表达概念。就在这个十字路口，我们的祖先没有进一步走向扩大通假，把形声变化为单声，这是一个在极其重要关头的重要选择，否则在21世纪开始的今天，我们不能自豪地向全世界说，历史上最古老的五种文字之一的汉字，承担着别的民族所不能承担的，是直接表达人的内心、审美等意念的艺术的文字。

两岸汉字艺术节，在我看来，是增进海峡两岸交流以及振兴中华文化、让中华文化走向世界这整个伟大进程中一个重要的活动。因为海峡两

※　2012年9月12日在"第三届两岸汉字艺术节"上的讲话。标题为编者所加。

①　刘兆玄（1943—），2012年1月至今任台湾"国家文化总会"会长。本文注释为编者所加。

岸共同承担着一个任务，这就是弘扬汉字的艺术、弘扬汉字的理念，也就是弘扬中华民族之心。

毋庸讳言，现代技术以及全球化，对所有民族的传统文化都是一种前所未有的冲击和淹没，很多民族文化已经遭到了灭顶之灾，中华民族的文化也在危险的边缘。例如，现在大陆大约有将近3亿人学英语，但我们现在有多少人专门习字？又如，大陆的方言，谁也无意去消除它，而且按照语言的发展规律，它是不会被消除的，然而在推广普通话（台湾人叫国语）的同时，有多少人认真地学习普通话和国语而淡忘了自己的方言呢？又例如，计算机的发达，特别是声控、人机对话开始之后，人们写字的水平越来越低，举笔忘字是人人经历的事情，而写出了不像的汉字更是我们日常所能看到的现象，至少在大陆，合同文本、法院传票乃至判决书写出的字，以及法官签出的字惨不忍睹。因此，我认为，海峡两岸的文字学家、文字工作者和文字艺术家们，一定要认识到汉字的危机和与此同时世界对汉字的期待。

刚才王文章副部长①谈到了汉语、汉字走向世界的问题，大陆现在在108个国家建立了389所孔子学院和520所孔子课堂。台湾在海外建了4所台湾书院，还有十几所等待建立，同时在很短的时间里已经建立了170多个连接点。为什么势头这么好？是因为世界需要。所有到孔子学院、孔子课堂，以及到台湾书院、台湾书院的连接点学习的孩子们和老人们，无不提起毛笔来要写几个汉字。海峡两岸既面对着共同的挑战，也有着共同的职责，这个义务是对世界的义务，为此，我认为我们两岸的汉字艺术家应该深入地研究两个问题：

第一，继承与发展，或者说继承与创新。任何事物想要永存，它就不能永远保持着原来的面貌，必须要发展，但是发展必须以牢固的、老老实实的继承为基础，否则就不是创新，而是破坏。

第二，提高与普及的关系。毫无疑义，所有的汉字艺术家都是在搞提高，你们把自己的汉字艺术推上一个又一个高峰，但是如果汉字艺术越来越成为艺术家们沙龙里的展品，或者是拍卖行的商品，我想它就渐渐地脱离了人民，那就意味着汉字艺术将要灭绝。这不是危言耸听，这是人类历史不同民族、不同阶段曾经遭遇过的，我们要引以为鉴。

---

① 王文章（1951—），2008年11月至2012年任文化部副部长。

尤其重要的是第三届艺术节在这样一个文化古城举办,它的象征意义和实际意义都是在督促我们、鞭策我们,我们一定会越办越好。像孙亚夫副主任①刚才所期望的那样,汉字艺术节一定会永续地办下去,让它成为两岸更好的、更牢固的纽带。

我即兴地讲这么几句,因为下面还有一个很吸引人的精彩节目。台湾朋友编了一本书,名字就很有意思,叫《台北道地,地道北京》,有意思在哪里呢?道地就是地道,大陆通常说地道,台湾包括闽南、广东常常说道地,这本身就是两种语言。这本小书用200多个常用的词语来沟通两岸,让两岸的人民更好地欣赏彼此的文化,知道自己的文化原来是一个文化的两个分支。

我想在这里感谢《台北道地,地道北京》的策划者和编者,我希望你们能够给到会的每位嘉宾都赠送一本。说得不好的、不对的请大家批评!

(根据录音整理)

继承汉字文化 传播汉字艺术

---

① 孙亚夫(1952—),2004年2月至今中共中央台湾工作办公室、国务院台湾事务办公室副主任,2012年3月任厦门大学台湾研究中心主任。

感动　震撼　感恩[※]

非常感谢上人。我前年九月特别到花莲拜谒过证严上人。可能在座的各位慈济的同人还不知道，上人跟我谈了至少两个半小时。当我把这个情况说给台湾朋友的时候，他们都很吃惊，因为我们都知道，上人很少有和人会谈这么长时间的情况。我当时就有预感，可能我和上人前世就有缘。在上人和我对谈的时候，她饱含着对世上众生的大爱；特别是我来自祖国大陆，在我面前她表达了对大陆的关爱。这次我来台湾，原来并没有拜访慈济医院的计划，因为日程很早就排满了，但是很多老朋友都提出来希望我能再次拜访，所以我就跟刘兆玄先生商量，想办法挤出了这个时间。事先没有说，临时决定来，给大家添了麻烦。

现在说到正题。从我下了旅游车进来直到现在，除了感到震撼之外，我首先是感动，其次是深深地感恩。我两年前看过花莲的慈济医院，这是我看的第二所。这家医院有自己的特色，这就是用不同方式体现的大爱。我震撼，是因为第一眼看到赵院长、李院长和各位医生，以及数不过来的志工。可能因为我多年来就做着社会志工，所以对志工的心和情是能够深深领会的。同时我从志工的仪态中、眼神中体验出一种不可言说的，甚至在界外人士看来不可思议的虔诚。所以，我在路上和赵院长说了这样一句话：这样的关怀可以让病人、患者用一种安详的、参透人生的心去对待自己的病痛。倒退一步说，万一我们人力无法挽回命运的安排，他在往生之前，也会安然地、宁静地告别这个尘世，带着一种往生的信念走向另外一个世界。我想，这就是人对人的最大的关怀。

作为院长、医生，受到过科学的熏陶、训练，你们从现代科学的角度

※　2011 年 12 月 5 日在台北慈济医院的讲话。标题为编者所加。

比我理解得更多；我是学文的，只是遵佛教所奉行的、佛祖所教导的
"无缘大慈、同体大悲"。这个理念如果没有深深的体悟是很难理解和体
验的。如果我们用今天自然科学最新的成果来联想，我想对"无缘大慈、
同体大悲"会有感性加理性的认知。无缘有缘，所谓"无缘"是我们作
为一个凡人，从表面现象看起来我与他似乎无缘，其实冥冥中彼此之间有
很多很深的缘。当你把自己的慈悲之心用到他者的身上，或者自己接受他
者慈悲的时候，缘已经从隐性变为显性。同体大悲，似乎我们有不同的父
母，诞生在不同的地方，甚至跨洲跨国。但是，如果按今天的科学成果
看，整个人类、世上万物其实都是天地所赐。世界上不同的民族几乎都把
我们脚下的这块土地称为 mother，既然土地是 mother，谁是 father 呢？天！
我们都是天地的产物，所以应该敬天。既然大家都是天地的产物，我们岂
不是同母同根吗？同根就是同体，那么对同体者的关爱，不是体现出了我
们的大悲之心吗？我想这是作为一个醒悟了的人必备的一点点动因。

　　今天的世界的确像刚才那首美妙的、敲动人心灵的歌所唱的，也像赵
院长所说的，一个人在茫茫的黑夜里需要一点亮光，不管是萤火虫、火炬
还是太阳。而今天的世界黑暗太多了，每天在媒体中所看到的是金融危
机、环境恶化、人类之间的残杀，以及生活的麻木、看到别人的痛苦无动
于衷，这个时候所需要的，更为需要的，就是用自己的一点慈悲之心，点
亮他人的心。

　　我曾经跟林总说过，我在大陆也在尽自己一点点心，做一点点的慈善
事业，但是我觉得从整个慈济人团队身上，值得我们学习的东西很多很
多。正因为这样，使我从第一次在大陆和林总见面之后，就有一种默契，
尽管我们不能时时在一起。所以，我在感动、震撼之后，还有感恩。不仅
感上人之恩，感佛陀之恩，还要感慈济人之恩，也要感台湾、大陆所有支
持我去做慈善事业的人之恩。我在大陆做慈善事业时说过这样一句话，我
们所有从事这项事业的人，千万不要有一种"施与"的想法，这是一种
报恩。我们救助一个孤寡老人，救助一个留守儿童——最近我们又推出一
个项目，对贫困地区妇女乳腺癌和子宫癌的检查与治疗，接下来还要做其
他的恶性疾病的检测治疗——当我们面对任何一个需要救助的人的时候，
当你要对他伸出援助之手，做点奉献的时候，你要对他感恩。有的年轻人
不理解，为什么还要对我施救的对象感恩呢？那是因为你有了一颗大爱之
心，如果没有这个对象，没有上天给你缘分和他结识，你的爱心就无法释

感动　震撼　感恩

放，他给了你机会。何况他当年对社会的贡献实际上已经无形地恩赐到你的身上。我想，我这一点点的想法，在我们两岸慈善人携起手来做的时候，可能会在实践中再得到印证，再得到扩散。

谢谢大家！感恩大家！

中华文化与世界文明论说

弘扬传统文化　共促世界和谐[※]

人类的历史从来是两种力量的博弈史，一种引人走向崇高与和平，一种拖人奔向卑下和毁灭，二者永远互相制约。如果没有了对崇高与和平的倡导与追求，另一种力量就可以为所欲为，也可能就没有我们的今天。

当今世界，环境和社会的危机五洲遍布，战争与暴力的乌云到处飘荡。

是什么原因造成财富增加了，精神却丢失了？是什么原因造成科学技术越发达，人类自毁之象越发严重？佛陀的教诲仍在，弘法护法的人一直在努力，但是物质的刺激和诱惑为人所喜，而摆脱甚难，恰如妖魔缠人。剖析其根，不外乎贪恋、嗔怒和痴愚。刺激人的物欲，诱发人的怨恨，迷惑人的理智。经济危机也罢，环境污染也罢，暴力冲突也罢，莫不起源于人的贪嗔痴。

现在的时代，众生难能解得因缘法，不解因果，于是一味信仰竞争，迷信科技，可以说现在常常是"众人皆醉我独醒"的局面。这个独醒的我，并不是哪个个人，而是有着崇高信仰的人群。中华民族一向崇尚道德，崇尚和而不同，这是儒释道共同的教义。惟其如此，三者才能够并存融通而共生，相敬互学而同荣。

儒释道之间，在古代也曾有过矛盾，但是君子动口不动手，在中华大地上从没有发生过宗教战争，三者的内部各有众多宗派，教派之间也是秉持和而不同的理念，一直和谐相处。中国传统文化这个特点在人类历史上是仅有的奇特的现象，保证了中华民族数千年文明延绵未曾中断。

其实说奇也并不奇，根源就是三者整体性的宇宙观、最利于人类生存

※　2009 年 3 月 28 日在第二届世界佛教论坛上的讲话。

发展的伦理观、包容"他者"、推己及人的思维方式和"反诸自身"、"内省"的修养方法，决定了我们提倡慈悲、追求智慧、力主平等、热爱和谐、期盼和平的民族性格。

佛教，无论是藏传、汉传还是南传，也无论是大乘或小乘都是佛祖的弟子，都是破除"五蕴"和贪嗔痴的表率、是以慈悲为怀的清醒者，我们不能只是独醒，必须齐心协力，以佛祖的智慧解除众生心灵之苦。僧伽以戒为师，众生以僧为师，僧俗以佛为师、以法为师。瞻礼佛顶骨舍利，就是要追思佛祖历经千辛万苦追寻真理和以天下为怀、孜孜弘法的不朽精神，再接再厉，让越来越多的贪嗔痴者走出物欲的陷阱，走进心灵的清净世界。

为利而争自古皆有，弘扬儒释道精神的智者也从未中断，是不是佛法，以及儒家、道家的精神在过往的几千年中没有起到纠正人心的作用呢？从而类推，在当今和未来的岁月里，慈悲和智慧是不是能够制止争夺、破坏和战争的呢？显然不是。人类的历史从来是两种力量的博弈史，一种引人走向崇高与和平，一种拖人奔向卑下和毁灭，二者永远互相制约。如果没有了对崇高与和平的倡导与追求，另一种力量就可以为所欲为，也可能就没有我们的今天。

在未来的岁月里，我们仍然要坚持弘法。如果说客观环境是缘，那么众生之心就是因。太虚大师说过，一人之心可以改变人生，一国之心可以改变国运。今天我们可以接续他的话说，人类之心可以改变世界。

最后，我想用孔子整理过的《诗经》上的诗句表达我愿意与各位高僧大德互勉的心情，结束我的发言："岂曰无衣，与子同袍；岂曰无衣，与子同泽；岂曰无衣，与子同裳。"

我引用这些诗句的意思是，为了世界和谐，破除人类的贪嗔痴是困难的、长期的。我们觉得自己势单力孤吗？不，我们将永远共修菩萨行，势不单、力不孤。

汉学的"三个面向"与人类新秩序[※]

近年来在中国国内，汉学已经取得了飞快的进步，研究人员的规模、研究经费增长的幅度、研究课题的广泛、研究成果的深度，都不是二十世纪七、八十年代所能比拟的。这是人所共见的事实。这是中国文化苏醒、努力在学理上把古老的传统与当前现实结合起来进行探索的继续。与此同时，在世界范围内，一股反思我们的时代、回顾人类祖先曾经的思想路径的潮流一直波澜不惊地延续着。这不是一个或几个国家学术界的事情，在我看来，这是人类一次新觉醒的开始。我在这里所说的"新觉醒"，是相对于雅斯贝斯所提出的轴心时代而言的。轴心时代的出现，是人类一次极其重要的觉醒——从那时起，人类就像在茫茫黑夜中看到了曙光，有了心灵的方向，在此后长途跋涉中，虽然困苦艰难，时时出现昏聩、邪恶、暴虐和兽性，前进中又有倒退，崛起后却现沉沦，但是良知、理性和正义一直在起着历史平衡器的作用，并引导着人类不断探索前进的方向和道路。我们不难设想，如果没有轴心时代东方诸多文化思想巨人和2000多年来时断时续出现的忠实继承者，历史会是怎样的，今天的世界会是什么样子。

现在，人类正在经历一场空前的危机，这是无需论证的事实，直接和间接地揭示危机种种表现并探究其原因的论著层出不穷。但是社会已经开始厌烦对世界动荡、环境恶化、资源枯竭的种种叙说和抱怨，因为从这些正确的、反反复复的牢骚中看不到世界解救之路，人们急切地期盼的，是清晰的未来前景。

对摆脱危机、走向"幸福"之路进行的探索是有的。不管是被动的

※ 2012 年 11 月 3 日在第三届世界汉学大会上的演讲。

还是主动的，也不管是真诚的还是虚晃一枪的，人们天天有所见闻。例如，加强金融监管、遏制碳排放（包括用金钱购买污染环境的权利）、贸易保护、增印钞票、贩卖特定型号的"民主"与"自由"等等，不一而足。但是在我看来，这些举措充其量都是在"自由市场"的框架内所耍的魔术，表演时煞是好看，结束后人们会发现原来什么都没有，什么都没有变，不但解决不了人类出路问题，即使对于一些燃眉之急也几乎无济于事。

原因在哪里？

风行全球的工具理性、技术至上、金钱崇拜，通过教育体系、文化产品、宗教宣传，已经占据五大洲的每个角落；人们思考经济、政治、社会、家庭的一切问题，不由自主地都把金钱、技术放在第一位，甚至放在核心位置，忘记了或不懂得应该把自然和"人"作为思考的出发点和归宿。

当下，大自然的与社会的种种矛盾与危机，归根结底，是人的主观造成的。人，其实从来不是完全自主的主体，因为"我"或"他"都是极其庞杂的种种关系的结点，我们的任何行为、思考都在受着客观的促动和制约；即使我们在做所谓"自主"的思维，其实也是由客观的刺激或挑战所触发并引导的。这个道理，用佛家的话讲，就是"缘起性空"。在中国儒家和佛、道两家看来，人类必须妥善地调节好人与人、人与自然以及人自身的身与心、今天与明天的关系，才能过上正常的生活，才是一个正常的"人"。其实，这是个再简单不过的道理。可是，由于近三个世纪以来，特别是从上个世纪中叶以来技术的高速发展，人的"手脚"无限加长，"眼耳"愈益敏锐，这就强化了人类对自己应对客观（包括自然与社会）能力的过高估计。人类，自以为是宇宙的中心，无论是在自然面前还是在他人面前，变得越来越狂妄，越来越霸道；其实也越来越成为自己所创造的种种物质的和精神的、实在的和虚拟的对象的奴隶。世界已经变成这个样子，距离轴心时代各位圣哲的教诲和期望越来越远，离自我毁灭却越来越近。现在人类到了放下身段，认识到自己的微不足道，谦恭地寻求安宁和善地生存下去并共同发展，以便使我们的子孙获得真正幸福之道的时候了。

在应该如何对待自然与他人的问题上，中国的文化传统是可以提供另一类视角和观念的。正如各国许多专家多年来反复指出的那样，孔子以

未央四集——许嘉璐文化论说

"仁"为核心的伦理观，道家以"道"为核心的宇宙观，佛教的"缘起性空"的本体观，实际上在从不同的角度告诫人们，应该以敬畏和感恩的心态，以符合自然和社会存在与发展规律的思路、方法对待我们生活的地球——人类唯一的家园——以及我们不期而遇的所有伙伴。"己所不欲，勿施于人"、"己欲立而立人，己欲达而达人"、"和而不同"、"四海之内皆兄弟也"，以及"天道无亲，常与善人"、"兵者不祥之器，非君子之器，不得已而用之"，这些人们耳熟能详的中国古圣哲教诲，对于当今和未来的世界都是十分有益的。

在世界各个民族的历史记忆里，在各种文明所存有的文献中，在各种宗教和信仰中，都有和中国类似的理念，这是人类经过几百万年积累的智慧。无论是希伯来系列的宗教，还是从吠陀、奥义到婆罗门教的印度文明，所寻求的也都是"至善"、"全能"之力量源泉。因此，不同文明一起回忆、重温各自的信仰和文化在起始时期和定型阶段的精髓，人类就会豁然发现，彼此隔绝或争斗了若干世纪的各个民族群体，原来有着相近的伦理和价值追求，都可以在当今时代为人类未来的共同伦理秩序提供营养。

但是，毋庸讳言的是，世界各国的传统文化都已经被"现代化"、"金钱化"严重摧残，即使认为自己独具普世价值，不遗余力向全世界输出的文化自身也不例外。这就是说，在现在的世界，所有文明都有一个回归源头、重新品味古初哲人圣贤智慧的任务。这也就是当代哲学特别关注经典诠释学的重要原因。

对于中国而言，也可以说就是对当今的汉学，尤其是对中国国内进行研究的汉学而言，我认为，需要郑重地、反复地提出"三个面向"：面向当下，面向世界，面向未来。

请允许我对这三个"面向"略作解释。

中国的学术传统注重实用、关注现世，其品格之一在于面对当下，知行合一，而儒家学者则大多以自己的高尚人格充任儒学生命力的表征、社会的楷模。虽然汉学遗产还有许多有待学界花费巨大精力探究和阐释的问题，也就是需要"纯学术"的不断繁荣，但是，我们不能不更深切地对于中国文化传统，包括学术传统和蕴含在人民生活中的传统已经被"现代化"冲击得肢体不全而忧心忡忡。今日之中国百姓急需汉学精华，急需学界的关怀，既需要学界针对现实问题，基于中国文化传统，同时吸取其他文化营养，提出解决的方案和方法，也需要学界通过各种媒介，进入社区，进入中小学，向人们，特别是向青少年贡献自己的知识和见解。从学术发展的角度看，立足今日之实际，以今日之视野，审视、解读、讲解传统，其中可能就包含着学术创新。诚如鲁迅先生所说，为了现在，可以永恒。汉、晋、唐、宋诸大儒对经典的反复注释无不是对当世挑战和刺激的回应，他们传道授业解惑，也无不是为了当时的社会，因而这些注释、著作和语录，问世不久就成了经典。这也正是中国汉学关注当下这一传统得以延续、成为一种品格的重要原因。

汉学属于中国，也属于世界，是人类智慧结晶的重要组成部分，因而汉学面向世界是当然之义。

世界需要汉学，是因为中国几千年的"超稳定"（汤恩比语）和文化一统，可以为人类提供丰富的生活、社会、文化和政治的经验；特别是其中起保障作用的文化诸元素，足可供人类构建未来伦理的参考。

汉学需要世界，是因为如果缺少了具有异质文化背景的视角作为参照和提醒，缺少了对异质文化中于己有用内容的吸收，只在固有文化圈子里解读、反思，就难以为中国和世界贡献新的创新和智慧，难以登上下一个高峰。在这点上中国人是有经验的。我们都知道，如果没有佛教的传入和兴盛，中国学者恐怕很难尽早发现儒学需要加强形上思维和对中国伦理道德内化过程的深入探讨与细致设计，从而也就不会出现程朱理学，把中国的哲学系统化并提升到世界水平。

为此，中国学界需要进一步加大与世界汉学界的交流，走出去，请进来。走出去，最好有相当数量的学者，特别是年轻学者，能够在外面住下去；同样地，请进来，最好能够有一批多国学者在中国住下来。中国的和外国的学者，都需要在对方的生活和文化氛围里获得直接体验，把握对方思维特点及其形成的传统与现实因素。孔子学院所提出的"新汉学计划"（这一名称合适与否并不重要）和中国不少高校的协同创新，为扩大并深化这一领域的中外交流与合作提供了很好的资源和平台。

我所说的"扩大并深化"交流，指的是双方除了就某些问题进行研讨，就像我们历届世界汉学大会这样，还需要逐步展开中外合作培养汉学人才、合作开展重要问题研究、合作举办研究和教学机构。

汉学面向世界，似乎还有一个领域可以纳入思考范围，这就是在中国学者走进中国的社区、贴近百姓的同时，也可以向各国民众介绍中华文化。至今，在各国大多数人眼里，中华文化还带着浓重的神秘性。这是由于不了解，也因为对于远距离的生疏事物一时难以看清。为了国家与国家间、民族与民族间和文明与文明间的和睦相处、相互理解、相互学习，汉学走向异国的民众是客观的需要。分布在世界各地的孔子学院，恰好又可以为我们提供许多方便。

汉学"面向未来"和"面向世界"是紧密连在一起的。未来的地球应该是不同文明和平共处，通力寻找到共同价值，又各自保持个性、各自发展的世界。没有世界的眼光和视角，就没有未来；不面向未来，也就不可能面向世界。

中国学术传统重师承。虽然师承经常受到诟病，即所谓导致所谓近亲繁殖、宗派对立以及故步自封等消极的一面；但不可否认，文化的传承只靠文献的保存是不够的，人才的延续是传承最重要方面，其中应该包括了师承在内。汉学，以中国早已习惯了的西方学科分类法衡量，现在被肢解到哲学、史学、文学、语言文字学、民族学、民间文学等等学科里，这不但不利于汉学的研究和发展，而且也妨碍了师承积极一面的发挥。

人才匮乏正在制约着汉学的发展，面向未来，中国汉学界如何培养越来越多、越来越优秀的人才——包括中外两方面人才——以及随之而来的培养人才的体制和机制如何改革，应该尽快提到议事日程上。当然，这就涉及处理传统与外来、规范与灵活、行内与行外关系的观念和方法。这些，是汉学要面向未来应该予以高度重视的第一位问题。

"通古今之变，究天人之际"，几乎是中国历代学人共同的终生奋斗目标。我认为，汉学面向未来，也应奉这两句话为圭臬。为此，我们既要重"别"，更要重"通"。马一浮先生所说的"专家"与"通家"都是未来所必需的。相应地，在研究领域，微观与宏观、考据与史论，都不可或缺。

要言之，汉学要面向未来，就要设想未来的世界和中国会是个什么样子，从而思考从现在起，我们为了那一天，该做些什么。请允许我回到我在开头所说的"反思"、"觉醒"和人类伦理的话题上来。汉学面向未来，积极参与世界范围内不同信仰间的对话，寻找共点和异点，自不在话下。人类的不同信仰是不同文明的脊梁和灵魂，几个主要文明影响了几千年来世界的格局和走势。面向世界的未来，就不能不想到不同信仰的未来。儒家缺乏对人格神的崇拜，也没有严格的戒律，唯以"德"的自我约束和没有止境的自觉追求为动力。在文化多元、生活多元、价值多元的今天和未来，儒家的自修、自励、自律能够对构建和谐世界起到什么样的和多大的作用？联想到希伯来系列几大宗教，都以神创造一切、神启、救赎、转世（或到达彼岸）等为基本教义。在人类对地球和宇宙了解越来越细致的当代，以及工业化、信息化急速发展的背景下，又该如何理解神的存在？当神演化为人类所不能彻底了解和把握的一种"力"或其他什么神秘莫测源泉的时候，人们对信仰的虔诚还能达到100年或者200年前的程度吗？换言之，从轴心时代起带领着人类走到现在的种种文明和信仰，现在面临着共同的挑战和压力。或许唯一出路就是各种文明在各自反省的基础上携手为构建人类的共同伦理而努力。人类伦理，在一定意义上也可以称之为世界新秩序，虽然伦理与秩序二者并不等同。

综合观之，汉学要面向当下、面向世界、面向未来，在很多方面还没有做好准备，或许其他文明也同样没有做好充分准备。相对而言，汉学的世界眼光与人才培养是突出的弱点；而其他文明，对神的信仰的调整，或者用现在流行的话语说就是"转身"，会比汉学重新阐释传统思想概念范畴更为困难，因为基于几千年对神的信仰而形成的思维方法、哲学理念已经深深扎根于社会和家庭生活的方方面面，而在中国人的心里，儒释道的传统观念还存活着。"习惯是最可怕的力量"。目标同一，困难相等，启动同时，只要不同文明的研究者对需要构建人类新伦理、新秩序取得共识，人类的明天必然是光明的。

不同文明间的关系不外三种：隔绝，冲突，交融。隔绝是在交通、信息极其落后的时代的必然景象，现在"隔绝"的时空基础已经不复存在；冲突，其惨痛遗毒后果已经告诫人类万万不可再走这条路；对话、互学、交融是唯一选项。汉学任重而道远矣！

补汉学之不足，承担起挽救当下，走向世界，探索未来的历史职责，有赖于全球汉学家的齐心合力。从这点上说，世界汉学大会是极有意义的平台，我真诚地祝福这个平台持续办下去，而且越办水平越高，影响越来越大！

2012 年 11 月 1 日于杭州旅次

中华文化要走向民间走向世界※

文化应该存在于老百姓的生活里，活生生地存在于人们的心里，大家认同，大家实践。

当今的中国，在文化领域有千千万万件事情等着我们去做，但是我认为有两件事应该特别重视，特别强调。

第一件：我们所研究的优秀传统文化怎么才能深入到13亿人的心里？怎么能普及到2800多个城市里？怎么能进入到几十万个村庄里？如果我们做不到这一点，仍然仅仅停留在知识分子的圈子里——包括作家、学者、书画家等等，也就是仍然仅仅停留在13亿人中的极少数人里，那么，炎黄文化几千年的积淀，一定会丧失，一定会断种！因为文化应该存在于老百姓的生活里，活生生地存在于人们的心里，大家认同，大家实践。中华文化的优秀品德，不管是"仁义礼智信"，还是"和而不同"，当它仅仅停留在杂志上的时候，它已经死了！"和而不同"的思想，"仁义礼智信"的思想，能够深刻懂得并自觉实践的，在13亿人里面恐怕也是极少数。这就是我们文化的困境，我们的尴尬，我们自己的悖论！

第二件：既然我们自认为从炎黄开创的中华文明史经过无数代前人总结出来的中华民族的理念最适合人类的生存、繁衍和进步，那么我们就有责任把宝贵的遗产以及我们今天的思考奉献给世界。中华民族的文化作为世界文化的一元，只有真正地让更多的人知道了，让世界人民承认你们是多元文化的一元了，才能形成多元文化的世界。

不可否认的是，现在的世界还在朝着文化"单元化"走。在北京，

※　2011年11月16日在"中华炎黄文化优秀成果展"上的讲话。载《中国青年报》，2012年5期。

在我们的大城市，我们觉得到处洋溢着中华文化，但是就全球看，西方的文化、美国的文化还在以比我们中华文化快得多的速度向全世界散播。越在这个时候我们越感到自己责任的重大、前路的坎坷，但是无论如何，中华文化必须走出去。

对此，我们没有做好准备，还并不真正懂得如何走出去。不是我们的书画在国外办一个展览就是走出去了。外国人绝大多数看不懂中国书法，看不懂中国画。因为他们从小、从他们曾祖父那一代，看的就只是西洋画、写实的画，看不懂写意。意者，思想也。因为他不了解中国人的思想和思维方式，不会懂得芭蕉树下一个老者在一块石头边喝着茶、仰望着山峦云海表现的是什么。

因此，无论什么形式的文化产品，要走出去，就需要用人家懂得的语言，用人家喜闻乐见的话语方式向人家介绍。例如，中国画讲笔墨，要用线条，什么都可以用浓淡的墨色表现，而西洋画恰恰是绝对要回避线条，要用画家眼里的客观事物的色彩。又如，中国画不讲究透视，但看了自然知道远近。为什么会这样？为什么没了线就不是中国画了？我们的画家在自己的画作前，面对外国的参观者，能不能用最通俗的、外国人喜欢听的话语向人家介绍啊？当中国书法、绘画不再成为一般外国人作为猎奇，作为观察落后、原始而购买的时候，我们的文化才能算是真正走出去了。其他的文化品种也都有这种情形。在这一点上，我们还是没入学的小孩子。我们要虚下心来，当小学生、中学生。当然，我们又不会是严格意义上的小学生、中学生。因为在我们胸中，在我们脑子里、皮包里，装着世界上最好的艺术、最好的作品。我们不过是要虚下心来，把最好的东西教给那些某种意义上的"文"盲。这主要不是为了销售，更重要的是让他们通过书画，了解中国人平和、友爱，或者说是包容世界的天地之心。

一个"走向民间"，一个"走向世界"，我想，这是中国文化界共同的使命。

传承 修行 推广※

具有历史意义的十七届六中全会的决定，标志着中华大地上文化建设必将迎来一个高潮。作为以弘扬中华优秀传统文化为己任的炎黄文化研究会，自然敏感地感受到了这股东风的到来。面临着当今复杂的国际形势和国内一方面积极建设，稳步、较快的发展，一方面社会上存在种种问题、道路泥泞的现状，炎黄文化研究会愈发感到自己肩上的责任重大。

在这辞旧迎新的时刻，我想就当前的炎黄文化研究会面临的问题提出这样一个意见，供大家参考。这就是在我们所有工作中，在所有活动中，在所有科目中，都要努力处理好三个关系。

第一个关系是古和今的关系。我所说的古，并不指炎帝黄帝那个古，而是过去。历史和文化都是要继承的，文化只能在原有的土壤中生长出来，移栽是不行的，拔苗助长也不行。因此，处理好古和今的关系就是处理好继承和发展的关系。我们既要认识几千年中华优秀传统文化的传承，又要认识近百年来中国文明艰苦奋斗、摆脱屈辱、奋发图强的传统。刚才张希清副会长①谈到，我在会长办公会上提出来的反思，及时做个回顾，关注当下，有了这两条，就有了继承，有了发展，自然我们的未来就会呈现在心中。

第二个关系是外和内的关系。我所说的外不是外国、境外，而是我们思想之外的东西，也就是我们所组织的各种活动，我们的各种出版物和我

※ 2012年1月12日在"炎黄文化研究会理事会暨新春联谊会上"的讲话。标题为编者所加。

① 张希清（1945—），北京大学历史文化研究所所长，中华炎黄文化研究会常务副会长。本文注释为编者所加。

们的研究成果，这对任何人来说，都是个外。怎么让它能够化为百姓内心的东西，在这点上，我应该是外行，或者说是小学生。如果几年之内我们不朝这个方向迈出步子，去学习、去探索，那么炎黄文化研究会的各种活动就变成社会上极少数人自娱自乐的活动了。例如，我们和刘红军副会长①研究他的砚文化，如何推广，砚台是个艺术，如果只是看看砚台，可以感叹中国文化源远流长，古人的工艺如此精妙，今天的工艺又有发展，能够体会到砚台作为文房四宝之一，写字之前要研墨，研的过程就是静静思考的过程，就是自己给自己熏陶的过程，也是要写什么要画什么的构思的过程，这样如果观众能够看得明白点，他会懂得砚台的内在价值。其他都不必说了，例如今天的墨汁，墨汁用多了，或者是砚台里沉淀得多了，我们所闻到的不是最初打开瓶子闻到的墨汁香，而是一种臭味，而用墨和砚台一磨，它所放出来的是来自大自然的松香，香也是一种熏陶。诸如此类，怎么把我们外在的活动、外在的物变成广大民众的心，我们在未来要探索。

　　有人痛惜今天的道德的滑坡，伦理的丧失，特别是今天是一个多元的社会，但不能用多元二字就掩盖了上述的种种问题。社会是多元的，中华文化一向是多元的，今天的多元和中华文化所强调的多元是一回事吗？这个多元还包括些什么东西呢？总而言之，炎黄炎黄，以炎黄为标志的中华文化如何能够真正起到促进社会和谐、促进人心纯净的作用，这是当代所有人的责任，更是炎黄文化研究会不可推卸的责任。

　　第三个关系，是中和外的关系。这个外就是中国之外了，炎黄文化如何走出去？我们二十一世纪的国际论坛，我们在香港、澳门，这都属于中国境内，你到了台湾，也是大中国的范围，你到了新加坡开始走出国境，但是基本上还是在华人圈子里。2012年在墨尔本，在洋人的社区里来谈炎黄文化，这条路走得通走不通，澳大利亚人如果有人了解炎黄文化，能起什么作用，有待探索、检验和总结。如果说外在的物变成内在的心，我们是小学生的话，那么中华文化如何走出去的问题，我们就还在幼儿园。大家惊叹于西方文明、西方文化，特别是美国的文化长驱直入，进到我们国家影响到我们两代人。只感叹没有用，这些老殖民主义者，他们在文化

---

① 刘红军（1947—　　），中国人民武装警察部队原副司令员，中华炎黄文化研究会副会长、中华砚文化发展联合会会长。

走出去方面好比是博士生导师的水平，我们差距如此的巨大。我们国家花了大笔的资金从事对外宣传，可是花了那么多钱效果不佳。这个时候尤其需要知识界，特别是文化界，根据自己所熟悉的，学习用什么样的表现形式、什么样的表达方法能够客观的、准确的、完整地把炎黄文化介绍出去，介绍得让人心服口服。他知道以后未必就能够学习到或者遵照你们的文化去做，但是，至少可以把遍布欧美大陆的对中华的误解，把被有些政客长期扭曲了的看法纠正过来。因此，我有个愿景，什么时候炎黄用拼音来说是 Yan Huang Culture 或者 Yan Huang Civilization，能成为西方教育界、知识界普遍知道的一个术语，那么就证明我们走出去成功了，那时候炎黄文化研究会可以拍着胸脯说，为了中华文化走向世界、世界正确地了解中国，我们也尽了自己的绵薄之力。我相信各位老前辈、各位理事和各位来宾、全体会员以及我们各省的炎黄文化研究会有这个理想。这一天终究要到来，那就是说我们所研究宣传的炎黄文化，是在世界上历史最悠久、积淀最丰厚、最适合人类生存、延续和合作的文化。

（根据录音整理）

传承 修行 推广

加深中韩友谊　促进世界和平[※]

6月4日欢迎晚宴致辞

尊敬的金汉圭先生，尊敬的韩国朋友们：

中韩两国的文化交往源远流长。大概大家都知道，中韩文人聚会的时候最讲究四件事情：在最好的时间，选最好的风景，聚最好的朋友，谈最好的题目。我今天从飞机上一下来，金汉圭先生就说，这个季节韩国的气候最好，我想加一句，现在也是中韩友谊和双赢交往最多的时候。

金汉圭先生选择了这样一个最美的地方，把大家请到一起，这么多好朋友相聚，我们所谈的都是中韩之间的交往以及中韩之间的友谊如何向前发展、如何加深。用中国的古话说就是"良辰"、"美景"、"高朋"、"佳人"，四个比喻都齐聚了。这是一个征兆，预示着在中韩两国建交20年来两国友好关系快速发展的基础上，未来的5年、10年、20年，我们的友谊会更为加深，两国人民之间的交往会更为频繁，双方的经济贸易会进一步增大、增强。

20年来，中韩之间的友好合作恐怕在世界上再也难找第二例。这个时候，我们不要忘记为了推进中韩友谊作出巨大贡献的邓小平先生和卢泰愚总统。历代的政治家在促进中韩建交和友好往来的时候，他们所想到的不仅仅是中国和韩国的利益、中国人民和韩国人民之间的友谊。他们还会想到中韩关系对于整个东北亚、东亚乃至亚洲和世界的影响。如果我们的

※　2012年6月在韩国首尔"第十二届中韩知名人士论坛"上的四次讲演。总标题为编者所加。

友谊加深加固，我们的经济往来获得双赢，它的影响绝对要超出中国和韩国的边界。因此，20 年来为中韩关系作出杰出贡献的两国杰出人士，你们的贡献实际上也超出了中韩之间的边界。刚才中方代表团拜访金溰植总理的时候，双方在这一点上的看法也是一致的：这就是中韩之间的友好关系、经济等领域的合作是稳定亚洲形势、抵御不知何时又袭来的金融风暴的一道防火墙。因此，我想在这里代表这次论坛的中国代表团和中国人民外交学会表示，我们将一如既往地促进中韩两国的交流，发展和巩固两国人民之间的友谊，促进两国克服在前进道路上遇到的困难，为使两国在世界上发挥更大作用而努力。

最后，我借这个机会祝各位韩国朋友身体健康、家庭和睦、万事如意，也祝韩国人民幸福万年！谢谢！

6 月 5 日论坛开幕式致辞

尊敬的李寿成前总理，尊敬的金汉圭先生，尊敬的各位韩国朋友：

我已经算是第五次参加这个论坛了。今年到首尔来参加这次论坛，我非常兴奋，因为我们这个论坛已经举行了 12 年，同时今年也是中韩两国建交 20 年。按人的成长来说，12 岁已经是一个开始懂事的少年了，20 岁应该是个有为的青年了。在中国的历法里，12 年算一纪，所以无论是论坛的 12 年还是我们中韩建交 20 年都是非常值得纪念的。

这次见到很多老朋友，又结识了很多新朋友，这也是人生值得庆幸的事情。现在的世界的确太复杂了，在这样一个复杂的国际形势下，各国都在进行反思。为什么要反思？因为在经济全球化以及信息现代化的环境中，人类走到了又一个十字路口。在这个十字路口，人们所思考的不外乎是几个关系问题：

第一个重要的关系是人和人的关系。人和人的关系扩大一点就是族群与族群、国家与国家的关系。

第二个重要的关系是人类和自然的关系。

第三个重要的关系是今天和明天的关系。

这些年来，我除了为中韩友谊尽我的力量，我还在世界各地提倡不同文明之间的对话，促进文明的多样性发展。在和世界各国的智者进行交流的时候，我深深体会到，只有和谐、和睦、和平才是人类美好的未来这一理念是大家共有的。与此相反的是另外一条路，不是对话，而是对抗。在对话中，要培养和发展人与人之间的友爱，而不应该鼓励、放任人与人之间的仇恨。把中韩关系20年来所走的路以及论坛12年所发挥的作用放到刚才我所说的这个世界大格局下衡量，我们可以自豪地说，中韩两国20年来关系的发展可以作为很多国家处理国际关系的表率、楷模。

我们也感到自豪的是中国人民外交学会和21世纪韩中交流协会的确在两国的关系中发挥了别的组织和政府不可替代的作用。我们都是智者，在这样一个复杂的世界形势、东亚形势中，我想我们可以在未来的岁月里，在两个方面发挥更大的作用：

第一，做两国政府的智库，更理智地看待世界形势和两国关系以及我们之间发生的问题。拿出我们的智慧，供两国政府参考。

第二，做两国人民之间关系的润滑剂。中国有13亿多人口，韩国有5000万人口。今天的社会是一个公民的社会、民主的社会，我们不能规定人们怎么想和怎么说。但是不容否认的是，在一般网民当中确实有时候有些非理智者。我想智者的作用就在于，我们用理智，以对两国人民、对历史、对后代负责的态度提出我们的见解。

所以简单说，我们的作用既有对上的，也有对下的。

站在中韩两国建交20周年的交点上，我认为这也是中韩关系新的历史起点。回顾历史，中韩之间的友好关系源远流长，我相信21世纪的智者们一定会超越我们的祖先，中韩的关系应该成为东北亚、东亚、亚洲乃至世界和平的"稳定器"。

再次感谢韩国朋友的热情接待，感谢金汉圭先生，祝我们的论坛圆满成功！

6月5日午宴致辞

尊敬的高兴吉特任长官，尊敬的金汉圭先生，尊敬的韩国的各位朋友：

今天一个上午的会议让我收获很大。今天上午的会，显著的特点就是两边的讲演者和讨论者的态度都是非常坦率的，这点是我要向特任长官报告的。交谈双方要做到坦率不是很难的，双方为了各自的利益互不相让，争吵起来的时候也是需要坦率的。难得的是，很友好的、包容的、又毫无保留的这种坦率，才是真正的朋友之间的交往应有的方式。高兴吉特任长官，今天上午我们就是在这样的气氛之下表现了您刚才所说的 20 年中韩的友谊开始进入到的成年水平。

孔夫子说过："己所不欲，勿施于人。"这句话镌刻在联合国大厦的墙上。《圣经·新约》上讲："你要别人如何对待你，你就要如何对待别人"。孔夫子又说过，自己要在世界上立足，就要让别人也在世界上立足；自己要走一条通达无限的道路，也要让别人走上这条道路（"己欲立而立人，己欲达而达人"）。耶稣基督反复地教导人们：要爱，应该把自己的爱播送给天下所有的人。

今天上午无论哪一位发言者和讨论者都是在探讨：我们在国家的层面、在经济领域如何让中韩两国手拉着手走向无障碍的交通。无论是韩国农业的敏感问题，还是中国企业家关于技术创新成果的敏感，我想今后可能还会有 100 个甚至更多这样的问题存在，但是只要我们坦率地说出来，而且有足够的耐心，设身处地地为对方想一想，我想中韩之间没有什么问题不可以解决。

最后我想说，我有一个小建议，我有一个小梦想。上午我们谈论经济问题，好像大家很少谈到中韩两国之间地域的优势。我建议我们在讨论经济合作的时候，也要想到地域之间的接近，不要谈到安保问题的时候才会想到它。我一个小小的梦想就是基于考虑中韩两国地域的接近而产生的——什么时候能从胶东半岛修一条跨海的大桥或者是在水下的隧道，把中韩两国连接起来。在今天的技术条件下，这不是一个不可克服的问题。想到这一点，我们的 FTA 问题，我们彼此观照的安保问题以及其他问题，在大家的思路当中又会增加一个元素，可能会想得更周全一些。

不过最最现实的一个愿望和梦想就是大家的胃口好，金汉圭先生给我们准备的菜肴好！谢谢特任长官，谢谢金会长，谢谢各位！

6 月 5 日论坛总结讲话

首先向大家抱歉，因为我这两天腰到中午特别疼痛，所以在会议前半段，我请假到床上平躺了一会儿，但是我的秘书在听会，会议的情况他向我报告了；会议后半段我也听到了大家很有见解的发言和提问。我想，在我们的讨论即将结束的时候，提五个问题供大家共同思考：

第一，中韩两国 20 年前建交，当时邓小平先生和卢泰愚总统有什么设想？他们希望中韩是什么关系？我可以说出个人的意见：从邓小平先生那里，也就是从中国这个角度，可以断定，他们不仅仅是为了朝鲜半岛，也不是为了中国在朝鲜半岛上的外交平衡。同时我们可以设想一下，如果没有这 20 年中韩之间的密切合作和友谊发展，东北亚将会是什么形势？

第二，现在朝鲜通向世界有什么通道？哪些国家是它的朋友？中国几乎是它通往外界的唯一的通道，如果这个通道断掉，朝鲜半岛将会是什么样的形势？

第三，如果东北亚不稳定或者出现了重大的事情，谁受害？谁得益？

第四，朝鲜听中国的话吗？

第五，面对这样的情况下，中国应该怎么办？韩国朋友应该怎么办？

对这五个问题，我个人得不出一个明确、具体的结论，但可以有一个初步、笼统的判断：维护东北亚的稳定，同时设身处地地替对方想一想，中韩手拉着手来一起思考种种问题，要比我们两家互相不理睬或者争吵得不可开交要好得多。也可以说，整个东北亚、东亚的稳定繁荣，我们两家承担着比别的任何国家更重的责任。

这就是我的发言。谢谢！

（根据录音整理）

对外交流　要用好文化这把剑※

展望 2012 年，任务很繁重。基于我自己对今天国际形势并不全面、并不深入的思考，我想是不是在未来，民间团体形式的外交活动能够把文化、意识形态和政治这三层适当地分开。一国的政治从来不是当代这一代人凭空想出来的，意识形态也从不是哪一代人制造出来的，而是都植根于国家的文化、民族的文化。例如宣传和平外交，我们希望自己社会和谐，希望世界和平。党中央领导这么说，外交部长也这么说，那是政治，是政府宣示，如果民间团体仍然是把话说到此为止，人家认为你的身份不一样，旗号不一样，说的却是一个声音。实际上，这就是起点，就是出发点，就是李肇星部长说的以人为本。

现在的青年和学术界常常把人本主义这些账完全算在文艺复兴身上，这是欧洲中心论宣传的结果，也是欧美人忘恩负义的结果。文艺复兴的直接动力是中世纪的黑暗阻碍了生产力的发展，阻碍了人类智慧的发扬。怎么突破？这时候，西方人喝了两个文明的奶成长为领导者，一个是阿拉伯，因为西欧在中世纪把古希腊、罗马的经典都销毁了，中世纪的后期，西方的学者在阿拉伯的文献当中发现了阿拉伯人有关希腊、罗马古哲学的经典，发现了柏拉图、苏格拉底、亚里士多德，乃至毕达哥拉斯。这些都是从阿拉伯文中发现的，有了哲学，有了柏拉图、苏格拉底，崇拜神，更重视人情。就在这个时候，西方的传教士把中国的《论语》和《老子》翻译成拉丁文，马上在欧洲掀起了中国热。因此，启蒙运动的思想家惊叹，原来在东方有这样的高过我们的智慧，而无论是老子还是孔子，他们

※　2012 年 1 月 12 日在"中国国际友好联络会迎春联欢会"上的讲话。标题为编者所加。

的思想是以人为本，于是希腊罗马的古哲学和中国的人本主义结合，就造就了文艺复兴。如果我们用历史，用文化向西方人说明，人本主义在中国这里已经有几千年的历史，历代既有帝王之统，也有军方混战，也有半殖民地，但是中国人民奉行人本主义一直没有中断。由人本主义就可以引申到和合，既然以人为本，什么样的环境适合人的生活和发展——和。由和合文化，就可以引申到毛主席说的，"人不犯我，我不犯人；人若犯我，我必犯人"①，就像老子说的，"兵者不祥之器，非君子之器，不得已而用之"②。为什么人若犯我，我必犯人？为的是保卫家园，让我们以人为本的思想在我的领域上贯彻，能求得和解，以战止战。我想，如果这么说，外国人可能信服得多一些。如果切断了历史，人家会以为你是编造的。

北京师范大学人文宗教高等研究院的院训，第一句话是"感恩敬畏"，第二句话是"人皆我师"。人人都是我的老师，包括国外与我们有针锋相对观念的人，你都要把他当做老师，因为他刺激你思考如何驳倒他。他举出的例证我很同意，同时我从他身上更看到他们扭曲了基督教或者其他宗教的原旨，他们打着宗教的旗号，行着反宗教的行为。这个给了我启发，我们应该将中华民族优秀传统和时代精神相结合，所谓结合就是让传统在今天发扬光大，为中国的繁荣富强，为世界的和平做出贡献。

友联，既然是"友好"联盟，友好是心的友好，只有文化才能渗透到心里。文化层面友好了，各国意识形态、政治之间的距离也就更近了。所以我说，三者既不同又相同，要善于用这把剑。

（根据录音整理）

---

① 毛泽东《和中央社、扫荡报、新民报三记者的谈话》，见《毛泽东选集》（第二卷）。

② 《老子》第三十一篇。

构筑语言之桥　培育世界公民[※]

尊敬的阿夸耶议长，尊敬的法国政府各部门的官员和嘉宾，尊敬的孔泉大使和夫人，敬爱的、亲爱的来自中国的汉语教师志愿者：

大家上午好！

非常荣幸能够作为法国汉语年的中方名誉主席出席这次活动。我曾经自我比喻说，我是一个建筑工人。我在建造什么？十二三年前，在上海举行过一次世界汉语教学的年会。在那个年会上我致辞讲，传说我们的祖先要建造一个通天塔，直到天堂，上帝生气了，于是让不同地方的人讲不同的语言，不让他们无障碍地沟通，免得他们再胡思乱想，人应该通过救赎来进入天堂。我说——我并不是对上帝不敬——站在今天的地球上，我认为他犯了一个错误，虽然他是至善的、至美的。我们要用我们的双手来弥补上帝的错误，克服不同语言造成的障碍，这就是语言是民族与民族、人与人之间沟通的一座桥。

隔了一年，中国的国家汉办就推出了一个项目叫"Chinese Bridge"，到现在 11 年了，我这个建筑工人就是砌造"汉语桥"的工人。刚才阿夸耶议长对我说了一些夸奖的话，我要说，胡锦涛主席和法国的政治领袖们是这座桥的设计者，我只是一个工人。

今天，在不同民族、不同国家之间搭起语言之桥，比历史上任何时候都更加重要而紧迫，因为地球变小了，全球化的趋势以及科技的高速发展给我们带来的种种挑战，要求我们每一个人——既是本国的公民也应该是世界的公民——不仅要关注自己国家的经济、文化、教育、科技的发展以及人民生活水平的提高，还必须具有为全人类负责的意识，应该成为一个

※　2012 年 4 月 18 日在法国汉语年活动上的讲话。标题为编者所加。

世界公民。

怎么样达到这个目标？这就要培养我们身边的学生，让他们从小树立起世界多元的观念，教给他们一些本领，让他们的心灵能够通向五大洲，关心除自己以外的其他国家的青年、少年和儿童。在这个伟大的工程中，我非常高兴地看到，中国和法国在语言教学的交流方面走在了前面。

今天上午，我受到两个巨大的刺激：

第一个，事先我和白乐桑先生——我的老朋友——共进早餐。在共进早餐的时候，他向我传递了一个信息，就是法国一些精英的中学要办成国际学校，需要学习汉语，需要中国的帮助，不仅仅是语言课，包括数学、生物、物理、化学都要用中文讲课。这个刺激对我这个从事语言研究和教学的人来说，感到是一个巨大的挑战。于是我向他表示，目前作为培养汉语老师最重要的是中国在这点上没有完全做好准备，但是我一定在回国之后大力推动这件事情，具体落实这件事情，让法国朋友所设计的近期理想尽快实现。

第二个，在我和白乐桑先生暂时告别之后，我就去看了莫奈画展，一路上和我们的朱晓玉公参交谈，我被她那质朴的话震撼了，我被法国众多的印象派画家的画作震撼了。我说，中国人有一个观念，语言是表达内心的，但是同时告诫人们词不达意，语言常常不能把心里最深刻、最微妙的东西表达出来，于是诉诸音乐和舞蹈，用肢体、声音传达最精细的感情，同时又诉诸色彩，这就是绘画。莫奈去世已经离我们有半个多世纪了，但我今天看到他的画《睡莲》的真迹，我感觉到他不是法国人，也不是中国人，他就是世界的杰出公民。任何民族的人在他的画作面前都会和他对大自然、对人生、对花园一草一木的感情产生共鸣。文化的交流之所以重要，就在于它是直接的、不同民族不同人之间心灵的沟通。这种沟通是友谊，是合作，是共同前进的最重要的动力。当然，我们也不能够完全抛开具体的、直接的，比如经济的合作，贸易的合作等等，但是这些合作是为了什么？归根到底是要把全球的人凝成一家人。

我这次来有两个任务：第一是参加今天的会议，向法国政府部门和教育界所有为中法之间的语言交流与合作作出贡献的朋友表示敬意和谢意。第二个任务是到联合国教科文组织总部举办一次在中国的学者和世界各国学者之间进行的论坛，论坛的主题概括起来说，就是"儒家的和而不同思想与世界的和谐"。我们的论坛在包括总干事的支持下取得了出乎我预料的成功。我得出一个结论：只要我们是真诚的，珍惜人类的过去、现在和未来，各民族的人之间心都可以一起搏动。当每一个讲演者讲演结束，回答听众问题结束之后，大厅响起震耳欲聋的掌声的时候，我感到这不是手与手拍击发出的声音，而是心与心合起来巨大的搏动造成的空气的共振。

我对和平、对友谊的期待，在那一刻的瞬息又得到了进一步的升华，所以在参加今天活动的时候，我的的确确、诚心诚意要向阿夸耶议长，要向各位法国的朋友，要向我们使馆所有的工作人员以及为了中法的友谊而离开自己丈夫、妻子、孩子和父母而到这里来进行汉语教学的所有老师，表示一个已经离开工作岗位的老人的真诚的谢意和敬意！

今天白乐桑先生还告诉我一个重要的消息，或者说给了我一项重要的知识：1814 年，法兰西学院开设了世界上第一个汉学讲座，开始开设汉语课程，再过两年就是整整两百年。那就是说，在我们曾祖父时代，法国人已经注意到东方的中国，注意到应该学习他们的语言。因此，请允许我冒昧地说一句，在座的各位，包括我，也包括我们的志愿者老师们，也包括白乐桑先生，我们都是构筑中法友谊的我们祖先的继承者，让我们追寻他们的精神，踏着他们的脚步，在二十一世纪，在汉语之桥上走得更远，做得更好！

谢谢各位！

（根据录音整理）

文明对话论说

儒家思想与世界道德[※]

　　"新人文主义"是相对于传统的"人文主义"而提出的。从 14 世纪到 16 世纪，在中世纪神权统治的核心地带意大利的土壤里孕育着人性的呼唤、价值重建的胚胎。在这胚胎里隐藏着柏拉图、亚里士多德思想的基因。大约 15—16 世纪，西方一些学者开始知道了东方，知道了中国。于是，孔夫子的思想也加入到培育胚胎的营养液中。但是，当时的中国却对欧洲一无所知。

　　由于东西方的智慧相映相补，于是"人文主义"这株新的思想之树冒出地面，先后在德意志和法兰西成长起来。可惜的是，当时欧洲的启蒙思想家们不可能深入地把握孔夫子思想的精髓，亦即其深刻的哲学内涵。给他们带来局限的，主要有两件事：一是记录孔夫子思想言论的书籍，例如《论语》，是由粗通或不通汉语的传教士翻译成拉丁文的，他们对中国文化的了解也停留于表面；同时，他们是以基督教、天主教的观念来理解和翻译中国文献的，这必然影响并妨碍了欧洲思想家们对孔夫子的理解；第二，中国当时是宋代、明代理学盛行的时代，朝廷以宋代儒家大师朱熹编定并注释的《四书》（《大学》、《中庸》、《论语》、《孟子》）为科举的指定教科书，对儒家其他原典已经相当疏远，而对原典的理解在一定程度上也教条化了。当时的学者没有关注中国境外之事，更不会关心孔夫子的书如何翻译和理解。这也必然影响了传教士对原典的认识，进而影响了西方思想家。

　　其实，孔夫子思想（我在这里宁肯用"思想"一词而不愿意用"学说"）的核心是对"人"的关怀和尊重。这体现为他主张施政者

　　※　2012 年 4 月 16 日在"巴黎尼山论坛"上的讲演。

要让人民正常生活、繁衍，继而走向富足，进而实行教化，提高人民的道德水准；更体现为对人的"终极关怀"，他的"终极关怀"完全是儒家化的、伦理化的，即充分认识到人在道德领域的无限潜力。这种潜力在经过了教化的过程后，可以无止境地提高。他还明确地主张人的道德纯化过程是从幼小时开始的，是从对最亲近的父母敬重、热爱和顺从开始的；由对父母的爱，扩展到对兄弟的爱、对朋友的爱，再扩展到对天下所有人的爱。他在这方面的全部思想主张，概言之就是"仁"。为了规范并指导人们成为完整的人、真正意义上的人，也就是具有仁爱之德的"人"，他力主恢复已经遭到严重破坏的周代的"礼"。他说自己是"述而不作"，其实是寓"作"（创造）于"述"——即根据当下时代特色，凭着他对未来的睿智预测，而推行"礼"、"乐"之教。过去一个相当普遍的看法是：孔夫子所提倡和强调的"礼"是对个体自主性及其发展的束缚。但是如果深入地、多角度地分析，就会发现事实并非如此。社会生活需要一定的规范，"礼"作为这种规范的总称，不仅不会束缚个性，反而为个性的发展进行引导，创造适宜的环境和空间。这从《论语》中他和人们的对话，特别是和自己学生的问答与讨论中，就可以得到有力的证明。总而言之，在贯穿于人类全部历史中的对物质的追求和对精神的追求二者之间，孔夫子首先选择了后者，即"人"在解决了生存所需要的物质条件之后，就要着力于不断提升爱人之德——"仁"的水平。他认为只有这样对待社会上的种种关系，才有和谐、和平可言。可以说，他一生所做的一切，都是围绕着大写的"人"进行的。

中国在近100多年来，由于接受了工业化文明的洗礼，原有的文化传统，尤其是儒家关于"仁"和"礼"的学说，彻底地被颠覆了，社会失去了道德准则。这是农耕文明在工业文明冲击下必然出现的现象，非人力所能左右。在这一民族文化的灾难中，许多急于为民族寻找出路的先行者，率先否定自己以孔夫子为代表的文化传统。这不但加重了文化灾难，而且从他们对民族文化的"自我批判"中可以看出：他们对所继承的前此几百年的学者们对儒家原典、对潜在于"仁"、"礼"等思想内部的普适性元素，的确缺乏更深入的开掘。这也是在强势文明猛然冲击下的必然现象：弱势文明来不及从容地、深入地在学习并吸收异质文化的同时进行宁静地反思、细致地分析、扎实地重建。

在新的千年即将到来之际，中国人越来越强烈地感觉到：自己在财富渐渐增加的同时，精神家园也在以同样的速度毁坏着，在原有已经破败不堪的基础上进一步毁坏着。人们也曾热衷于从来源于西方文化的"人文主义"中汲取营养或依据。但是不久发现，自由、平等、博爱等美好的理想，直至今天也没有实现，甚至和人们的企盼相反：不自由、不平等、不博爱的现象似乎更为严重了，只不过其表现形式已经发生了很大变化；而有些自我标榜为最自由、最平等的国家，自己的麻烦更是层出不穷。于是，中国人又很合乎逻辑地开始普遍地反思自身的传统，寻觅民族应该具有的、也是适合未来的精神道路。但是人们——特别是中国的学术界——也认识到，生活在当下的人们不可能按照古代的样子生活。而孔夫子及其历代传承者的言行都是由于他们所在的"当下"的刺激、为了他们所面对的问题和危机而发、而为的；因而生活在今天的人不应该也不可能"克隆"几千年前语境中"仁"、"礼"等一系列伦理概念的全部内涵和外延，只能并必须在充分深入把握传统伦理的核心和精髓，做出面对现在和未来的新的阐释和发挥，创新也就在其中了。换言之，充满人文精神的、以孔夫子为旗帜的中华传统文化，现在必须解决以下的严峻课题：拂去千百年来蒙于其上的灰尘，尽量恢复本来的光辉，在它的基础上重建中华民族的价值体系，照亮已经在民族面前展开的精神道路。

文艺复兴时代所形成并得到广泛传播的"人文主义"思想，是对中世纪极端神权统治的反抗；我们姑且抛开这种人文思想自身所遇到的蜕变和扭曲问题，单是今天的世界情况也早已非昔日可比，也需要重新审视、阐释和发挥。我想，"新人文主义"命题的提出，就是因为这些复杂的原因。这样看来，无论是西方的"人文主义"，还是中国的"人文主义"，都是今天之所需。而二者之间在尊重"人"这一方面，有着许多相通之处；同时，二者的命运也很相近，都亟须突破历史的"声障"，重新走上珍惜地球上的每一个生灵，把对于"他者"的爱，化为包容、尊重之路。在极其复杂的社会关系中，赋予自由、平等、博爱以及权利、义务的原本意义，构建起适合人类幸福、和平的生活与持续发展的新伦理。这就是我心中的、也是我们今天在这里讨论的"新人文主义"，也可以说，这就是二十一世纪所形成的"世界道德"。

中华传统文化的复兴与西方对"人文主义"的反思在世纪之交出现了重合，这不是偶然的——虽然历史事件常常是偶然的——而是时代使然。这也意味着，东西方文明正在一起勇敢地承担起思考、探究和引导人类未来的重任。我的结论是：人类——特别是各个国家和民族的智者——要珍惜过去，起于现在，为了未来！

倡导公共讨论　构建世界伦理[※]

　　尊敬的周其凤校长，施明德大使，孔汉斯教授，安格乐教授，习理德教授，杜维明教授，林毅夫教授：

　　非常感谢周其凤校长和杜维明教授邀请我参加世界伦理中心的揭牌仪式。北京大学成立世界伦理中心，是极为明智之举，是适应时代要求并且远远超出世俗之见的决定。能够见证中国第一个以研究世界伦理、开展国际交流的世界伦理中心的诞生，这是我极大的荣幸。

　　现在，越来越多的人认识到，并且，也越来越为之焦虑的是，人类面临着前所未有的环境的和社会的危机，而至今还没有什么人提出拯救我们这个地球的方案。究其原因，可能有以下几点：在探讨解决燃眉之急问题的时候，无法摘去"利润"的眼镜。例如关于清洁能源和低碳生活的设计与实施就是如此，因而恐怕无法从根本上解决我们生存环境的问题；有的人以为给予一些援助就可以消除前殖民地的和商品与文化倾销地的人们的痛苦记忆，显然也不会成功；从市场规则层面找到解决社会危机的出路，恐怕是更多人的想法，事实正在证明这也是很难奏效的；而有的人，则因为眼前噩梦般的现实和人类文明状况的复杂而无法树起对未来的信心。

　　在这里，我想提到哈佛大学哲学教授桑德尔先生。他在自己名为《钱不应该买什么》（What money can't buy）的著作里和多次讲演中针对当前世界性的社会状况说到："在我们的时代，金钱获得全面胜利。几乎一切都可以贴上价签随意出售"，"一旦金钱交易侵蚀了道德义务，原有

　　※　2012 年 10 月 29 日在"北京大学世界伦理中心"成立典礼上的讲话。标题为编者所加。

的责任感就难以恢复"。他为世界未来开出的药方是，只要跳过发牢骚和抱怨的无用举动，"构建起坚实的公共讨论机制，我们不仅可以决定市场在社会中的定位，还能在以后更多的社会事务上加强公共辩论"。

桑德尔教授不留情面地指出了眼前的无情事实，概括言之，这就是：不同文明的传统文化，尤其是其中的伦理道德，已经被一味追求物质利益和享受的金钱文化冲击得奄奄一息，他所说的"金钱思维"已经成为世界性的主流文化。在如此严重的局面面前，构建公共讨论机制理论是否能得到他所设想的效果，虽然还需要在实践中经受检验，但无论如何，"讨论"对今天的世界是有益的。

物质享受水平的无遏制提高，主要是现代技术所赐。而技术，包括金融技术所造成的问题——这些问题或许可以被看做是技术发展的负面影响——是无法用技术解决的。这并不是什么深奥的哲学命题，解决不同对象的问题本来就应该用不同的方法，即用基于不同对象性质和特点所生成的方法。解决伦理问题，只能由社会学、哲学（包括伦理学）、宗教学等人文科学大显身手。

近年来，东西方的一些学者已经就世界伦理问题进行探索和呼吁，在座的孔汉斯先生、杜维明先生就是积极的参与者。怎样才能使世界伦理成为多数人关心并愿意履践的问题？桑德尔教授的"坚实的公共讨论"建议在这个背景下就要发挥作用了。其实，哈贝马斯教授所提出的"公共交往"、"公共协商"理论也是这个意思。我相信，其理论指向并非只限于国内立法或社区。

不断地、扎实地、逐步深入地研究、交流、宣传世界伦理，就会唤醒越来越多的人减少对物质的欲望，重新构建人类的精神世界。这将是扭转道德真空的第一步。各国社会精英、公共知识分子理应承担起这一浪潮先行者的重任。

恰在此时，世界伦理中心成立了。我当然要高兴地祝贺这一盛举，也祝愿她能为迷途的羔羊寻找到光明的未来之路。

信仰　道德　尊重　友爱※
——加强文明对话，促进世界和谐

尊敬的福克斯先生，

尊敬的汉斯先生，

尊敬的贝斯先生，

各位朋友，各位专家，

女士们，先生们：

2010年9月，孔子2561年诞辰的前夕，我们在这里举行了首届尼山世界文明论坛。参加论坛的各国朋友一致认为这一论坛不应该只开一次，建议坚持开下去。因为论坛所发出的声音是对文化多样性的欢呼、对人类友谊的珍惜、对世界和平的呼唤。现在，这种声音在这纷纷攘攘的地球上还没有成为最强音，虽然它反映了世界各国绝大多数民众的利益和愿望。

根据大家的建议，尼山论坛组织委员会决定2012年举办第二届论坛，并且今后会每隔一年举行一次。

十年前，联合国通过了关于世界不同文明对话和发展的决议，并且决定每年的5月21日为"世界文化多样性促进对话与发展日"。现在，尼山论坛组委会选择在今天论坛开幕，就是为了纪念联合国做出这一决定十周年，用以表达中国人民对联合国这一具有历史意义的决定的响应和支持。第二届论坛邀请函发出后，得到各国学者的热烈响应，有的朋友因为各种原因不能前来，也都表示十分遗憾和对论坛的赞赏。这说明，作为社

※ 2012年5月21日在"第二届尼山世界文明论坛开幕式"上的讲话。标题为编者所加。

会和时代的良心，作为21世纪的公共知识分子，我们都重视并支持联合国的决议，愿意用自己思考的成果和善良的心灵，为拯救人类的未来而发出正义的声音。

感谢联合国教科文组织总部和联合国文明联盟两年多来对尼山论坛的一贯理解和支持。而且就在一个月前，在尼山论坛组委会的支持下，联合国教科文组织总部和中国孔子学院总部、尼山论坛组委会合作，在巴黎举办了"巴黎尼山论坛"，取得了出乎所有人预料的成功，现场的反应和与会者的热情令我感动。巴黎尼山论坛以"儒家思想与全球化世界中的新人文主义"为题，由多国学者演讲和对话。所有与会者——55个国家的代表和许多法国学者——对这次论坛予以充分肯定，认为这样的论坛体现了联合国宗旨，体现了教科文组织所为之努力的目标，有益于多元文化之间的交流和促进世界和平。

请允许我在这里说说我最近经历的一件事情。十天前，即5月10日、11日，我应意大利前总理、欧盟前主席普罗迪先生的邀请，参加了在意大利博洛尼亚举行的"中西医药文化与人类健康"论坛。来自中国和世界各国的100余位医药学精英对中医的哲学基础、诊断机理、药物效果和安全性，以及中医与西医的对比和互补等问题做了广泛深入的交流，成果丰硕。大家认为，中国和西方就中西医文化进行这样高层次和大规模的交流，对中医药学走向世界、中西医合作以造福全人类，将起到巨大的作用，同时，大家的共识是，中医也是西方了解中华文化的重要渠道，因为从中医对人体的认识，到医德、医理、医术、中药和养生，都明显地、系统地贯穿着中国的哲学和伦理。

我之所以要介绍这次中西医论坛，是想用它来证明，促进文化多样性，不仅会使我们的地球更加和谐，使人类的未来真正幸福，而且对每个人当下的生活也会起到积极的作用；同时，它让我看到，文化的多样性是具体的、丰富的，为我们进行不同文明的交流对话提供了无限的空间——今后人们可以就着不同文明的具体领域展开交流对话。

女士们，先生们，朋友们：

回顾十多年来的世界现实，2001年联合国教科文组织总部在《世界文化多样性宣言》里所提出的许多目标还远没有实现。虽然从金边到墨尔本，从伊斯坦布尔到阿斯塔纳，多国学者、神学家进行了许多次对话，这些对话获得了大多数国家学者、政治家和人民的赞同，但是与此同时发生的毁坏文化多样性的事件和行为层出不穷，令人痛心。我不能忘怀在巴黎尼山论坛上一位来自非洲的女士的发言。她以激愤而沉痛的心情叙述了发生在她的祖国的种种不可思议的悲惨、罪恶、恐怖的事情。她说，就在我们在这里讨论建设"新人文主义"的时候，我的祖国又有多少妇女儿童惨遭荼毒，这不是我们的过错，不是我们的人民所造成的；我们可以治理好自己的国家，但是我们的文化得不到尊重，许多东西强加在我们头上。她呼吁，我们不能只停留在理论探讨上，应该采取实实在在的行动，来让文化的多样性得到真正的尊重和保护。她的演讲让我想到：是的，我们还需要不断努力，应该让对话的平台再多些，参与的人更广泛些，人类正义的声音更响亮些，尤其重要的是，我们要关注当下，首先要让制定政策的人真正尊重他人的信仰，要讲道德、讲世界伦理，要传播友爱而不要鼓励仇恨。

5 月 4 日，也就是 17 天前，联合国安理会通过了一份主席声明，我认为以下这一段尤其应该引起注意：

各国不能也不应该将恐怖主义与任何宗教、国籍或文明联系起来，尊重和了解世界宗教和文化多样性非常重要。国际社会应该继续努力，增加不同文明之间的对话和加强了解，以防止不分青红皂白地攻击不同宗教和文化，这样做有助于抵御各种煽动分化和极端主义的势力，也有助于加强国际反恐斗争。

还需要我们补充什么吗？不需要了。把恐怖主义和某种宗教、国籍或文明联系起来，把与自己的观念不同的见解和声音与某种宗教、国籍或文明联系起来，这是与文化多样性直接矛盾的急需解决的问题，甚至可以说这是本世纪急需要清除的最大误解和谎言之一。第二届尼山论坛的主题是"信仰，道德，尊重，友爱"，这已经表明，参加论坛的各国朋友是主张各种信仰——包括宗教的和非宗教的——是平等的，彼此应该互相尊重，各种信仰所提倡的道德是大体相同或相通的，通过对话，是可以达到友爱而不是仇恨的。

各种信仰都源于史前时期人类对未知的敬畏和猜想，对未来的迷茫和期盼，对了解人自身的惶惑和努力，是人类各种文明的源头，这可以从各个文明古国的历史遗存，包括文献、文物、习俗和非物质文化遗产中得到充分证明。当我们呼吁重视文化多样性的时候，理所当然地应该强调对古代文明的珍惜，并且应该推动充分利用文明遗产，从而让人们在关于

信仰　道德　尊重　友爱

"我"是谁、"我"从哪里来、将到哪里去感悟的基础上，坚定不同信仰、民族伦理应该受到同样尊重的信念。这不仅是学者的天职，更是文明古国对人类应尽的义务。毋庸讳言，在人类生活的环境遭到严重破坏的今天，人类的文明遗产也正在经受着本不该发生的战争或是以经济建设为名的破坏。

正是出于这一认识，所以在论坛期间，我们还要举行文明古国的分论坛和对话，以期引起对保护文明遗产的重视。我们希望，关于珍惜和保护人类文明遗产的交流和对话应该成为今后在世界各地举行不同文明对话的内容之一，使得更多的人投入到保护人类文明遗产的行动中。

在联合国于2001年所制定的《不同文明对话全球议程》中，有这样一句话：

"不同文明对话应争取全球范围的参与且向所有人开放。"

是的，不同文明对话不是少数人的事业。学者、宗教领袖之间的对话固然是重要的，但是只有当对话成为亿万人关注的事情之后，这种对话才能显示出巨大的活力和影响力，产生阻拦战争、促进和平的威力。

在所有人当中，青年永远代表着未来。因此在这次论坛期间，我们还要举行青年博士论坛。这一计划一经披露，就受到许多国家青年学者的积极响应。但是限于物力财力，我们不能接待太多的年轻朋友，这是尼山论坛组委会和不能受到邀请的年轻朋友的共同遗憾。在这里，我要对到会的青年学者们表示热烈的欢迎！我要对他们说：因为你们的参与，将会使这次论坛更加充满活力和朝气。我相信，通过这次论坛，你们会深切地感受到自己在不同文明对话、促进世界和谐中的责任，并且为人们提供你们的智慧。同时我要说，今后，我们会努力创造更好的条件，能够让更多想来参加论坛的年轻朋友加入到我们的行列中来。

女士们，先生们，朋友们：

中国人常说，挑战也是机遇，压力也是动力。当今世界的种种危机的深度和广度，是人类历史上从未有过的。这是对人类极大的挑战和压力。有挑战就有应战，有压力就有抗力，也就是催人奋勇前进的动力。大力提倡和支持文明多样性、开展不同文明的对话、研究其中的理论和实际问题，就是种种危机催生的新世纪文明的重要动向。我相信，这一动向是人类良知自愿自觉的选择。这一趋势虽然仅仅是个开始，还是一条水量不大的河流，但是已经显示出极强的生命力，我相信它将来一定会形成汹涌澎湃的浪潮。尼山世界文明论坛不过是和全世界人民一起迎接即将到来的滚滚洪流的一朵浪花。我们愿意和各国学者、宗教领袖一起，融入人类的这一伟大的事业中去，为人类的友谊，为给我们的子孙创造一个没有战争、没有恐怖的世界竭尽我们的力量。

衷心感谢各位朋友的光临。

预祝第二届尼山世界文明论坛取得圆满成功。

谢谢大家！

信仰　道德　尊重　友爱

沟通心灵　　了解对方　　和睦相处[※]

各位嘉宾，各位学者，女士们，先生们，朋友们：

第二届尼山世界文明论坛就要闭幕了。两天来，我们举行了全体会议、分会、对话和讲座共计52场，除了论坛嘉宾和学者，列席、旁听人员共计11062人次。济宁学院在此期间聘请了11位客座教授，其中有7位外籍教授欣然接受了聘请。应该说，论坛不但取得了圆满成功，而且实现了在不得不控制人数前提下的"开放性"。

作为论坛主席，我无法也不可能对这次论坛作出全面、细致和周密的总结。我只能用尽量简洁的语言概述两天来的基本情况。

这次论坛的内容比上一届更为丰富和多元。信仰、宗教、经典、传媒、经济、企业、文化遗产保护、环境保护、医疗和养生等等，都成为讲演与发言、对话的内容。涉及的学科自然也是众多的。但是，大家都始终没有离开"和而不同与世界和谐"的总主题与这次论坛"信仰，道德，尊重，友爱"的议题。这一事实提醒我们：任何一种文化都是丰富的、复杂的；不同文明之间对话的空间是无限广阔的；因而对话应该是全方位的，无限期的。

论坛的热烈程度是我所未料到的。老友相逢自然格外愉快，新朋相识也大有相见恨晚之感。是什么把相距遥远的我们连到了一起？我想，是对人类的热爱，是对现实的思考，是对理智的信心。

两天来的活动使我十分感动。所有与会的专家、青年，无不全身心地投入到论坛的各项活动当中，这体现了对我们这个世界的深切关怀；各位

※　2012年5月23日在"第二届尼山世界文明论坛闭幕式"上的演讲。标题为编者所加。

发表了很多高明的见解，这是大家长期思考、经验和研究的成果。尤其让我兴奋不已的是，在各次讲演、对话中都体现了大家用自己渊博的学识和大爱的情怀，对在我们眼前不断发生的违背人类生存发展和大自然平衡规律的种种事件的关注和痛心。

的确，20 世纪以来的历史进程向人类提出了一系列急需认真思考的问题，这些问题直接关系到人类是否能够继续生存发展。例如：

地球 40 亿年所积存的资源，人类用 250 年就消耗得令人胆寒，原因在哪里？这是人类的进步还是倒退？

人人需要信仰，但是有些人违背了数千年乃至数万年人类积累的信仰经验，这是进步还是倒退？

个人、社会、国家和世界，"进步"与否的标准应该是什么？

当今的道德律是什么？人类有没有或能不能建立起普世性的道德，即"世界伦理"？

现代技术更新的速度是不是已经大大超出了人类肉体和精神的需要？是不是也超出了人类进化的速度和承受力？有人说："全球的信息革命使文化与精神受到打击。泛滥全球的伪文化和道德沉沦强加给了新一代。"我们如何面对无法抵御的技术革命、信息革命、伪文化和道德沉沦？

在追逐利润最大化的基本准则面前，人类如何也让我们对他人的友爱最大化？二者是根本对立的？还是可以并存，协同发展的？

文化的多样性本来就是文化从开始出现时起就具备的本质特征；同时，由于人的本性和信仰的起源大体相类，所以不同文明之间也大体相同或相通，并且保持着彼此的相异。我们如何明确相同和相异？如何珍惜大同，尊重相异？

这类问题的单子我们可以拉得很长很长，但是归根结底，不外乎信仰与道德、物质与精神、"我"与他者、普遍与个别、今天与明天之间的关系问题。

其实，这些并不是今天才出现的新问题，而是有着几乎与人类同样悠久历史的古老课题。这些问题，人类一直在探索着，只不过自工业化以来，特别是全球化、信息化以来，这些问题的重要性和解决它们的紧迫性更加凸显了而已。在这样的时刻，我们可以回顾一下人类的历史。人类每当走到一个十字路口时，先圣先哲就要根据传统——也就是他们的前辈的智慧和历史经验——结合着自己所处的时代进行思考并提出真知灼见，为人类指出方向。这是社会和历史的需要。先圣先哲的叙说和告诫，接续和补充了人类宝贵的历史经验。孔子、释迦牟尼、柏拉图、基督耶稣等就是先圣先哲中最伟大的代表。

历史上的伟人们不约而同地教导我们，对大自然要敬畏，对亲人、世人要仁爱，对自己的欲望要节制，人类道德提升的潜力是无穷的，对真理的探索是无止境的。作为伟人子孙的我们，沉静下来想一想，在他们身后的这几千年和当代，关于人生和世界，又有什么新的见解能够赶得上这些伟大的先知先觉？我们只能老老实实去做他们的学生，真诚地按照他们的教导来观察已经发生了巨变的生活，探索人类未来的道路。

这项工作——继承和弘扬传统、思考和探寻未来，只能由学者、神学家承担。我们还有与此相关的另一项职责，即把我们研究的成果、共识提供给广大民众、政治家和企业家，让更多的人懂得，社会和企业的可持续发展，其根本动力和保障并不是来自于技术、金钱和权力，而是来自于信仰、道德、尊重和友爱，概言之，在人心，在感情，在理智。人人的视野都应该超越自己生活的狭小领域，要看到社会、国家和世界的危机。在这一方面，我特别寄希望于年轻朋友，你们思想敏锐而活跃、与社会联系广泛，有着我们老年人已经或正在失去的澎湃激情，更重要的是，世界的未来属于你们。你们在这次论坛中所表现出的强烈求知欲、勇于直抒胸臆的胆略和力图论证严密、言不空发的认真态度，已经向世人展现了年轻人的优势，预告了你们即将走上促进文化多样性和不同文明对话的前台，不同文明对话事业的明天因为有了你们的参与一定比今天更加引人瞩目。看来论坛组委会关于同时举行青年博士论坛的决定是正确的，我们将坚持下去。我并不是一个社会进化论者，但是对人类未来的信心告诉我：我们这一代所解决不了的问题，年轻人一定会继续研究下去、呼吁下去，直至问题解决。我代表尼山世界文明论坛组委会向你们表示赞赏和感谢！

女士们，先生们，朋友们：

近十几年来，世界各地的智者，已经在呼吁文化多样化和不同文明对话方面做了很多实实在在的事情，其中也包括了许多在座的朋友。不断呼吁的一个显而易见的结果是：在学术界和大学课堂上，力主文化单极化的越来越少了。但是，我们不能停留在论证不同文明对话"应该"和"可以"的阶段，似乎应该朝着"怎样"前进，即研究"不同文明怎样和谐相处"。实际上，在提交给这次论坛的论文中和论坛期间举行的对话中，有些已经涉及这个问题。我的意思是，对话应该逐步深化，如果我们在尼山论坛或其他场合专门就"怎样做"进行讨论，或许其成果能够被政治家听到并被广大受众所接受，从而化为实际行动，进一步促进文化的多样性和不同文明间的和睦相处。

作为全世界众多不同文明论坛中的一个，尼山世界文明论坛是可以有所作为的。例如，在这次论坛期间，中外学者对今后论坛应该讨论些什么问题，如何讨论这些问题，提出了不少建议。在这里我也试着提出以下这些问题供大家参考：

如何促进各国教育机构、宗教组织间的对话。现在也并不乏这类的交流，但是似乎更多的是仅限于就各方教育状况进行交流，而并没有深入到各国是如何对学生进行"全人教育"、各自教育背后的文化动因，以及教育如何应对当前世界危机这类问题的层次上来。

如何促进人民与人民之间的对话。旅游、留学等都是人民与人民广泛接触的机会，但是似乎旅游只关注山水名胜，或者加上购物；留学主要关注科学技术和经济金融方面的知识和技能。如果有越来越多的游客和留学生关注他国的文化、历史、宗教等人文现象，有越来越多的留学生想成为研究他国文化的学者，情况就会大不一样了，公共外交就真的成为现实了。一个开放的国家，人人都是外交家。

如何促进媒体间的对话。这一领域的对话尤其需要超越业务和技术范围，需要直言不讳，包括像新闻自由、新闻道德等问题，都可以成为对话的内容。

如何促进不同语言之间的无障碍沟通。技术语言是最容易翻译的，一涉及信仰、道德，其难译的程度为一般人所难想象。而有障碍的沟通是似通而未通，因为一进入到对方的内心深处就被一层隔膜阻碍住了。这项工作需要各国哲学、社会学、宗教学、文学等学科的学者帮助。促进相关学者就这一问题的研究展开合作是很重要的。

最后，还应该想一想如何促进政府之间开展文明对话。我们都知道，自古以来，政府之间只就眼前事务进行交流。就具体事务谈具体事务，不涉及包含在事务之中的文化，很容易久缠而难解。历史已经进入 21 世纪，为什么不能突破常规，请各国政府首脑也成为不同文明对话的成员呢？

我清醒地知道，我们不过是一个论坛、一群学者和宗教家而已，我们采取不了什么实际的行政举措。但是我们的声音也有着巨大的潜在影响

沟通心灵 了解对方 和睦相处

力。我们应该集体发出呼吁，从而使从上到下都来关注文明对话的话语。

我的这番话，可能被有些朋友看成是乌托邦式的奇想。我承认我是个理想主义者。但是，人类不是一直就是在想象和理想中生活的吗？中国古人理想中的"大同世界"，傅立叶、欧文所实验的乌托邦世界，至今还在激励着中国人。在西班牙安达卢西亚地区马里纳莱达村，3000居民至今还幸福地生活在村长胡安·曼努埃尔·桑切斯·戈迪略按照乌托邦所构建的社会中。我的关于"不同文明如何和谐相处"的一些想法与前人对未来社会的想象相比，只是一件小事，也只是一个例子。为的是说明，我坚信只有人和人面对面，不仅谈事、谈物，而且谈各自的心，才是严格意义上的沟通，才能彻底了解对方，和睦相处，幸福地生活——不管是家庭内部还是族群之间、国家之间，都是如此。

女士们，先生们，朋友们：

这次论坛实现了一点改革，这就是大会之外又有许多分论坛、对话会和报告会，会场分散，人员流动性大，为会议服务的所有工作人员和志愿者为此付出了多日的辛苦，济宁市、曲阜市、泗水县为论坛提供了尽可能好的环境和条件，孔子家乡的人们真做到了"有朋自远方来，不亦乐乎"的高尚情怀。请允许我代表参加论坛的所有成员对他们表示诚挚的感谢！

当然，新的举措也带来了新的问题，有些服务工作出现过一些疏漏，给有些学者带来不便。请允许我承担起所有的相关责任，我代表为我们服务的所有女士和先生们向大家致歉！我也希望各位嘉宾灵活地理解孔子的一句话给予谅解。这句话就是："人不知而不愠，不亦君子乎？"

论坛就要结束了。我实在不愿意宣布"第二届尼山世界文明论坛闭幕"这句话。我愿意先和大家一起祝福孔子的家乡昌盛发达，逐步走向世界，也祝愿尼山世界文明论坛越办越好。现在，我要说，祝朋友们回程愉快，万事如意，我们期待着在下一届论坛上再会。最后，我不得不说出那句话了：

"现在我宣布：第二届尼山世界文明论坛闭幕！"

新的轴心时代是否将要到来？[※]

这次论坛的主题确定为"从世界轴心文明到对话文明"，是很合时宜的，因而也是很智慧的。在我看来，论题中既有当今时代亟须不同文明、不同信仰之间的对话的意思，同时也暗含着"新的轴心时代是否将要到来"的思考在内。

自从雅斯贝斯提出"轴心时代"这一概念以来，各国学者和思想家都在回顾历史、重温先哲教诲，同时思考着我们这个时代的特征和需求。我现在也跟随着时贤的脚步谈一点我的思考。

早在 20 多个世纪之前，东方发达的农耕和成熟的游牧环境，促使哲人仅仅凭借历代相传的知识和自己感官的观察和体验，提出了人类至关重要的一系列问题，并且给出了自己的答案。他们研究宇宙和人生，基本上是孤立地观察和思辨，没有条件像我们这样跨洋渡海坐在一起交流切磋。他们提出的杰出思想和所要解决的问题，也仅局限于耳目所及和能够想象得到的空间、时间范围。虽然如此，但是由于他们的超人智慧，所得出的结论却是超越时空的。也就是从那时起，希伯来文明和中华文明以及婆罗门文明各自走上了一条极具个性的道路。

正如许多学者所指出的那样，"对于西方的意识来说，耶稣基督是历史的轴心。……其宗教动力和前提来自于犹太人；其哲学广度和思想的启发力量来自于希腊人；其组织活力和控制现实的智慧来自于罗马人。"（雅斯贝斯《历史的起源与目标》，中译本，第 70 页）这样一个思想体系，尊崇唯一的神，因而严重地排他，"宣称独占真理"（同上，第 77

　※　2012 年 9 月 21 日在"天地之中（嵩山）——华夏文明与世界文明论坛"上的讲演。

页）；由于绝对的、超越的、先验的、至善至美的、全能的上帝作为存在"本体"创造了除了他自身之外的一切，于是必然树立二元对立的哲学观，并由此而形成人类在上帝的启示训诫下的平等、自由和法治等观念。

根据考古和文献研究，中华大地早在距今一万年时，已经进入了比较成熟的农耕时代。和世界各地所有民族一样，"在文化发展的某一个阶段，把某一种体验阐释为神的显现，或是某个神的自我启示，以及阐释为神的意志的传达的倾向"（摩迪凯·开普兰 Mordecai Kaplans：《犹太教：一种文明》，中译本，第44页）。中国夏商时代，"天"还是具有某种程度的人格神，是居于其他崇拜对象之上、护佑王室利益的最权威者。到了周代，"天"的神圣色彩逐渐淡化，最重要的表现是认为"天命靡常"（《诗经·大雅·文王》），福祚只赐予有德之人，而对开创王朝或家族事业的始祖以及历代先人的崇拜则上升为实质性的第一位。出现这一变化，与农耕社会必然极为重视土地、工具、技术、道德的继承和血统的纯正有着十分密切的关系。于是天命"被重新理解为个体的使命和个人对于为天下人效力所做的承诺"（狄百瑞 Wm. Theoder de Bary：《儒家的困境》，中译本，第5页），"天视自我民视，天听自我民听。"（《尚书·泰誓中》）以人为本的传统就是在这个时期正式形成的。与神灵——世俗关系这一变化相应，"天"蜕变为"自然"的象征，"天"之本然成为宇宙的"本体"（"道"）。《周易·系辞》所说的"一阴一阳之谓道，继之者善也，成之者性也。"不但表达了宇宙原生、整体、一元的哲学理念，而且也把本体和世俗伦理紧密地联系起来。中国文化基本上是在春秋时期（770. BC-446. BC）定型的。众所周知，孔子是这一转型定型的中心人物，套用雅斯贝斯的话说就是，孔子成了中国历史的"轴心"。在此后的历史中，原始崇拜虽然还留有不少痕迹，但无论任何神灵都不是超越的、绝对的、唯一的。因而有"母也天只，不谅人只"（《诗经·鄘风·柏舟》）以及"不吊昊天，不宜空我师"、"昊天不惠"、"昊天不平"（《诗经·小雅·节南山》）的呼声。及至近代，不少佛教徒还有"许愿"和"还愿"之举，意思是神灵兑现了我之所愿，我就给以回报，没有如我所愿则否。这说明，中国人对"天"不是无条件的、不是只为神增添荣耀而生活，并不索取。我们由此可以得出这样的印象：中国人是有信仰的，只是不同于西方希伯来宗教系统的信仰而已。

20世纪以来，许多中外学者纷纷指出，中国文化中的"和而不同"、兼容并蓄、"己所不欲，勿施于人"具有普世价值；"中国的宇宙论和宇宙生成论似乎比其他宗教和神话更接近现代物理学的观点"（牟复礼《中国思想之渊源》，中译本，第21页），"这种宇宙论把人们从各种震慑的教条和罪的戒律之下解放出来，让他们跟宇宙形成了一种两不相害的人性关系。"（同上，第27页）这些或许就是未来世界所最需要的东西吧。

当今时代，从现象看，与产生轴心时代思想的社会状况极其相近："精神贫乏，人性沦丧，爱与创造力衰退"（雅斯贝斯，第112页）。但是从促成其思想发生的环境及其实质内涵看，则又有着巨大的差异：一是"人类的整个精神生活已经被机器和现代技术经济搅得天翻地覆。……这种精神价值早已随着机器带来的冲击而支离破碎了。"（摩迪凯·开普兰，第31页）换言之，西方所定义的"现代化"以其无限的诱惑力把人类拘禁于眼前利益，拉向物质的享受和追求。而技术的高速发展更加快了为人们提供花样翻新的物质的速度。这和孔子、耶稣基督、释迦牟尼时代物质相当匮乏、生产活动艰难有着显著的不同。二是相对而言，人们对世界、对宇宙的了解，范围更大了，更深入了，这从20世纪中叶以来，亦即经济全球化基本实现以来，尤为显著。对于有些宗教，特别是以神启、原罪、救赎、转世为教义的宗教，无疑是又一个巨大的挑战。

因此，我们可以这样概括当今时代的特征：在经济领域，一切都在技术化、全球化；在生活领域，人生价值急速变得物质化；在人文领域，丢弃传统、混乱倒退；在思想领域，狂妄自大、故步自封。在这样的时代，从某种意义上说，与2500年前一样，人类应该寻找未来的方向。这样的现实，在雅斯贝斯那里，就是人类将要迎来一个新的轴心时代。

新轴心时代的形成还需要时间，那时的理念将是怎样的，现在的人们难以预言。但是有几点是极为可能的，甚至是必须经历的。

在敌对、仇杀、战争接二连三发生的当下，更要加大不同文明之间对话的强度。尤金·莱斯教授在给牟复礼教授的《中国思想之渊源》所作的序中说："我们这个时代产生的众多德性之一就是努力做到：承认我们自己过去和现在的信仰的相对性，同时肯定研究非西方文化的文明价值。"他的这番话，是针对习惯按照欧洲中心论思维观察思考的人说的，但是其中也包含着这样的前提：不同文明背景的人都应该肯定、尊重"他者"文化的价值，而不是相反。我曾经在尼山世界文明论坛上提出：不同文明之间应该相互尊重—了解—理解—欣赏—学习，就是为此。这种心态应该是对话时代出现和持续的基础。

毋庸讳言，现在笼罩着全世界的主流文化还是西方文化，即希伯来—希腊·罗马—盎格鲁·撒克逊文化。诚如各国许多学者所揭示的，"欧洲人通过科学和发现造成的技术革命，仅仅是精神灾难的物质基础和加速的原因"。（雅斯贝斯，159 页）同时，"西方通过包括伊斯兰教在内的各种'圣经'的宗教，以宣称独占的形式，发展了相反的极端，这与西方的自由和无限多变性是相反的"。（同上，第 77 页）这意味着西方的传统文化也在相当程度上异化了，同样被自己所催生的现代科技和生活方式压迫着、折磨着。因此，在现代技术加经济全球化包裹着的无限度无遏制的贪婪面前，人类所有的文化遗产无一能够幸免于难，独善其身；政治、经济上的强者和弱者之间的争斗犹如在拳击场上的比赛，谁胜谁负都改变不了组织比赛者的动机和观众的心理。

由此我想到，不同文明各自都应该进行反思。几十年来西方学术界相继出现的后结构主义、解构主义、女权主义、后现代主义等流派，勾勒出了不断反思、质疑的延续路线的轮廓；近年来在中国出现的"国学热"、"儒学热"也是反思掀起的波澜，乃至 90 年代末重提 20 世纪 40 年代提出的"马克思主义中国化"问题，也包含着这种反思的成分。

反思既往，洞察当下，探索未来，需要防止两个极端：全面否定传统（同时可能全面肯定异质文化）和顽固地故步自封（同时可能全面拒绝异质文化）。历史已经证明这两条路都走不通，无需我在这里多言。

所有为人类未来焦虑的学者、神学家、政治家，为了人类的未来都需要有极大的耐心和韧力，即使新轴心时代要在两个世纪或更久之后才有可能形成，我们也要始终不渝地反思、对话、呼喊，甚至抗争。在这个问题上，历史也给我们提供了经验。印度佛教大约在汉哀帝元寿年间（即公元起始时）传入中国（依汤用彤先生说，见其《汉魏两晋南北朝佛教史》），经历朝高僧大德研究阐发，到唐代慧能创禅宗顿教，中国佛教的理论体系方告完成，前后竟历近 7 个世纪。而佛教之真正普及，则又阅两三个世纪才得实现。欧洲文艺复兴也用了两三个世纪才完成了自己的历史使命。现在交通通讯、信息传输发达快捷，已非昔日可比，但民族文化传统所遭受的冲击之大，也是前所罕有的。我们以历史为鉴，宁可把困难估计得更充分些，把新的思想体系形成的过程想得长些。

放到今天的视域中，人们坚信各个文明都有自己的不可替代的长处和需要异质文化提供营养之处。只有冷静地反思，并且和不同文明进行对照，才能明确各自传统中可以适应今天和未来人类生活的理念。因此，我们应该持续地进行多议题、多层次、多角度、多地域的不同文明对话，而且要努力影响各国执政者，也许更重要的是要为广大人民，尤其是我们的后代提供充实的精神资粮。

在这样一个基础上的对话不但是有意义的——这已经由近年来世界各地开展的论坛、研讨会、对话的成果所证明，而且还会像柏拉图、孔子、释迦牟尼和基督那样，在对话中碰撞出智慧的火花，各方均有所获，从而共同孕育出融合了不同文明智慧的新文化。现在，新的轴心时代不是会不会或能不能出现的问题，客观现实和主观意识都已经提出了急迫的需求，2500 年来的文化积累也为我们准备了经验条件，问题是寻找和确定通向新轴心时代的路径。在我看来，本次会议主题中的"对话文明"，可能就是新轴心时代的"前阶段"或它将要喷薄而出之前的曙光。

按照儒家的思想，人类在自我完善过程中的自我超越能力是无限的。它既是不断连续的，又是逐代累积的。当代学人，就是这连续带上的一环，又是累积叠加中的一层。

让我们携起手来共同努力。

交流对话　汉庭流芳[※]

非常高兴在钓鱼台国宾馆接待美国汉庭顿图书馆、流芳园访华团一行，你们这是文化交流之旅。在不同文明与文化的对话与交流方面，我十分关注，并做了很多工作。2010年，在中国山东举办了"尼山论坛"，开展基督教文明与儒家文明的对话，欧美基督教、天主教的一些著名神学家、大主教、学者与会，在西方，特别是在欧洲反响很大。今年五月要举办第二届"尼山论坛"，菲律宾前总统梅加瓦蒂、墨西哥前总统福克斯已确认参加会议，联合国文明联盟办公室高级顾问、办公室主任及文明对话的形象大使也已报名，联合国教科文卫组织正在同"尼山论坛"组委会落实把取得"人类非物质文化遗产"命名的国家和地区的授牌仪式在论坛期间举行，美国一些大学的博士生正在组团期望能自费参加这一"论坛"。从这里反映出不同文明多么需要并渴望进行交流与对话，这一潮流和趋势比以往任何时候都凸显得强烈，这是过去从未出现过的现象，多么值得我们来深思啊！

我三年前访问过汉庭顿图书馆，参观了具有浓郁中华文化风格的"流芳园"。贵馆在保存、弘扬文化方面有很多东西值得我们学习，很多珍贵的历史文献让我们羡慕。我亲眼看到很多研究人员在那里研究这些历史文献，这就是你们的价值所在。我很期望贵馆在中美文化交流方面做出更多的贡献。

"流芳园"给我留下了美好而深刻的印象。这个名字取得好，请允许我用几句话来描述我的感受和理解。"芳"是人们最喜欢的，特别是花草

※　2012年3月19日在钓鱼台国宾馆会见美国汉庭顿图书馆和流芳园访华团时的讲话。标题为编者所加。

留下的芳香，是静态的、无言的，同时你又能感觉到它弥散开来的韵味；"流"专指水的流动，是动态的，中国有句古话叫"万古流芳"，意思是指一个人不断修养自己的品德，为国家和人类做了好事，他的名字和品德可以留存很久很久。"流"又让我想起中国的圣人孔夫子的一句话。孔夫子在他家乡的一条小河旁，看着河水说了一句极富哲理的话："逝者如斯夫，不舍昼夜。"他在这里是说，流去的是时间，是历史，这些永远不会停滞，也不可重来。这是因为，世界上物质的东西消失后随着科学技术的进步几乎都可以复制，甚至人也可能克隆，但只有时间流去了就无法复制，历史过去了也不可能重来，因此我们应该珍惜现在，不忘过去。这样解读，就可以感受到"流芳园"的多重含义，再结合中美两国的文化交流，就更有意义了，它象征着中美两国人们的友谊就像河水一样不停地流动，带着大自然的芳香源远流长。我们去"流芳园"参观就是"水"流过去了，你们来中国就是"水"又流回来了。这是多么美好和谐的事情，这就是不同文明交流与对话的意义所在，也是谁也挡不住的历史潮流。

在参观"流芳园"时我就有个构想，希望它和汉庭顿图书馆能成为中美两国文化交流的重要场所，因为它已具备了这样的条件，做了很多这方面的工作。在这里举办过中国的青铜器、书法、美术作品等展览，形式多样，效果好。这是因为我们赶上了一个好时机，不同文明的对话与交流已形成不可阻挡的潮流。而中美两国更需要这样的对话与交流，中美两国的关系是世界上最重要的双边关系，两国由于历史与文化的不同，对世界上发生的事情必然会有不同的理解和见解，不同的处理方式，但是只要我们加强交流，就可以避免冲突和对抗，就可以找到双方能理解和接受的解决方式。一年前，奥巴马总统提出"公共外交"的理念，还要在五年内派十万青年学生到中国学习，我们积极做出了回应，认真做好了迎接他们的准备。

不同文明间的交流大约有三个层面：一是最广泛的民间交流，包括旅游、商贸、比赛、演出和通婚等等。这是重要的，但个体间的交流很难持续长久。二是政府间的交流，包括议会间的交流，但是这种交流往往关注当下的问题，如贸易逆差、汇率等问题，受到各种政治、利益群体的影响和干扰，变化无常。三是我认为可以长久持续的——学者的对话与交流。学者的对话与交流能超越政治和意识形态，根据自己的学识、研究理论与成果，客观地交换彼此的真知灼见。除了少数学者外，大多数学者不受利益驱动和支配，可以更深入，交流的不是现象，而是不同文明的深层意义。学者的交流还有一个好处就是影响大，交流的成果、思想既可以影响人民，也可以影响政府的决策。所以，我非常期望"流芳园"能成为中美两国文化交流的重要场所、平台，如果贵馆也有这样的期望、规划，你们到中国来就会找到很多知音帮助并参与到你们的建设中。我盼望着我能以一个学者的身份再去你们那里参与这类活动。

　　世界上什么最美好？我认为从人的自身来说，是高尚的品德，是一个人为别人做了事情后不求回报的那种说不清道不出的享受和愉快。我今天早晨在网上看到一条报道：有一个医科大学的毕业生，女孩子，工作才一年，几天前去世了。她十年前得了一种疑难病，治病需要很多钱，她不想给别人添麻烦，在大学读书时就拼命打工，最多时兼四份工作，包括洗碗、家教，增加收入治病，有时每天只睡三小时。就在这种情况下，她还资助了10个学生每人每月50元钱。去世前，她在博客中写道：抱歉，我没有能力资助他们了。她离开人世时只有25岁，太可惜了。网民大量转载了她的博客，称赞她，支持她，为她募捐。我想，她在人生的最后时刻既有对生的留恋，也有那种为他人着想的愉快。她是不幸的，也是幸福的，因为她的精神财富留给了我们。这是一个既感人又令人伤感的故事，我为这样一个伟大的青年离去而悲伤，为她的理念得到传播和传承而欣慰。

　　我们可以从更高的境界看，人类尽管有不同的信仰，但都有一个共同的"善"。我为什么这样说？去年年末，在一年一度的孔子学院大会上，我作了一个报告，题目是"我的宗教观"。报告的观点之一是，如果抛开了原罪说、种姓说，单看不同宗教对人类起源的描述，却有一个非常相近的昭示：人类同出一源。孔夫子提出全天下的人都是兄弟，这是最朴实的说法。因此大家应该以"善"相待，"善"是没有国界的。我在台上讲时还担心这个观点是否能被各国朋友认同，讲到一半时就获得了掌声，最后掌声雷动，与会近2000人，大半是外国朋友。我走下台，多国的学者、神学家、泰国和尚、非洲教授都上来和我握手，认同我的观点。从这件事可以反思，现在世界上不同国家人与人之间看似相隔遥远，互相没有联系，其实不然。例如20世纪发现的艾滋病，半个世纪就传遍了全球，说明在这个世界上谁都离不开谁，只有把我们共同的家园建设好，才会有和谐的生活。相互间有分歧是正常的，没有关系，只要大家都尊重对方，坐下来谈、交流，就可以找到解决问题的方法和路子。人与人、群体与群体、国家与国家的关系和问题只有两种解决办法：对抗或者对话。夫妻对抗只有离婚；兄弟对抗只有怨恨和隔阂；国家之间的对抗如果不克制就是战争。所以，解决问题和分歧要有耐心，交流和对话才是解决问题唯一之道。

我在讲座中还阐明了另一个观点：人类尽管有肤色、语言、文化、种族的不同，但我们都是人类，都有共同的起源，都有同一个父母。这父母就是天和地，就是大自然。如果我们不是同一个父母，为什么不同肤色、语言、文化、种族的人都形状相同，两只眼睛、两个耳朵、一个嘴巴？随着科学技术的进步，生命科学研究到了人类的遗传基因，结果发现人类99.9%以上的基因都是相同的。现在人类只注意了那百分之零点零几的差异，而忽略了绝大部分的相同。我们的古人没有现代仪器和技术，但他们从生活中、大自然中体验到了天下都是兄弟的道理。他们比我们更智慧，我们只是技术进步了，智慧不如前人。

德国哲学家雅斯贝尔斯在 20 世纪指出，2500 年前欧亚大陆出现了柏拉图、亚里士多德、孔子、释迦牟尼，同时提出了人与天、人与人、人的身与心之间是什么关系。他们的主张有同有异，但提出的问题在两千多年后的今天仍然没有解决。我们的智慧应该用于思考和解决当前世界、人类未来所面临的大问题，人类的未来出路问题。如果像雅斯贝尔斯所说，2500 年前是个轴心时代，那么现在人类需要一个新的轴心时代了。

我们都有一个共同的愿望，这个世界需要思考自己的未来，这就需要交流、对话、交朋友，不要隔绝、对立、对抗，我们都共同努力吧！

**（席间，客人送了几幅早期欧洲人不同时期
绘的中国地图的复制品）**

这些地图反映了人类对自己家园和其他地方的认识和思考，不同时期绘制的中国地图，反映了欧洲对中国的认识在不断地丰富和加深。现在全世界都在反思过去，反思历史。欧洲在反思苏格拉底、柏拉图，中国在反思孔夫子等的箴言。这些地图记录下了古人的思想和对当时的认识，会给我们启迪和教诲。例如 15 世纪、16 世纪，中国庞大的航海船队在郑和的带领下多次通过马六甲海峡到达东北非，但却没有留下绘制精确的地图，

欧洲人却不是。这种差异不是历史的偶然，而是文化的差异。有的绘了，有的没有绘，这就值得研究。

（根据录音整理）

儒家思想与全球化世界中的新人文主义[※]

——巴黎尼山论坛致辞暨在联合国教科文组织总部的讲话

尊敬的博科娃总干事①，尊敬的让-皮埃尔·拉法兰先生②，尊敬的联合国教科文组织总部的各位朋友，尊敬的各国学者：

非常荣幸，能够在联合国教科文组织总部和大家相会。中国人吸收了来自古印度的佛教文化，常常用佛教的"缘分"这个词说朋友相识、相会之可贵，这也正符合儒家认为每个人都时时处处生活在十分复杂的社会关系之中，应该珍惜并且以高尚的道德处理好各种关系的思想。今天，当我走进这座建筑的大门，见到这样多来自四面八方，怀着和我一样的关注世界多元化和人类未来怎样过得真正安宁幸福的愿望的朋友时，我又一次感受到佛陀和孔夫子关于缘分、关系的教导的伟大——我们今天的聚会的确是难得的"缘分"，和老朋友重新相会是缘分，结识许多新朋友更是难得的缘分。

简要地说，我们之间的"缘分"有两项是我特别注意的。一，我们是在世界纷乱、文明的多元化受到前所未有的挑战和威胁之时，欢聚在巴黎这个欧洲文化核心之地来探讨不同文明怎样通过对话而不是对抗，让人类能够享受到永久的和平。二，联合国在十年前通过了一项具有历史意义

※ 2012 年 4 月 16 日，巴黎尼山论坛在联合国教科文组织总部举行，本文标题为编者所加，亦是本次论坛主题。本文注释为编者所加。

① 伊琳娜·博科娃，联合国教科文组织历史上首位女性总干事，2009 年 11 月起任职。

② 让－皮埃尔·拉法兰，法国政府前总理。

的决议，把每年的 5 月 21 日定为"世界不同文明对话日"。自那时以后，许多国家的不同文化背景的智者举行了多次对话，从而推动了各国人民对通过相互交流、尊重、学习、欣赏，以达到增进友谊，实现"四海之内皆兄弟也"的理想境界的热情和行动。

由我倡议，由中国一批著名学者和宗教人士发起，经过两年的筹备，于 2010 年举办了以儒家思想和基督教文化对话为主线的"尼山世界文明论坛"，这是对联合国决议的响应和支持。尼山是中国山东省的一座小山。2563 年前孔夫子就出生在这座山山脚下的一个山洞里，从此尼山就被中国人视为圣山。2010 年 9 月 26 至 27 日，也就是孔子诞辰 2561 周年的前夕，在这座有着中国文化定型象征的山下，来自十三个国家的百余位学者和宗教领袖通过讲演、对话等方式，从哲学（包括伦理学）、史学、社会学、神学等多个角度，探讨了当今世界危机的成因和解决之道。经过研讨，与会者在一系列重大问题上取得了共识。这些共识包括：人类正处在危机四伏的时代；威胁人类生存发展的种种事态，都是人类自己造成的，要化解这些危机，只能靠人类自己；人类有着许多不同的信仰，不同信仰之间应该互相尊重、包容；在伦理层面，即使在截然不同的信仰间，也有着十分相似的社会规约；如果人类努力回归各个民族先圣先哲的教导，普世地承担起伦理的责任，人类的前途将仍然是美好的。结论是：人类需要多元和谐共处、尊重个性、寻求共性的新文化，用朋友们熟悉的中国话说就是"和而不同"。

显然，现在我们在这里围绕着"新人文主义"进行交流，正是 2010 年尼山论坛的深化；同时，中外机构合作举办尼山论坛，这是第一次。在联合国教科文组织总部曾经举办过多次关于"新人文主义"的对话。我相信，在联合国教科文组织总部的支持和指导下举办的这次论坛，一定会对构建新人文主义思想有所裨益，并且将对今后继续办好尼山论坛提供宝贵的经验。

按照尼山论坛组委会的章程和计划，将每两年举办一次。第二届将在今年 5 月 21 日起，仍然在尼山脚下举行。尼山论坛的主题是"和而不同与和谐世界"，今年的具体议题是"信仰、道德、尊重、友爱"。我们之所以把会期定在 5 月 21 日，就是要纪念联合国决定这一天为"世界不同文明对话日"十周年，论坛举办期间还要举行相应的纪念活动。我们将用这些举措显示中国人民拥护和支持联合国决议的真诚。我们要对博科娃总干事、汉斯助理总干事①以及联合国教科文组织总部各位女士、先生对尼山论坛的理解和支持以及为今天的会议所做的一切表示最诚挚的谢意!

各位学者,女士们,先生们:

人类的历史已经进入了一个新的时期。经济全球化、科学技术急速发展是这个时期的重要特征。全球化和科技极大地提高了生产率,提高了人们的物质生活水平;但是毋庸讳言的是,也造成了环境的、社会的、民族间的、身心间的种种矛盾和冲突。世界变得越来越浮躁了,越来越健忘了,越来越动荡了。就在我们坐在这里的时候,世界上又有多少儿童因营养不良而死去?有多少母亲因饥饿而在死亡线上挣扎?有多少家园被毁?有多少人死在炸弹下?

自远古以来,人与人、族群与族群之间就存在着种种利益冲突。如果我们翻开各国的古代史,这类冲突延绵不绝。在生产力低下的时代,战争、掠夺往往是为了争夺生存和种族延续所必需的有限生活资料。即使就在那些充满仇恨的历史时期,世界上仍有许多智者在苦苦思索解救人类之道,虽然不能马上制止残酷的杀戮,但却起到了制衡社会动向的作用,并且为后人留下了宝贵的精神遗产,从而不止一次地把人类从自我毁灭的道路上拉回来。当前的世界并不是一个物质匮乏的时代,人类的理性也是古代不可比拟的,但是为什么如今战争仍然不断,杀害生灵的方式更加野蛮了呢?没有其他解释能够让人信服,现在世界上的种种矛盾和冲突,归根结底,大多是不可遏止的对无限度的利益追求所造成的。科学技术所造成的种种问题,科学技术自身不能解决;人类心灵中的问题,更不是科学技术所能干预的。现在所需要的,是由各国智者秉持自己对人类的关怀,用自己的聪明才智,一方面回顾先圣先哲的教诲,从他们那里汲取智慧,另一方面,结合着当代的特色创造性地探索人类和民族的未来。我想,这就是提出"新人文主义"概念的背景,其目的就是为了人类的明天、我们子孙的明天。

在中国文化中,有一个重要的观念,这就是任何事物的出现和存在,都有其缘由,也就是佛教所说的"因缘"。同时,认为所有的事物时时都处在变动之中。连人们的观念这一事物也是如此。人文主义,作为催生工业化和现代社会的理念,为人类的进步做出了极大贡献。但是在近300年

儒家思想与全球化世界中的新人文主义

---

① 汉斯·道维勒,联合国教科文组织助理副总干事、战略规划署署长。

的历史进程中，人文主义发生了蜕变，或者说发生了异化。"自由、平等、博爱"，已经和当年启蒙思想家所期望的有了巨大差距。眼前的事实证明，我们需要在历史经验的基础上，思考新人文主义问题，这或许是人类疗治心灵创伤所必需的，是地球未来希望之所在。两届尼山论坛，实际上也都是围绕着不同文明对"人"的关怀进行的。在这一点上，在尼山脚下的会议和今天在文化之都的会议又是十分契合的。

我想，我们在文艺复兴的重要地区法国的首都一起研究新人文主义，这里的文化底蕴和氛围，将会激起我们对以往的回顾和对先哲的怀念。可以设想，如果先哲们还在，他们会额首而赞叹，认为我们是他们的忠实继承者。因此我相信，这次论坛一定会取得圆满成功！

谢谢大家！

中国医学的哲学基础及与西方医学的互补[※]

——意大利波罗尼亚"中西医学与人类健康"论坛主旨讲演

自从联合国教科文组织总部提出到 2000 年实现人人享有卫生保健的目标以来，许多国家都采取了相应措施，中国可能是最为积极、并且取得效果最为显著的国家之一。这不但是中国自己走向繁荣富强的需要，也是中国古老的文化传统自然延伸的结果。这一文化传统，既体现在孔子以人为本、珍惜生命的思想在建立全民医保体系的政策之中——这一政策已使得 95% 以上的人受益——也渗透在从政府到人民重视中国医学的实践之中。

在我看来，中国医学——包括藏医、蒙医、苗医等少数民族医学——在中国所有形态文化中最全面、最系统、最直接、最实用地体现了中华民族文化的核心与精髓。正因为如此，所以它深深地根植于社会生活中、人们的精神中。千百年来人们对中国医学的珍惜与呵护，并不是由于从儒家经典中获得教益而形成的，而是在生活实践中，特别是在传染病、流行病频发，死亡时刻威胁着人的生命的农耕时代，中国医学一次次显示出神奇效力的过程中体验到的。

可以说，中医是中华文化活生生的完整的样板。为什么呢？因为在中国医学对人生、人体的认识，对人与环境关系的分析，对治疗方法和药剂搭配以及病后疗养的斟酌中，都浸透着、显现着中国的哲学。

构成中华五千年文化洪流的有三大支柱：儒家、佛教和道教。形成或建构中国哲学体系的主要是儒家和道家，在公元前 5 到 8 世纪时已经基本定型；佛教于公元 1 世纪传入中国，经历了六七百年，基本完成了"中

※ 2012 年 5 月 10 日参加意大利波恩项目"中医药文化与人类健康对话"活动的讲话。

国化"过程，到11世纪，中国哲学吸收佛教哲学的过程基本走完。（作为相向的运动，佛教也吸收了儒、道的哲学，包括伦理观。这就是其"中国化"的过程。）

为了说明中国医学是怎样浸透、显现中国哲学的，就需要粗略地分析中国的哲学体系。

中国哲学的核心或者说最精粹的是"和"的观念。

中国经历了万年以上的农耕时代。人们在原始耕作的艰难环境中，在和大自然交往、协调族群合作、观察万物生长、处理家庭事务时，体验到人类只有和自然和谐相处，族群与家庭和睦生活，对饲养的动物与种植的植物顺其本性，才能生存繁衍并获得幸福。进入文明时代，经过一代代地积累和智者的思考、总结，逐步形成了以下一些观念。

中国人认为宇宙是一个整体，无始无终，认为"它本来就是那个样子"（"自然"）；人是宇宙的一个组成部分，是宇宙之子，因此应该敬畏自然，珍惜、慎用自然；做事不能违背大自然的规律。中国人对追问宇宙"本体"和"第一因"缺乏兴趣，认为事物的推动力就是事物和自然本身，"种瓜得瓜，种豆得豆"，至今还是妇孺皆知的俗语。

由这样的宇宙观所派生的思维方式自然就带有自己的鲜明特色。西方学者于二十世纪三十年代提出，中国人思维的特点是"关联性"，这一论断至今为许多西方学者所赞同。这是一个很不错的看法，从经典文献和世俗事例中随处都可以找到确凿的证据。但是，单是一个"关联性"似乎并不全面，也还没有探究出更为深层的特点。在我看来，中国人的思维特点可以概括为：1. 整体性；2. 连续性；3. 灵活性；4. 模糊性；5. 形象性。在这里，我不可能也没有必要对这五个特点——描述，但是应该说明的是，所谓"关联性"即在其中。这五个特点是在中国人的宇宙观里体现的，而且从中国人的伦理观、价值观，乃至审美观中都显现着，当然，在中医学里也始终贯彻着。

说到中国人的伦理观，"反求诸己"、"推己及人"（实际是以自身为伦理的出发点），以及关怀"人"和世界，是其两大原则。对父母和长辈亲属的"孝"是对所有人关怀的起点和基础。《论语》上说："孝弟为仁之本"，"本立而道生"。"本"是树根，树的枝叶、果实都是由树根萌发、生长的，"孝"既然是"根"，"道"即由此而生成；"道"指人生、社会、国家、天下所遵循的必由之路，是由"孝"衍生的结果。"孝"的实质是爱、敬和顺从。"孝"并不是遏制主见和个性，盲目地、无条件地赞同和服从长辈的意志，而是尊重、听取，不公开对立、争辩、冲突。因为孔子预设了"孝"的前提，即一代代本着"孝"去做，那么长辈就是身体力行、严格遵循伦理的模范，他们对后辈的爱是无私的，完全是为了后辈好。由"孝"延展开去，是对同辈兄弟姐妹的爱、对朋友的关心、对社会和国家的义务。中国人的爱（儒家用"仁"来表达）是有远近差别的。因为在中国人看来，生我育我，从我未出生直到长大一直无微不至关怀我的人自然而然地和我之间的感情最深。但是不能停留在只对自己长辈的爱，还要推己及人，对他人也应该爱。中国的战国时期（公元前475—前221）也曾出现过与西方文艺复兴时代提出的"博爱"相近的思潮，这就是许多西方朋友也知道的墨子（他用的是"兼爱"一词），但是由于不符合中国人的实际感受和思维特点很快就消沉下去了。为了区别远近不同的爱，孔子分别命名为弟（悌）、友、义、忠等。中国人认为，只有这样，家庭才能和睦，社会才能和谐，天下才能太平。

孔子认为，为了达到把爱（"仁"）无限地推广开去这一目标，就必须不断修养自己的德行（"修身"），于是逐渐形成了儒家把个人修养与天下和谐联系在一起的路径：修身–齐家–治国–平天下。两千多年来，中国人，特别是直接或间接受到过孔子思想熏陶的人，都是按照这一路径生活、成长的，其中也包括了古今无数治病救人的医生。

说到这里，我们可以谈谈中国的医学了。

首先，中国医学本着中国伦理，强调"以天下为己任"、"以天下苍生为念"，把医治人的病痛视为"济世"的手段和途径。因此"医乃仁术"、"养德为先"，一直是古今中国医生的座右铭。六世纪名医孙思邈说："凡大医治病，必当安神定志，无欲无求，先发大慈恻隐之心，誓愿普救含灵之苦。若有疾厄来求救者，不得问其贵贱贫富、长幼妍媸、怨亲善友、华夷愚智，普同一等，皆如至亲之想。"① 他的至理名言一直被后代医生们所遵循。

其次，中国医学对人体的认识也是与中国哲学的宇宙论一致的，认为人体是一个完整的网络系统，四肢和脏腑密切相连，而且和所处环境有着密不可分的关联。西方朋友比较熟悉的针灸、按摩，可能是显示天人合一

中国医学的哲学基础及与西方医学的互补

———————

① 孙思邈《备急千金要方·大医精诚》。该注释为编者所加。

理念最直接、最生动的例子。针灸和按摩依据的是与大自然紧紧相呼应的人体经络学说。经络，虽然近年来许多学者运用多种方法进行了论证，但是始终无法用现代仪器设备在实验室里进行验证；但是从接受治疗者的感觉和医治情况看，经络不但存在，而且确实有着明显的疗效。针灸不但常常"远端取穴"，而且有耳针，因为在小小的耳朵上布满了与脏器和肢体相应的穴位；按摩不止用于肢体主干，还可以只按摩足底部的穴位，同样可以达到治疗某些疾病的目的。中国俗语所说"牵一发动全身"，用以说明医学的这种现象，"一穴"犹如"一发"，刺激此一点，足可治疗他处之病。这里面还含有中国人对"一"和"多"的关系这一哲学上的老问题的看法，这里不再详述。

这些现象让我想到，对于"什么是科学"，似乎我们应该创新思考：是不是只有经过理性思维、经过实验室验证、可以重复实现的结论才是科学的？人体和宇宙一样，极其复杂，人类进步到现在，对人体和宇宙所知仍然甚少，仅凭人类的理性是不能作出全面解释的，恐怕还是需要尊重、领会并研究先民在无数岁月里亲身体验和观察的成果，尽管这成果还带有朴素、朦胧的特征，有时甚至是和现在人们的观念冲突的。

再次，中国医学在诊断和治疗过程中，同样处处贯穿着中国哲学。例如诊断时常用的望、闻、问、切四法，就是出于对人整体性的认识，其中包括了病人体内和表征、病人之"我"和医者之"他"：望，即观察病人的外形，行、住、坐、卧的姿势和神态；闻，即病人说话时的声音、语调和表情；问，即了解病人发病时内外部情况，包括时间、地点、气候、饮食、情绪、病史、自我感觉等；切，即医生手按病人手腕内侧所察觉的脉搏搏动状况。通过这"四法"，就可以把握疾病的情况。特别是"切"脉，往往令西方朋友惊奇。其实，在中国医学看来，西方医学检查血相是必要的，但更重要的是人全身血液流动的状况，而局部是可以显现全部的。其实人体许多外露部位都可以触到脉动，但手腕最方便、敏感。这种方法对于准确诊断心血管、肝脾等脏器以及妇科等病症最为有效。

中国治疗的方法种类很多，这里只就"方剂"一项说明中国医学中的天人合一理念和辩证的方法论。中药讲究产地、采摘时间、炮制方法，根据不同病人的诸种因素，开出不同的处方，同样的病，不同的人、季节和地点，药剂的搭配是不一样的；初次治疗和后续治疗是不一样的。处方中，各种药材相互搭配，使它们相生相克，以达到平衡。多种药材要一起煮，即各种药材混合为一，共同起到治疗的作用，而每种药又保持着自己的特性，这也是一种形象的"和而不同"。

在儒、释、道相互吸收、融合的过程中，和哲学、伦理一样，从西域传来的异域医术、道家的医学成就也逐步融进原有的医学传统之中。历代许多名医就是高僧、高道。

中国医学的有些话语也透露了隐藏于医学理论和临床施治中的理念。例如说打通经脉、扶正祛邪、血脉不周、应时顺气等等，深究语义，中国哲学整体性、连续性、灵活性、模糊性、形象性的特点尽在其中。

说到这里我想提到，中国医学从一开始就是重视疾病预防的。俗话说："上医医未病之病，中医医欲病之病，下医医已病之病。"孙思邈《备急千金要方》"医未病"即兼有预防和养生。养生是中国医学的独特之处，因为"益寿延年"是人类的期望，也是中国医学的目标。和医病一样，中国医学的养生术同样着眼于人和环境的关系、身和心的关系，注意经络血脉、精神情绪、活动饮食等等。养生的方法多样：服药、运动（例如练太极拳）、静坐调息、按摩等。

中国医学在交通不发达的农耕时代就已经为世界作出了贡献。例如预防曾经是人类巨大灾星的天花，中国在 11 世纪已经开始用移种人痘的办法，至迟到 16 世纪已经普行于全国。17 世纪欧洲天花流行，死亡数千万人，1700 年英国人获得中国治疗天花的信息，开始引进种痘法，挽救了无数生命；稍后，种痘法由中国传到日本、朝鲜半岛，传到俄罗斯，由俄罗斯又传到非洲。这恐怕是人类用疫苗预防和治疗疾病的开始吧。

中国文化历史悠久，积淀丰厚，是古代几大文明中唯一从没有中断过的。医学，只是这份遗产中的一个组成部分。在交通和信息空前发达的当今时代，中国医学应该为全世界人民的健康做出我们的贡献，应该让中国医学也成为世界的医学。

但是，中西文化的差异妨碍了中国医学为世界服务的步伐。对于生疏的、和自己风俗习惯不吻合的文化进入自己的生活产生自发的距离感，因而远离它，这是人之常情。例如，以下这些方面就会让许多人不敢接受中国医学的治疗：中国医学重功能，具有综合性，这和西方医学重结构，具有分析性，差别很大；就患者的感知而言，中国医学的模糊性和西方患者习惯了的精确性（例如化验数据、病灶详情）相比，似乎带有"神秘"色彩；习惯于西方医学无处不在的标准化的人，很难理解中国医学根据对病体局部诊察而得出的结论，以及因人、因时、因地而开出的"灵活"的药方；尤其不能接受的，是某些药材中含有一些重金属（矿物质本是中药的重要类别），而在中国医学看来，某些病就需要这些成分治疗，何况药材之间的相辅相克已经安排了对重金属的制约。这里还涉及西方医学对化验"阴性"、"阳性"的依赖和中国医学更注重生命和生活质量的维系和"带病生活"观念的差异。

究其根本，西方医学的原则是和西方哲学理念一致的。西方哲学起源于希伯来—希腊—罗马文化。其特点是注重本体论，而本体是绝对的、超越的、先验的，由此而形成了二元对立、线性发展、注重思辨的哲学传统。西方医学注重分析、还原、定量、介入，无不与这一传统有关。就像近三百年西方哲学至今仍带有宗教的影子一样，西方医学也没有脱离传统思维模式。

不同的哲学体系之间，没有正误、优劣之分，只有适合不适合时代和民族特色之别。但是，哲学体系和信仰紧紧相连，说它们是一个硬币的两面也不为过。这就造成理解并接受另一种哲学观念的困难。中国医学要与西方医学交流，要为各国人民服务，就需要正视这一问题，就西方医学而言，也是如此。

西方传统哲学，近三百年来极大地促进了科学技术的发展，包括医学的发展，改变了世界的面貌。任何医学，都建立于对生命和宇宙的认识基础之上，而生命和宇宙的复杂性和不断演变的动态性，决定了人类对它们的探索将是无止境的。在现代技术对宏观世界和微观世界了解得越来越深入的今天，我们如果超越技术具体成果层面回顾人类对生命机理及其与宇宙的关系的认识，似乎并没有多少进步，或者说这一进步的幅度远远落后于我们的求知欲和维护人类健康的需要。例如，SARS 风波已经过去近十年了，至今对其发生、流行、遏制、消失的规律还没有给出现代医学的解释，即使是对症治疗，也并不理想。而中国医学家认为，SARS 并没有超出传统"瘟病"理论的范围，并且据此研究了治疗方法，取得了死亡率大大低于世界平均水平的结果（据世界卫生组织统计，世界平均死亡率为 11%；而中国香港为 17%，新加坡为 27%，中国因为部分地区用中西医结合方法治疗死亡率只有 7%，而且接受治疗者的预后也比较好）。这是不是可以给我们以这样的启示：中国医学和西方医学应该并可以互相学习、互相补充？

　　按照事物的固有规律，整体性和分析性、灵活性和规范性、模糊性和精确性、形象性和理智性本来就是互补的，不应该是对立的、不相容的。中西医各有侧重和偏长，如果各自能够超越自身，那将是人类之福。

　　这种深度的结合是可行的。中国几十年来一直在实行着中西医结合的方针，已经取得了在我们自己看来值得自豪的进步。现在实施的全民基本医保计划，也可以说是中西医结合的全面展现。

　　当今，整个世界都在经受着环境的、社会的、经济的、身心的折磨；许多新兴国家的人民还没有享受到起码的医疗保障；而交通的便利已经不能让任何一个国家"独善其身"而不受到万里之外某种疾病的影响。反过来说，任何一个国家医学研究和医疗事业的进步，也是对世界的贡献。按照中国哲学的理念，天下本是一家，全人类都是同父同母的兄弟，本应互相关心、互相学习、互相支持。构建和平幸福的地球，让我们从中西医携手并进开始！

中国医学的哲学基础及与西方医学的互补

孔子学院建设与世界文明对话※

——与意大利前总理普罗迪等的对话

时间：2012 年 2 月 14 日

地点：人民大会堂

主题：孔子学院建设与世界文明对话

对话人：

许嘉璐（第九届、第十届全国人大常委会委员长，北京师范大学人文宗教高等研究院院长，尼山论坛主席）

许琳（国家汉办主任、孔子学院总部总干事）

普罗迪（意大利前总理）

库奇（普罗迪顾问）

高大伟（中欧论坛副主席）

一　扎根本土　科学管理　合作共建　尊重包容

许嘉璐：虽然我和普罗迪先生初次见面，但是我知道，他一向积极地提倡不同文化之间进行对话、沟通、交流。而许琳女士就是孔子学院总部的总干事，孔子学院总部在意大利已经建了 10 所孔子学院。

普罗迪：首先我非常赞赏和欣赏中国孔子学院在海外的工作，因为中国的孔子学院与其他有着比较类似名称的，像英国、美国的语言推广机构有本质的不同，中国的孔子学院扎根于意大利当地的大学当中，与大学有

※　标题为编者所加。

着非常直接的关系。中国孔子学院的管理也是非常统一、非常标准化的。正因为他们扎根于当地的大学当中，也少了一些官僚主义，与意大利当地的学者、学术界的联系非常紧密。所以我想首先提一个问题，我知道中国的孔子学院在国外与当地的大学有着非常密切的联系，同时它也把一些权力下放给了当地的大学，这样会不会影响到中国孔子学院建立的目的，影响到它目的的达成，影响到中方统一的管理，会不会对你们造成一些负面的影响？

许琳： 我觉得您这个问题非常好，这也是我们担心的问题，但是到目前为止还没有出现这种情况。为什么呢？我们越来越发现，尽管意大利和中国的关系已经很近了，但是意大利的大学生、中小学生对中国的了解很不够，因为很不够，所以他们做的事我们觉得也应该做，学汉语是应该做的，学剪纸是应该做的，学武术是应该做的，学中医是应该做的，搞研究也是应该做的，这些都是应该做的，我们很高兴它能百花齐放。另外，我们中方和外方是一比一的老师，一比一的钱，还有一个理事会，外国大学校长和中方对口大学的校长共同做理事会的主席，每年都由双方的理事会来决定工作计划。所以我们更多的是通过管中国的学校来体现对外方的管理。另外我们每年还要在北京召开孔子学院大会。

普罗迪： 我看到中国的孔子学院是以一种非常快速的方式在世界各地扎根和发展。按照我们以前的理解，建立文化推广机构的速度应该是渐进的，而中国孔子学院的发展速度却超乎我们所知道的其他组织。要在发展这么快的情况下管理好，同时给每个孔子学院一些权力，这是很难做到的，这也是我要问这个问题的原因。

许琳： 许委员长也在帮我们的忙，我们几乎每天都要通电话。我们孔子学院有统一的章程、统一的名称，还有统一的双方协议模板，都要遵守。那些章程原则性的事情比较多，框架也比较多。

许嘉璐： 现在一共有多少所孔子学院了？

许琳： 358 所孔子学院，还有 503 个中小学孔子课堂。

许嘉璐： 普罗迪先生，我从旁观察，在许琳女士所说的原因之外，其实有一个最根本的原因，就是孔子学院总部实施了在这个领域里面的国际民主。意思是孔子学院的章程、管理办法当然由孔子学院总部先拟定出来，但是又交给所有合作的对方征求意见，提出各种建议，再去修改。例如，去年年末在北京举行的孔子学院大会，全世界的孔子学院所在大学的校长和外方院长都到北京来了，有 1100 多位外国朋友。我们把未来 5 年的规划印出来发给大家，分地区讨论，你们赞成不赞成，还有什么建议。我们根据大家提的意见再修改，充分发挥民主，大家取得共识。孔子学院总部理事会里面有很多位外国的朋友，36 位理事中有 10 位外国理事。这就区别于歌德学院、塞万提斯学院、法语联盟和英国文化委员会。

普罗迪：我看到了你们中间的不同，孔子学院在组织上确实做得更好。

许嘉璐：但是有一个前提，需要大家尊重对方，而且都要有一种包容的精神，包容不同的意见，最后通过协商达到一致。其实这些就是普罗迪先生提倡"世界不同文明对话"的几项准则。

普罗迪：我想知道孔子学院在国外的布局建设是已经完成了，还是在未来几年内还要建设更多的孔子学院？

许琳：我们现在觉得已经很多了，但是世界各国申请建立孔子学院的愿望非常强烈。今天我来吃饭之前，两位外国大学校长在那里等着我，一位是英国纽卡斯尔大学校长，必须让我跟他签字，我没有签就跑过来了。还有一位是非洲布隆迪国立大学的校长，也说一定要跟他签，否则是看不起他。

许嘉璐：据我所知，现在有 150 家在中国有合作伙伴的外国大学在等，还有一些没有合作伙伴的是在这 150 家之外，是暂不考虑的，因为一定是双方共建。这样一来，我曾经说过许琳女士，孔子学院总部严重地违背中国的法律，这就是《劳动保护法》。他们整个办公室没有一天的休假，国家规定的、法定的节日他们也常常被侵占。根据教育部的一个统计数字，他们一年上班的时间和工作的量是法定的两倍。但是她领导的员工都非常高兴，愿意承受这个重担。我作为对"立法、执法、检查"成为一种习惯的人，也只好视而不见，即使见了我也没有地方告发她。（笑）

高大伟：孔子学院让我很感动的是你们的老师，但是现在你们的问题是老师不够。

普罗迪：教师任期两年的话，他必须要了解这个国家的语言才行，否则他的时间是不够的。

许琳：我们的教师从非英语语种来说，会法语、德语的教师是不缺的，英、法、德之外其他语种的教师都是缺少的。但是好在现在各个大学都说没有关系，他们的老师也懂英文。我们中国的英语教育不得了，小孩子从生下来学汉语发音的时候就在学英语的发音，现在政府的要求很严，对学生学英文的要求非常高，考大学、考研究生，英语差一分都不行，我们派出去的老师英文都是非常好的。

普罗迪：但是我也意识到一个问题，即使他英语说得好，他如果想教一些年级比较低的意大利孩子可能就有问题，意大利孩子英文是不行的。

许琳：所以我们现在正在增加投资，用来培养、培训当地的教师，将来孔子学院应该以当地的教师为主。许嘉璐委员长领导的北师大的汉语文化学院，现在就在为我们培养本土教师编写教学大纲，甚至要和外国合编教材。所以您说得对，您看有那么多的孔子学院，实际上孔子学院的学生和教师并不是想象的那么多，因为我们缺教师。

库奇：还有一个问题，比如意大利有很多生活在当地的华人华侨，他们肯定会意大利文，有没有可能培训他们，他们是不是也可以作为教师的一种途径？

许琳：是的，我们在用这些人之前，都要请孔子学院所在的外国大学提出名单来。他们要不提出名单来，我们培训完了以后，这些教师还是进不去，因为我们把孔子学院招聘教师的权力给了当地的学校。

许嘉璐：另外，孔子学院总部设置了越来越多的奖学金名额，鼓励各国的青年到中国来留学，其中很多人回去要从事汉语教学工作。

许琳：我们再怎么培养，人数还是远远不够，现在全世界学习汉语的热潮越来越高。

高大伟：也需要让每个教师知道自己在国外代表中国，每个教师都是一个大使。他们除了语言还要了解中国的文化，所以你们的工作真的不容易，但是方向是很对的。

许嘉璐：第一，我非常赞成高大伟先生的说法，所以在我所培养的学生当中都强化这一点的意识。第二，我觉得孔子学院实际上是不同文明对话的一个很好的窗口，刚才国际学术界所提倡的世界文明对话的几个原则，孔子学院总部在实施。我们派出去的教师和志愿者也必须尊重对方、包容对方，有和对方协商的习惯和能力，这样才能达到一个共同的目的，那就是我们了解意大利、了解法国，向意大利、法国学习，同时又通过孔子学院让他们了解中国，学习中国的汉语和了解中国的文化，这比一些教学的技能还要重要。

二 促进文明对话 建立和谐世界

许嘉璐：普罗迪先生一直在主张和促进"世界不同文明的对话"，我在中国也在做同样的事情。所以当我听说普罗迪先生要来，我真的非常高兴，本来期望着我到意大利的时候能够见到他，现在他先来了，太好了！我在几年前在山东孔夫子出生地倡导和组织了尼山论坛。

普罗迪：论坛是面向什么样的参与者？

许嘉璐：这个论坛要求中国（包括大陆、台湾、香港、澳门）和各国的政治家、神学家、学者来的人数要1：1。大家就不同的文明如何和谐相处，寻找世界未来的道路进行讨论。普罗迪先生一直在提倡这个，同时您又是很杰出的政治家，对世界的问题有很深的思考，是我们最好的嘉宾。上一届论坛匈牙利的前总理和印尼的前总统就来参加了，这次希望能把安南请来。当然还有神学家、宗教的神职人员、主教，知名的学者。我们今年的主题是"信仰、道德、尊重、友爱"。我是主席，许琳女士是副主席之一。

普罗迪：按照我的理解，你组织的应该是一个文化性质的论坛。

许嘉璐：对。我们的主题就是谈各自的信仰，但是尊重不同的信仰，不同信仰之间要交流，最好达到不同信仰的彼此友爱。

高大伟：我创办了一个论坛，叫中欧论坛。去年我们在巴黎联合国教科文组织举行第九届中欧论坛，普罗迪先生也来出席我们的论坛，题目是"全球化当中的新人文主义"。

许嘉璐：今年4月16日，我和许琳也要到教科文总部参加论坛，与你所讲的是同一个题目，会议名称叫"巴黎尼山论坛"。

去年我到了雅典，我特别到柏拉图当年的学园那块地方看了看，我是用一种朝圣的心态去看。古哲人当年在这里散步谈苏格拉底的很多东西都保留在柏拉图的著作里，他们的智慧到现在还在开启人类的灵感。为什么我把这个论坛命名为"尼山论坛"，而且开始的时候是放在尼山脚下，就是我的遐想，在孔夫子出生的地方想象两千五百年前，我们的先哲怎么思考问题，怎么思考人生、对待世界，现在也在启迪我们。如果您去的话，我们可以在孔夫子山洞前合影。

普罗迪：我也想到一点，文艺复兴对包括意大利人在内的欧洲人来讲是非常重要的，很多时候我们都在对我们这些先哲、对文艺复兴进行一种反思和回顾，我觉得很有意思的就是包括中国在内的东方人士怎么看待对文艺复兴的思考和反思。

高大伟：今年第十届中欧论坛会在意大利举行，我选的题目是"中国复兴对世界的影响"，我也希望许主席能参加，这三个论坛有密切的联系。

许嘉璐：佛罗伦萨我去过两次，为什么？我对以前的伟人总有一种说不出的敬仰和想象，我走在佛罗伦萨的石板路上，我就想这条路的马车上曾经坐的就是某一个大画家。梵蒂冈大教堂我曾经去过三次，我一直在看那些壁画，特别是仰面看的时候，怀着一种信仰、崇敬和思想的解放来看这幅画。在这个时候，我的心会静下来，而且我想象如果他们活在现在，他们怎么看待现在的世界。他们如果用所提倡的人本主义，自由、平等、博爱，来衡量一下眼前的世界实现没有，我相信他会很痛心。大伟先生，昨天美国的评级机构又把欧洲六个国家的主权信用下调，隔着大西洋它就来决定你的等级，好比正在困难的时候，一个人掉到井里了，他要往下扔石头。

普罗迪：我想现在至少对美国总统奥巴马来说，他也不希望欧洲出现根本性的大的动荡，或者根本性的大的危机。他面临大选年，如果出现严重的动荡，对他来讲也不是好事。按照我的理解，政治是政治，金融有它相对独立的一面，就是这些金融机构有的时候也不完全屈从，或者听从于像奥巴马这种政治高层人物的话，它们有自己的一些决定。一些国家出现债务危机的时候，金融机构会想到用一些投机的方式来营利，比如你出现虚弱或者空当的话，他们会进行一些操作，以此来谋取他们的利益，有这种考虑在里面。所以包括这种评级机构的下调，还有像对金融市场的投机，它并不完全是奥巴马这些政治人物的决定，而是一种金融市场出于投机和获利目的的选择。

许嘉璐：我的看法可能简单化了，我觉得还是美国的垄断集团意志的体现，因为六个国家的信用等级下调，欧洲的资本就不敢在意大利、西班牙投资了，于是就流向美国，事实上，上个星期的经济指标说明，欧洲的资本流向美国呈上涨的趋势，目的达到了，救它的急了。

普罗迪：这在经济学上是一个很难理解的现象，就是尽管现在有这么多的投机活动来打击欧洲国家，投机它的国债，以及大量的资本流出欧洲而转向美国，可是欧元却依然坚挺。照理说资本的流出应该会引起欧元汇率下降，可是我们现在看到，最初的欧元兑美元是 0.9 左右，现在却仍然保持在 1.32 的高位，从经济学的角度来讲是一个很神秘的事件。

许嘉璐：我们李克强副总理和温家宝总理都先后说过，我们对欧洲是充满信心的。不要幸灾乐祸，不要落井下石，大家都应该尽自己的力量给欧洲以支持，我想这是最好的。

普罗迪：我们需要建立的是一个和谐的世界，绝对不可能是一个独善其身的世界，这是一个矛盾。

许嘉璐：是。您这个见解就应该到尼山去讲。尽我们的力量让世界的天平和谐的分量更重一些，我想这跟您的想法是一样的。

高大伟：许主席，我们普罗迪先生也有一个想法跟大家交流。我们一直强调中国与世界之间的差异，但是我们也需要考虑一些共同点，特别是中国跟欧洲之间有共同点，这是一个很重要的特点。

许嘉璐：前年的尼山论坛上，有很多中外学者都提出来，中国文化和西方文化——所谓的西方文化，主要还是希腊、罗马，再扩大到盎格鲁萨克逊——从源头上看就有很多的共同点。我去年在雅典讲演的主题就是"我们从孔子和亚里士多德那里获得什么启发"①，我进行了对比，在伦理这个层面，这两个伟人看法非常相近。

去年年底许琳女士给我一个任务，到孔子学院大会闭幕式作一个讲演。我就讲了我的宗教观，我对比了儒家、佛教，从犹太教开始的基督教、天主教这一系列，还有婆罗门教的《奥义书》，最后得出结论，大家其实都有共同点。大伟先生说得非常对，完全是差异，没有相同点是不可能的，只强调异就合不了了，只强调同就没差异了。

普罗迪：我非常同意您说的话，在不同文化之间确实存在很多共同点，现在为什么会有这么多的问题和纷争，根本的原因还是在于有很多利益的不同点，就是因为利益才会出现这些问题。

许嘉璐：我再具体化一些，我在世界第二届佛教论坛大会上讲，2008年的金融危机，归根结底是人的贪欲造成的。

让我们努力，让世界更加和谐，让人们生活得更加安宁和幸福！

（根据录音整理）

---

① 该文收录于《未央三集》，标题为《跨越时空，思考出路——重温古代圣贤》。

序　文

老骥伏枥 授人以渔

——《常用词语规范手册》(安汝磐)序

今年五月中，接到中国社会出版社寄来的一个邮包。开始有些奇怪，我和社会出版社没有过交往啊。打开来看，原来是一部名为《常用词语规范手册》的书稿清样，命我作序。其时正值腰疾突发——也是首发——整日坐卧不宁。半卧于床，粗读书稿，即惊叹于作者用功之勤、用思之细、用心之善，同时产生一股油然而隐然的愧疚之感：同样和语言文字打了一辈子交道，每看到书报刊上语句舛错，乃至几不可卒读时，我除了感慨，并没有拿起笔来写点提醒世人的东西，甚至连这个想法也没有萌动，更不要说坚持涉猎、搜集上万条例证了。从事语言文字研究与教学，却置身于社会语言文字生活之外，这恐怕是难以用学术"各有专攻"卸责的。

我与作者安汝盘教授，虽同居一城，却素昧平生；偶于报刊读到他的文章，却不知这位同行原来就服务于兄弟学校、长我数岁、退休有年的学长，足见我之寡陋且失敬了。待得知安先生为了纠正社会遣词造句不当的种种现象，多年来已经发表过许多文章和著作，就更使我肃然起敬。他为了祖国语言文字的纯洁，仍然志在千里啊。

此书正文收录了 8000 多案例，这着实让我一惊：出现的差错之幼稚、之普遍，可以用俯拾即是形容。我们的语文水平居然下降到如此地步！不禁掩卷而思：现在书报刊的文字水平，较之吕叔湘、朱德熙两前辈——但愿后学者还能有人知道他们的名字——撰写《语法修辞讲话》时如何？可叹！试想，如果我们祖先写的东西都近乎现在的某些鸿文，作为后世子孙的我们和我们的子孙还能享受到古人的智慧和才思么？大概汪洋无涯涘的书文早就被历史淘汰了。而眼前汹涌而至的海量文字"产品"，能留至10 年后的又有几何？

一个国家或民族使用本国本族语言文字的水平如何，是其文明进化程度的尺度之一；作为社会个体，其语文素质则是其全面修养的重要体现。这个道理不深，人人皆懂。可是为什么还会形成现在这个样子了呢？原因复杂，一时难以缕述。就写作者、编辑者、校订者、录入者的主观方面而言，大概以下三点是重要的：一，没有打好基础。莫怪学子当年不用功，他们够苦的了。凡与应试无关的，盖皆难以在学校、社会立足；写个不通的句子、用错字词和标点符号，无碍于考学、就业、高升，何必在这儿下工夫？二，粗心。一篇或一本论著，从作者的书桌走到读者的手中，经过了多少道关口，一双双眼睛怎么居然就能让那么多"问题"语句堂而皇之地溜进经济、文化、教育等领域？在这长长的流程中，只要有一个人细心了，恐怕也不至于此吧。三，浮躁。基础不实也好，粗心也好，其实都是浮躁的产物或表现，我之所以把它单列出来，是因为急功近利几乎是这些问题的总根儿，应该引起特别的重视。何以这些年来浮躁之风愈刮愈烈？浮躁又何以跟打基础、细心粗心连到一起？大家心里都跟明镜儿一般，报刊上论述、剖析的文章也随时可见，此处可以从略。再说，当"笑贫不笑娼"成为社会上很多人信仰的"潜规则"，人的修养不是以道德、学识衡量，而是以收入、别墅、派头、风头之类为标杆时，把它说穿也是无用。

安汝盘教授当然洞察上述的"道理"，也许正是由此而毅然决然埋头搜集、分析、写作，苦口婆心，教人且导世，其意恐怕是欲挽狂澜于既倒。其动力则来源于对祖国文化传统强大生命力的热爱和信心：中国的语文一定会恢复健康，青春永在。其用心可谓良苦矣，这样的老学者，岂不可敬！中国社会出版社决定出版这本书，可谓独具慧眼，其慧，肯定也是出于对书报刊文字状况的忧心，我作为一名语言工作者，也应该对他们表示衷心的谢意。

此书不但对这8000多案例逐一进行恰如其分的分析，而且写了一篇题为《学习汉语知识，解决实际应用问题》的长文放在书首，把常见的因字词误用而造成的语病，分为14类，用浅近的汉语知识进行分析讲解，系统而不繁杂，入理而不琐碎，凡是受过中等教育的人都可以看懂，正如安先生所说，"绝不深奥，只要稍加点拨，是很容易理解和解决的。"如果说书中正文的逐例剖析是一盘切好的肉块，那么这篇文章则是把肉块串起来的竹签，条分缕析，可以让读者较有系统地把握避错的规律，或者可以说正文是在授人以鱼，而长文则在授人以渔。我觉得，这样的书，应该为所有从事与语言文字有关工作的人们（学生、教师、记者、编辑、校对、秘书、播音员……）案头所必备。

五月至今，倏尔已经过了四个月，这篇无关宏旨的短文现在才勉强交卷，实在对不起安先生，对不起出版社，也对不起急需语文知识的读者。近日腰疾接近平复，不久将要外出，行前匆匆书此，以就教于作者和读者。

姑谓之"序"。

2012 年 9 月 15 日于

日读一卷书屋

老骥伏枥　授人以渔

《国际汉语教材的理念与教学实践研究》序

世界汉语教学学会是全球汉语教师进行学术交流的绝好平台。对于汉语国际教育而言，我们所关注的学术研究都紧紧围绕着"教"的应用研究，即有关教材编写和使用、教师培养和提高、教法改进和创新的经验评介、规律探索和理论总结。这本论文集就是2010年第十届国际汉语教学研讨会成果的汇集和展示。我高兴地看到，学会交流的水平正在稳步提高。这表现在教师们探索内容的多元化、论文的应用性加强、教材教法本土化成果累累、现代技术使用的普及、对教师应具备的素质的思考增多……而这些进步，都是各国会员在教学实践中发现问题—思考研究—探索创新的结果。

教材、教法和教师的水平决定着汉语教学的效果，而三者之中，教师问题是关键、核心，也是教育工作的永恒主题。学会今后将在这方面多下力气，协助并参与孔子学院总部对教师标准、培养方案等方面的研究。

现在各国对汉语教学内容、形式的要求越来越高、越来越迫切了，这是和各国学习汉语的热潮同步出现的。这种情况，打破了事物是线性发展的传统思维，也给我们从事汉语教学的所有朋友，给世界汉语教学学会增加了空前的压力。各国的种种需求、期望集中到一点，就是要在进行汉语教学的同时，增加介绍中国文化的内容；不仅希望这种介绍贯穿在教授汉语汉字过程中，而且还希望以孔子学院、孔子课堂为平台，增加对中国人文、社会、经济、习俗等方面的介绍和与各国学者、业者的交流。

各国的这种期望和要求是符合规律的，是符合当今国际关系的发展趋势的。世界正在朝着文化多元化的方向前进。不同文明需要"对话"，应该大力开展"公共交往"或称"公共外交"，已经成为世界最为广泛的共识。从某种意义上讲，国际汉语教学也是中国文化与各国文化在进行对话。孔子学院文化内容的充实，就是对世界文化多元化的贡献。各国，包括中国在内，也将从中受益：让更多的本国人了解不同于自己的"他者"丰富多彩的文化，向这些文化学习，以充实、发展自己的文化。

但是对于已经到来的这一挑战，我们需要抓紧时间进行应对的准备。我希望，各国会员都注意到这一现实；在学会今后的研究交流中，能够逐步地增加这方面的内容。

《唯识文献全编》序

　　故知香港王联章居士，笃尊慈氏，倡其法于香港及内地有年，此为教内外所皆知者；近岁，发愿独力编印《唯识文献全编》，以利当世弘扬唯识之学。书几成，命余为序。于是余有慨焉：此唯识将兴之兆欤？居士所为、所愿与杨仁山居士数十年前何其相似乃尔！遂序之曰：

　　唯识之学，其所自来远矣。佛所说华严、解深密、楞伽、楞严、十地诸经，皆具开示。"一切种子如暴流"、"三界上下法，唯是一心作"、"三界唯心，万法唯识"诸示，乃释尊欲众生悟第一胜义谛；八万四千法门，俱为方便。众生宿根不一，求法次第、解脱所循，不离转依。唯识所阐之法，实为大乘之基。何以故？无我、缘起为大乘要义故。佛立无我之法，以破外道及小乘之空有；无我则缘起必起，缘起起则必因果相依；因果相依则必涉心识，是以佛祖灭度后唯识必兴，此亦一因缘耳。

　　众经所含唯识之论已为后世奠基；弥勒尤倡其义，至无著以大乘非空非有之中观义，破有、空二论，世亲作《三十颂》，体系既成；十论师之演释，说有不一，要皆弘扬阐发之者。佛法东播，至南北朝而现地摄二论，亦皆以唯识为指归，唯说有所参差。

　　玄奘西行，为求真谛，受教戒贤，洞悉众说；惩纷纭之未理，疏论说之潜通，遂述要义，窥基作《成唯识论》，于是唯识宗兴。中土佛门，至唐八宗，唯识其一也。唯识之理，遍布众经，世亲何以留颂？玄奘求法于西，既返，译经充栋，其所弘阐，于唯识尤为著力者，何也？唯识之为宗，其兴也浡焉，才及四世，其衰也倏焉，复何因缘？

　　近世僧俗学者于其学之兴衰多有剖析之者。或曰缘智周以降师承不旺；或曰唯识繁难、枝叶多歧，非常人所能堪；或曰他宗之兴，多简而易，趋之者众，唯识遂冷落云。愚以为诸说皆是也。三界万法，因缘多端；事物起落，总非一由。而诸高僧大德之所揭橥，似尚可补。余妄曰：

恐唯识之思辨抽象与此方重整体、习笼统难合，此其一；一阐提亦有佛性之说与中土人皆可为舜尧观念若合符契，久为信众所奉，《成唯识论》五种性之说难与抗衡，此其二；唯识者，学也，非众生亟欲解脱开悟之所赖，所与非所欲，孰愿黾勉于是，此其三；唯识核心，已渗于他宗，或曰他宗之所以成，皆以不离唯识原理故耳，俟诸宗势盛，无劳孜孜于斯，亦可得无上正等正觉，此其四。自唐以降，虽代有习之研之者，终难挽其于既倒，有以也。

迄至民初，始有梁（启超）、章（炳麟）、杨（度）、汤（用彤）、杨（仁山）、欧阳（渐）、太虚、虚云、慈航诸俗僧大家，未约而同重斯学，鼓橐以协力兴风，一时讲研之浪乍起，颇有复兴之势。盖国难频仍，西学眩目，生灵涂炭，世风陵替，诸哲欲救民于水火，以为要在人心，诸贤急觅舒解世界混乱之良方，解脱人类歧路之困惑。西顾欧美，彼乃灾难之源，无可为用（反之，主全盘西化者如胡适，则谓唯识为"印度最卑贱之陀罗尼"。两相对勘，非偶然也）；儒、释二典，最益于当世，醒民心，去杂染，识转智，振群情，凝众心，复国魂，而唯识则其根基也；复就求法言之，八识、转依及种子之析，则尤切于闻—思—修、明心见性及三学，是欲弘法，唯识不可不知焉。

民初诸贤哲所忧、所为是矣。然当路腐朽，列强饕餮，国土板荡，实力空虚，且佛法久衰，护法无人，国运、教风一至于此，临渴掘井，宏愿难达，所赐于社会者，以唯识稍兴、"种子"遗于后世、以启今日之兴为最耳。

《唯识文献全编》问世，因缘俱备。佛学大昌，国家富强之所须；唯识继绝，佛学深入之所依。集古今中土及异域论疏版本之大成，居士此举，乃其菩提心、菩提行，功德巨矣。佛告须菩提："若有人以满无量阿僧只劫世界七宝持用布施，若有善男子、善女人发菩提心，持此于经乃至四句偈等，受持读颂，为人演说，其福胜彼。"（《金刚经》）盖持颂是论者，其福应亦如是。余愿潜心于唯识者，借此"集成"之便，远绍窥基，佛门诸宗之学或将愈益融通无碍，则斯即居士之福报欤？

是为序。

2012 年 3 月 10 日夜

于日读一卷书屋

丕振宗风　继往开来

——《百年佛教高僧大德丛书》序

释教之来中土，逾二千年矣。自汉迄唐，历千年而与中华文化相融。中华文化之支柱，可谓有三，佛教其一也。后世或径称"中国佛教"，实则异域文化"中国化"成功之范例。

云何释与儒得以相通、互融、共生、同荣？盖二者均重人身、重众生、重伦理、重内修故；其于伦理，倡自利利他、胸怀宇宙、为众生可舍身故。华夏于思辨、逻辑略缺，佛家之来，适以助之；西土之于人伦，不若儒家之亲细，足可救之。"终极关怀"之寄于"绝对"，何若着眼于现世？二元对立之思维，应参一即一切、一切即一之原理——此则释、儒所共有，足可供人类探寻未来参照者。

虽然，佛教之传承、弘播，亦多波澜，此异物进我体之所必然耳。儒释之所谓"和"者，非无矛盾冲突，亦无须回避之，乃以"和"之法（认同知异、求同存异）处理之，以达大同小异之境。释尊八万四千法门，即由此而设也。

纵观中国佛教二千年，可知国运旺则佛教兴；反之，佛教衰则国家弱——此所谓弱非以货币计也。何以故？无国家护法，佛教无以立；缺宗教助人明性，国家凝聚欠强。反思清末以来百年之跌宕，岂不然耶？

凡有利于国、有助于民者，虽经劫难，亦必伏而复起，落而重振。而贯彻始终者，皆持"真信仰"（杨仁山文会语）而不移，虽知其不可而犹拚力为之。即以佛教言之，高僧大德如虚云、太虚、杨文会、欧阳渐，乃至晚近之印顺、圣严、赵朴初、吕澄，俱挽狂澜之志士，存沉沉一线于民族，以助乾坤之流转，其留功德于佛教史，可谓巨矣。

因果之说无差。鱼肉黎民者、鲸吞吾国者，终得业报；巍巍中华、东方文明，卓尔而立；先哲所留薪火，重现光明矣。当此时也，能无追忆往昔乎？

辛卯秋，中华佛教文化研究院等举办"首届中华佛教宗风论坛"于香港，纪念"百年辛亥"。与会僧、德，畅述百年佛教之衰而兴，追忆先贤理行之艰以韧；感国家之昌明，证佛法之广被。遂共推高僧大德二十三人，欲众生知其人，仰其德，明人生，晓当为，此亦一大功德焉。

嗣后，中华佛教文化研究院辑"百年高僧大德"论著，成《百年佛教高僧大德丛书》二十三册，凡五百万字，刊布于世，广赠海内外。出其资者，居士杨钊也，其捐资修复兰若、资助学子无数，世所咸知；今辑高僧大德行迹著述，继往事、昭后来、促人觉、开新风，则又一大功德也。主其事者，宗风论坛副主席王志远教授也，其深妍佛理，遍访名刹，为知、行、证合一者，辑书、刊印，事繁身劳而乐为法施，可敬哉。

今岁三月，余突发腰疾，几不能举步。六日，杨钊居士、王志远教授枉驾存问，且以"丛书"之序相嘱。事关弘法，复有杨、王感召，岂可以微恙违命？于是勉力简述先哲之伟业及"丛书"辑刊之始末，姑忝标之为"序"。

2012 年 3 月 14 日于

日读一卷书屋

不振宗风　继往开来

割不断的历史　道不清的乡思

——《名城淮安》序

　　十年前，家乡出版了一套《淮安历史文化丛书》，我应命写了篇序。今年，《名城淮安》又要问世了，主其事者仍要我"继续完成"写序的使命。但是不巧，适值我腰疾突发，坐卧不宁，还要应对不能推却的连续外访与会见，遂一迁二延以至于今，实在愧对乡梓。

　　看了书前的概览和全书目录，就像阅读了一遍"乡土教材"，回忆、想念、感动、感慨一齐涌上心头。

　　故乡，对于每个中国人都可谓牵肠挂肚，有着割不断的情思。年岁大了，乡情就会愈益浓郁而深邃。今春，我去山东看望著名史学家庞朴先生。庞老长我9岁，至今还操着一口"淮安普通话"。在畅谈学术之余，不知怎的一来二去就谈到了家乡。我们用已经生疏的淮安话聊清江浦，聊淮安区（县），聊五河口，聊河下，聊阎若璩……，何其快哉。"您想再回去看看吗？"我有点明知故问。"想啊，咱们一块回去。"庞老轻声地说，眼神立刻变得凝重，但又笑出声来。临别，我说："一起回家看看！""一言为定！"说完，相握大笑。转眼已经过去了两个季节，时届仲秋，明年此时我们的愿望能不能实现呢？

　　"月是故乡明"。其实，并不是故乡的月真的就比别处明亮——月亮是无私的，她把玉一般的银光一视同仁地洒向地球每个角落。诗人之所以咏出这样字面平淡实则情浓的诗句，是因爱乡而觉故乡之月就是比己身今之所在、曾所经历之地的月要明而美，这似乎与"情人眼里出西施"同理。

　　我们想念的是什么？就是运河上头的那一轮明月，那是对故乡不变的心和情：对这块沃土和乡亲们的忠心，对立足异乡的儿女的亲情，对老幼贫病和不相识者的关爱。其实，镇淮楼在我眼里已经显得局促矮小，我心中的标尺，还是父亲那一遍遍的描述。河下也已难寻长辈口述的清静恬淡。运河，在我心目中原是躺在一片寂静田野中的浩浩荡荡；也许远离市区还是那种景色吧，然而今之目力所及，却近乎是从繁华城市中间淌过的一条窄窄的普通河。驸马巷已扩为通衢，丁广桥不见了踪影……是的，历代诗人描绘的风光已不复存在，他们彼时彼地的心境也不可"克隆"，我们还能期望乘船的过客夜卧篷舱望月思乡么？还能在漂母祠旁静聆潺潺的水声么？但是，我们漫步在曾经"读过"的遗址，会油然产生这样的思古幽情：如果古人仍在，他们面对现在的风光会有怎样的兴奋或感慨？从家乡的湖泊河流、街巷建筑中如何寻到古人宝贵的情怀？

山河已殊，却无碍于故乡还是故乡，还是我们朝思暮想的故乡。因为，家乡人衣着变了，住房变了，代步工具变了，但口味没变，语音没变，脾气秉性没变。看到乡亲们意气风发、和谐欢乐，淮安蒸蒸日上、日新月异，就知这并非虚言。真是"山河易改，禀性难移"啊，一个人是如此，一个地方是如此，一个民族也是如此。

家乡父老编辑了这套美轮美奂的丛书，就是想让普天下的淮安人都熟知并永远记住家乡。熟知是应该的，即使生于斯长于斯，无论工农学商，也未必全然了解自己的故乡，因为淮安太伟大了，个人只是其中的一粒沙；至于"记住"，则似乎是多虑了：我不相信离乡就忘乡。即使年轻时想走进更为"精彩"的外部世界闯一番事业，待劳累一生，事业有成，或许不知何时会突然觉得那"精彩"的只是耀眼的灯光和急促的脚步，相较于家乡的宁静温馨，对浓烈中的淡薄和淡泊中的浓烈，孰长孰短，会又有另一番感悟吧。

《名城淮安》的六个分册合起来就是淮安的往昔、眼前和未来，也就是一部浓缩的中华民族奋斗史、兴衰史。历史的辉煌是祖先给我们留下的遗产，今日之繁荣正是祖先精神的再现和延续。不要以为我们一定比前人伟大，用原始工具掘邗江、开运河与用机械修高速、建高楼，哪个更难？冒矢刃、蹈水火，何如闯沪宁、下基层？施大爱、全无私，相较于守他律、常自省，谁高谁低？我们，梁红玉、关天培的后来者，周恩来、李公朴的继承者，在淮安的历史面前只该谦卑，只有敬畏，这样才能永不停步。这也就是古之先哲和今之伟人期望于他们后代的吧！

由此我想到：书，只是一种载体，它所载的淮安文化、历史，如何转变为淮安人——当然也包括了我和庞老——的内在？这才是文化和历史最伟大力量之所在。尤其身处今日之世界，经济和文化霸权笼罩全球，像中华文化、淮安文化这样的瑰宝，作为人类文化之一元（多元，既是文化的本性，也是保证人类和平的要素），保存之，坚持之，发展之，传播之，已经不是淮安一地之需、540 万乡亲之需，而是中华之必然，世界未来之必备了。

由《名城淮安》想开去，还有许多许多话可说、想说，只能就此打住。既是序，就不可唠叨不止，那么就让说不清道不明的未了乡思留待再登古淮楼时以一声大笑倾泻之吧。

中秋将至，淮安古城墙头那轮明月应该格外清亮了。

2012 年 9 月 21 日于

嵩山"天地之中"论坛之际

转型—"技术"—灵魂

——《解码中国管理模式4》书序

2011 年 10 月 10 日，在广州举行了"中国管理·全球论坛"。经老友龙永图"中介"，我应邀参加了。在看过论坛的全部材料后，针对论坛议题，我作了题为"转型，其实就是文化自觉"的演讲（该讲辞已收进了《未央三集》）。本以为我参加这项活动的事到此即已终结，不料组织者已将论坛上的几个演讲和获得"中国管理模式杰出奖"的材料结集，也就是现在摆在读者面前的这本《解码中国管理模式4》，一定要我写篇序。如果在以往，我一定会"敬谢不敏"的，因为我既不是企业家，更不是研究经济或企业的学者，岂能越俎？但这次我却应了下来——那次论坛给了我感动和新知：原来大批企业家在转型过程中，都在思考文化问题；参加论坛之踊跃（参加的企业家竟有 3000 多名，很多是未请自来的）说明企业界在文化方面的反思已经形成了一股不大不小的浪潮。这是即将出现的全民族面对世界危机、探寻未来之路浪潮的潮头。企业转型，却引出了对"我从哪里来"、"我将走到哪里去"的逐步深刻的内省，真是无心插柳柳成荫啊。而无论什么人，一旦进入认真、沉静思考的境界，就已经是有心栽树——栽出民族文化之树。从论坛，从这本书稿，我看到了中国企业常青、中国文化勃焉而兴之必然。欲不应承写序，得乎？

今年新年、春节前后格外忙碌，断断续续把获奖企业的评估材料又看了一遍。有些企业是遐迩闻名的，因而我也有所耳闻：北京金融街、苏宁电器、南方报业、北京福特、中粮、腾讯；有几家是参加了广州论坛才听说的，玫琳凯（我不美容）、亨通线缆（上网离不开，却不知道自己收发的信息可能就在亨通生产的光缆上跑）、海底捞（我很少到餐馆吃饭）。但我对这些"旧知"和"新知"，真正能说上获得深一些"知"，还是论坛所赐、此书书稿所赐。

为了进一步作较细致的观察，以便能写出我真实的感受，我于春节前夕带着全家老小去了"海底捞"。听说要吃"海底捞"必须提前若干天订位，幸运得很，居然订上了。果然名不虚传。从一进门到饭饱告辞，始终是"家"的感觉。除了评估材料中所述的柜台、大堂背面的事情外，直接面对顾客的种种细节绝大部分都体验到了。这不仅让我对起家于餐饮微利阶段的"海底捞"以"超级服务"、"中国服务业尚未泯灭的良知"站稳脚跟，赢得顾客青睐，有了深切的体会，而且也让我对200多家企业发起的"中国模式·全球论坛"的意义有了更感性的认识。

　　我之选择进入"海底捞"，除了因为省事省时，不兴师动众，还因为它最贴近社会大众，每天的每件"产品"都在接受无数顾客的检验——社会中下层的检验；在其努力体现中华人文传统时所面对的，既不是特定人群，主要也不是上下游企业；即使是内部职工，多数都没有受过高等教育或职业培训。这几乎是三十年前我国乡镇企业、合资企业起步时情况的缩影。而它在改革开放三十年之际，是在感受并比较过学习外来服务理念效果之长短后，以"中国模式"出现于市井的。从这个角度说，解剖"海底捞"，就可以达到举一反三的效果。

　　综观获得"中国管理模式杰出奖"的所有企业，因各自经营业务不同，其管理的具体方略、措施也各有绝招，真可谓百花齐放，各有千秋。而其共性也是很突出的，这就是把潜藏在企业掌门人心中的中华伦理和哲学（我们姑且把二者分开说）灵活地运用于企业价值观的培育、组织架构的设计和对产业生态链的呵护。无论是玫凯琳的服务要"符合和超越消费者的期望"，还是南方报业集团的"核裂变"与"核聚变"；也无论是北京金融街发展模式的两个基因"共赢与远见"，还是腾讯以开发共赢为驱动力和正直、进取、合作、创新的核心价值……里面无不浸透着和有些文明迥异的理念。

　　改革开放的前二十年，引进外资、兴办企业、国企改革，风起云涌，潮起潮落，今天回想起来还不禁令人激动。那时，怎样组建和管理符合世界潮流和中国实际的企业，几乎所有人都来不及深思细想，何况没有先例，没有样板，只能"摸着石头过河"。借鉴是重要的：自己不会时先"照猫画虎"，几乎是人类学习新事物的规律之一。于是在中美航线上，去学习的官员、企业家、学者成了主要旅客；MBA之类学位课程或培训班热度远远超过美国本土和欧洲。这种学习的确有效，那二十多年我国经济的快速发展和这种学习有着直接的关系。

到了本世纪，客观形势有了巨大变化，与此相关，主观感觉和思考也有了新的参照。客观上，我们的老师家里问题越来越多，老师教给我们那一套的核心原则越来越受到它本国人民和各国学者的抨击；另一方面，我们国内的许多矛盾也在不断浮现和聚集，有许多和企业密切相关，有些就是企业本身的问题。毛病出在哪里？怎样解决？这不能不引起有心的企业家静下心来思考，也就是我在前面所说的"反思"、"内省"。与此同时，我国各个界别，乃至整个社会也在从不同角度、在不同层次上呼唤、分析、介绍时代文化的主体性。这是因为企业、学校、机关、团体、家庭，都是社会的组成部分，所面对的内部、外部刺激和挑战有着极大的相似性，因为根子是同一的。

现在回到企业创新中国管理模式这个主题上来。

企业谋划、发展、管理和处理危机的具体措施和操作，应属"技术"范畴。现在企业家们所"内省"的，是高悬在"技术"之上并统辖着所有人心灵的精神。因为人们逐渐领悟到，企业管理的"技术"无不受着制定者、实施者、执行者价值观、伦理观甚至审美观的帮助和制约。试用以下中外对照的例子说明。

西方文化环境中的企业大多遵循的原则之一是把"对股东负责"列为第一要义。股东亦即资本所有者，即使是上市企业，资本的大部分也总是来自于少数大股东。对股东负责自然主要是对他们负责。而所谓对股东负责，就是保证大股东资本收益的同义语。为了达到这个目标，就必然要想尽一切办法——这又是不择手段的同义语了。

"追求利润的最大化"是其另一原则。从字面上看，这似乎也不能算不对。哪个做生意、办工厂的人不希望做大做强呢？但是这一原则背后的规则却可能是血腥的。因为最大化就包括了超额利润、无底欲壑和坑蒙拐骗。2008年的金融危机就是如此追求的结果。对于只看到或强调"利润最大化"这句话的表面的人，我们似乎可以用得着2400年前中国哲人孟夫子说过的一句话询问："王何必曰利？亦有仁义而已矣！"（《孟子·梁惠王上》）

"丛林法则"是全世界人们所熟知的。这是最重要的一条法则。其核心是达尔文进化论所揭示的生物界"适者生存"、"优胜劣汰"的规律。且不说达尔文当年的一些结论已经被其后的科学研究所纠正，只要指出生

转型－「技术」－灵魂

物界属于物质界，物质界是没有思想、精神和感情的，研究物质界得出的一些结论不能移到精神界，也就够了。在丛林中，构成大吃小、强食弱、优胜劣的生物链，一方面保证了各种生物的尽可能存在，另一方面也制约了物种的无限增长和进化。如果把"丛林法则"搬到人类社会中来，"弱肉强食"岂不将成为人与人、民族与民族、国家与国家之间唯一的、至上的"铁律"？那样世界将是什么样的情景？现在尽管已有其他文化无形中在抵制着"丛林法则"，天下不也还是愈来愈乱吗？

其实，经济上的"丛林法则"，在执政上早就有过，现在也没绝种，只不过换了件外衣罢了。希特勒当年的雅利安种族优越论的依据就是把自然界规律移到人类社会的"社会达尔文主义"。鉴往知今，如今被大力倡导的"丛林法则"，岂不就是经济领域里的法西斯！

世上有什么思想、文化可以与之抗衡？当今抵制着它的是些什么文化？我们可以毫不犹豫地说：中华文化是这一抗衡、抵制的主力，而这也正是许多企业家针对自己的事业所思考探索的。

中华文化的哪些理念可以几乎起到让纷乱的世界起死回生的作用？这就是中国的人本主义（平常我们说"以人为本"，就是传统人本主义的通俗化说法），就是和而不同，就是义利双收。真正的以人为本，需要出自中华道德的认同和信仰；要做到和而不同，就要有包涵宇宙的胸襟；义利双收，建立在超越人的动物性、立足于关怀民族和人类的基础上。宏碁创始人施振荣先生用古老的"王道"一词概括了他基于上述理念所成功推行的企业文化；中国管理模式世界论坛响亮地提出"走正道，行王道"的主题，其意思和我在这里所说的是一样的。

对中华文化中的道德，不知道有多少人作过解说，简而言之，"德"即按照最适合人类生存、繁衍、发展的社会规范做人做事。我们所熟知的仁、义、礼、智、信、忠孝、廉耻、包容、谦逊等等，都是中华之德在不同场合、不同人事上面的体现。把这些伦理道德的精神施之于政治，就是王道。

中华民族的道德本身是讲辩证法的，并不是"一边倒"。在对象不听规劝、警示的情况下，也会以战止战、先礼后兵。毛泽东同志所说的"人不犯我，我不犯人；人若犯我，我必犯人"，就是这一道德辩证法在军事上的运用。因为我们深深地知道，"和"并不意味着绝对没有矛盾和冲突，客观存在的东西想回避是回避不了的；"和"所求的，是整体的稳定和谐。人类的历史证明，乱与争不是主流，最终还是要回归"和"。既然如此，人类就应该尽量避免你死我活的争斗。因此在应对矛盾和冲突时，我们仍然尽量用德去处理，把彼此的损失和伤害降到最低。

反观《解码中国管理模式》中所载各个企业在成长历程中的懵懂、打拼和清醒，在转型阶段里的思索、决策和实施，让社会、顾客、员工、股东，凡有所关涉的方面一起"共赢"，这与"丛林法则"相去何其遥远乃尔，此非中华道德之生动体现而何？几千家企业，这在中华大地上还只是很小的一部分；但今日既有第一批吃螃蟹的人了，何愁"大闸蟹"不从此腾贵！

衷心祝愿探讨"中国管理模式"的活动越来越兴旺。中国企业管理模式本土化的成功，也必将有益于其他国家，特别是新兴国家的企业走出自己的一条路，那将是人类经济、社会可持续发展必须走的一条康庄大道。

子曰："君子喻于义，小人喻于利。"又曰："谁能出不由户？何莫由斯道也！"

2012 年 3 月 1 日夜于

日读一卷书屋

转型 — 「技术」—灵魂